RUDI PALLA

Unter Bäumen

Reisen zu den größten Lebewesen

PAUL ZSOLNAY VERLAG

Für Andreas Thalmayr

1 2 3 4 5 10 09 08 07 06

ISBN-10: 3-552-05384-0
ISBN-13: 978-3-552-05384-7

Satz: Eva Kaltenbrunner-Dorfinger, Wien
Einbandgestaltung: Thomas Kussin/buero8 unter Verwendung
eines Gemäldes von Félix Vallotton: Paysage avec des arbres ou
Derniers rayons (1911), Musée des Beaux-Arts, Quimper.
Foto: © Musée des Beaux-Arts, Quimper (France)
Druck und Bindung: Friedrich Pustet, Regensburg
Printed in Germany

Mein lieber Max,
ich sitze unter dem Verandendach, vorn will es zu regnen anfangen, die Füße schütze ich, indem ich sie von dem kalten Ziegelboden auf eine Tischleiste setze und nur die Hände gebe ich preis, indem ich schreibe. Und ich schreibe, daß ich sehr glücklich bin und daß ich froh wäre, wärest Du hier, denn in den Wäldern sind Dinge, über die nachzudenken man Jahre lang im Moos liegen könnte. Adieu.
Dein Franz

Franz Kafka, Ansichtskarte an Max Brod
aus Spitzberg im Böhmerwald, 18. September 1908

INHALT

Die Entdeckung der Bäume	8
Die Platane des Hippokrates	32
Der Baum des Müßiggangs	42
L'Arbre du Ténéré	58
Die »Breite Föhre«	64
Johnny Appleseed	74
Fichtendämmerung	88
Giants in the Earth	108
Der weinende Baum	124
Der Baum des Himmels	138
Fürsten des Pflanzenreiches	148
Vom Brotbaum	163
Belaubte Phallen	176
Die Jagd nach dem Chaulmoogra-Baum	185
Der Eukalyptus	192
Der Baum mitten in der Welt	204
Die Douglasie	216
Der Entenfußbaum	226
Die Kastanien	238
Der Marsch ins Reich der Caoba	250
Der Baum des Friedens	262
Nachrede	276
Literaturhinweise	279
Baum- und Personenregister	285
Bild- und Textnachweis	294

Wer sich herausgerettet aus der stürmischen Lebenswelle, folgt mir gern in das Dickicht der Wälder.

Alexander von Humboldt, aus der Vorrede zu »Ansichten der Natur«, 1807

Die Entdeckung der Bäume

An einem klaren, windstillen Novembertag in Myanmar: Früh am Morgen verlasse ich Mandalay, die alte Königsstadt am Ayeyarwadyfluß, um einen Abstecher zu der in allen Reiseführern als Sehenswürdigkeit beschriebenen U-Bein-Brücke zu unternehmen. Nach einer kurzen Autofahrt Richtung Süden auf der Straße nach Sagaing erreiche ich Amarapura, eine Kleinstadt, die beherrscht wird von einer weitläufigen buddhistischen Klosteranlage und unzähligen Touristen, die wie ich die mehr als zweihundert Jahre alte Brücke sehen wollen, welche sich auf Stelzen über den Taungthaman-See erstreckt. Die Attraktion ist nicht ihr Alter, sondern die Länge von 1,2 Kilometern. Pfeiler und Bohlen der einfachen Konstruktion sind aus grob bearbeitetem Teakholz, das, so heißt es, einst aus abgerissenen königlichen Residenzen in den Nachbarorten Inwa und Sagaing geborgen und hergeschafft wurde. Die Brücke gleicht mehr einem endlosen Steg und führt zu einer mehrstöckigen Pagode, deren Umrisse ich in der dunstgrauen Luft erkennen kann. Die Sonne steht mittlerweile hoch am Himmel, und der Wirbel auf der Brücke ist groß. Einer Ameisenstraße gleich ziehen die Touristenscharen über den schmalen Steg, begleitet von fliegenden Händlern, die billige Souvenirs feilbieten, vorbei an bettelnden Männern und Frauen, die auf den Planken sitzen und stumm ihre Hände aufhalten. Ich rette mich in den Schatten eines kurzen, überdachten Brückenstücks, probiere von dem Palmwein, der hier verkauft und aus halbierten Nußschalen, so groß wie Eierbecher, getrunken wird. Die Nuß, erfahre ich auf meine Frage, stammt von der Palmyrapalme, ebenso wie der Wein, der aus dem Saft ihrer jungen Blütenstände vergoren wird. Die animierende Wirkung des Palmweins und der milchige Glanz der Wasserfläche, in der sich mein Blick verliert, lassen mich für einen Augenblick den Lärm der Welt vergessen. Ich betrachte einen einzelnen Baum, der sich in einiger Entfernung aus dem See erhebt. Seine dichte Krone spiegelt sich wie eine dunkle Wolke auf dem glatten Wasser. Gemächlich treibt ein Fischerboot an dem Baum vorbei und hinterläßt eine gekräuselte Spur auf der Spiegelung.

Wenig später sitze ich unter dem mattgrünen Kronendach hoher Butterbäume an einer der zahllosen Buden am Seeufer, trinke Tee und lasse Tamarindenplättchen langsam auf der Zunge zergehen, die einen süßsauren Geschmack hinterlassen. Ich merke, daß die fast märchenhafte Erscheinung des Baumes im See in meinem Kopf etwas in Bewegung gesetzt hat, eine vage Idee, nicht mehr. Mir kommt ein Romanbeginn in den Sinn, für mich einer der berührendsten, jener von Jurek Beckers »Jakob der Lügner«: »Ich höre schon alle sagen, ein Baum, was ist das schon, ein Stamm, Blätter, Wurzeln, Käferchen in der Rinde und eine manierlich ausgebildete Krone, wenn's hochkommt, na und? Ich höre sie sagen, hast du nichts Besseres, woran du denken kannst, damit sich deine Blicke verklären wie die einer hungrigen Ziege, der man ein schönes fettes Grasbüschel zeigt? Oder meinst du vielleicht einen besonderen Baum, einen ganz bestimmten, der, was weiß ich, womöglich einer Schlacht seinen Namen gegeben hat, etwa der Schlacht an der Zirbelkiefer, meinst du so einen? Oder ist an ihm jemand Besonderer aufgehängt worden? Alles falsch, nicht mal aufgehängt? Na gut, es ist zwar ziemlich geistlos, aber wenn es dir solchen Spaß macht, spielen wir dieses alberne Spiel noch ein bißchen weiter, ganz wie du willst. Meinst du am Ende das leise Geräusch, das die Leute Rauschen nennen, wenn der Wind deinen Baum gefunden hat, wenn er sozusagen vom Blatt spielt? Oder die Anzahl an Nutzmetern Holz, die in so einem Stamm steckt? Oder du meinst den berühmten Schatten, den er wirft? Denn sobald von Schatten die Rede ist, denkt jeder seltsamerweise an Bäume, obgleich Häuser oder Hochöfen weit größere Schatten abgeben. Meinst du den Schatten?

Alles falsch, sage ich dann, ihr könnt aufhören zu raten, ihr kommt doch nicht darauf. Ich meine nichts davon, wenn auch der Heizwert nicht zu verachten ist, ich meine ganz einfach einen Baum. Ich habe dafür meine Gründe.«

Wie andere Menschen auch, bewundere ich Bäume; nicht sehr kompetent, was die botanischen Kenntnisse betrifft, betrachte ich mich gleichwohl als Baum-*Aficionado*, der gelegentlich schöne Blätter und Früchte sammelt, sie trocknet und aufbewahrt, und der ehrgeizig bestrebt ist, möglichst viele Baumarten zu erkennen. Bäume sind nicht nur die größten, sondern auch die eindrucksvollsten Pflanzen, die sich auf der Erde entwickelt haben. Eine Allerweltserkenntnis. Aber ihr Ursprung? Die ersten Wälder, lese ich, entstanden vor etwa dreihundertachtzig Millionen Jahren, im Devon des Erdaltertums. Sie bestanden aus Schuppenbaumgewächsen, Schachtelhalmen und Baumfarnen, die sich im Karbon in feuchtheißen Sumpflandschaften zu riesenhaften Gewächsen entwickelt hatten, aus denen die großen Steinkohleablagerungen der nördlichen Erdhalbkugel entstanden sind. Bis heute hat uns die Evolution mehr als achtzigtausend Arten Laub- und Nadelbäume beschert. Die höchsten, Eukalyptus- und Mammutbäume, ragen hundert Meter und mehr in die Höhe, und als die ältesten noch lebenden Bäume, die knorrigen Grannenkiefern hoch oben in den White Mountains von Kalifornien, aus den Samen keimten, ging gerade die jüngere Steinzeit zu Ende.

Was in Myanmar am Ufer des Taungthaman-Sees unter Butterbäumen (die, wie ich jetzt weiß, *Madhuca longifolia* heißen) übermütig als Idee geboren wurde, entwickelte sich nach meiner Heimkehr zu einer verwegenen Ambition: nämlich dem labyrinthischen Vorrat an Werken über Bäume ein weiteres, möglichst im leichten Ton, hinzufügen zu wollen. Was mir vorschwebte, war, einige meiner alten, guten, flüchtigen Bekanntschaften unter den größten Lebewesen, drapiert mit allerlei Geschichten, vorzustellen, mithin eine sehr persönliche Auslese von Bäumen, die mit Personen oder Erzählungen eng verknüpft sind oder als Abbildungen haften blieben; solche, die mir in Büchern begegneten oder mir auffielen, weil sie in der Welt- oder Kulturgeschichte ein wichtiges Requisit waren. Kurzum, ich habe mich zu *diesem* Buch entschlossen, das mit einem Streifzug seinen Anfang nimmt.

Die Literatur ist so reichhaltig wie unüberschaubar, Literatur über fabelhafte Bäume, die einst in fernen, noch unbekannten Ländern von Reisenden, Naturforschern, Missionaren, Händlern oder Seefahrern entdeckt und, weil sie so anders waren als unsere Tannen, Eichen oder Linden, fassungslos bestaunt wurden. Kaum hatten die entschlossenen Entdecker ihren Fuß auf neues Land gesetzt, brachen sie in helle Begeisterung aus über urwüchsige Wälder und seltene Pflanzen, glaubten sich, wie Louis-Antoine de Bougainville schrieb, in den Garten Eden versetzt. Im Fieber ihrer Funde und Beobachtungen vermeinten manche sogar wundersame Bäume gesehen zu haben, solche, deren Blätter sich im Herunterfallen in Vögel verwandelt, oder andere, die statt Früchten Lämmchen hervorgebracht hätten.

Tausende von neuen Baumarten wurden seitdem als Sämlinge oder Schößlinge aus anderen Erdteilen und Ländern nach Europa gebracht, wo sie in botanischen Gärten, Parks, aber auch in freier Natur kultiviert wurden, wie der Pagodenbaum (*Sophora japonica*) aus dem südöstlichen Asien, der Blauglockenbaum (*Paulow-*

Tronc d'Arbre aus:
Julés-Sebastien-César Dumont d'Urville,
»Voyage de la Corvette l'Astrolabe« (1830)

Ernst Josef Lauscher,
Foto-Inszenierung »Bäume reisen«

nia tomentosa) aus China, der Ginkgo (*Ginkgo biloba*) aus Japan, der Trompetenbaum (*Catalpa bignonioides*) aus Nordamerika oder der Blaugummibaum (*Eucalyptus globulus*) aus Australien, um nur einige der bemerkenswertesten Arten zu nennen.

Die ersten Reisenden, die auf dem Landweg in das Innere Asiens gelangten und darüber berichteten, waren Franziskanermönche. Der gebürtige Flame Wilhelm von Rubruk zum Beispiel, der von Ludwig IX., dem Heiligen, von Frankreich an den Hof des Großkhans entsandt wurde, um diplomatische Kontakte herzustellen (was mißlang), hielt sich 1254 in Karakorum, der damaligen Hauptstadt des Mongolenreiches, auf und lieferte die ersten zuverlässigen Informationen über die Verhältnisse am Hof und in der geheimnisumwitterten Stadt. Ein anderer Missionar, der aus Böhmen stammende Odorich von Pordenone, bereiste China und Indien zwischen 1320 und 1330. Obwohl der Franziskaner stets darauf pochte, daß alles, was er berichtet habe, wahr sei, tauchen in seinen Beschreibungen immer wieder rätselhafte Erscheinungen auf. So hörte er von einer Insel, auf der wunderbare Bäume wüchsen, die Honig, Wein und Wolle hervorbrächten. Oder daß es an der indischen Malabarküste Bäume gebe, auf denen statt Früchten Männlein und Weiblein wüchsen, die kaum eine Elle hoch seien und sich mit den Beinen am Stamm festhielten. Ihre Körper blieben so lange frisch, als ein Wind wehe, wenn er sich aber lege, verdorrten sie.

Kaum ein anderer mittelalterlicher Reisebericht (außer vielleicht Sir John Mandevilles »Travels«, der aber als Lügenmärchen entlarvt wurde) erregte größere Aufmerksamkeit als die »Beschreibung der Welt« des Venezianers Marco Polo. In Stephen Greenblatts Buch »Wunderbare Besitztümer« habe ich eine Notiz gefunden, wonach Christoph Kolumbus' Sohn Fernando berichtete, einer der Gründe, die seinen Vater zu seiner Reise veranlaßt hätten, seien die Bücher von Marco Polo und John Mandeville gewesen. (Kolumbus' mit Randnotizen versehenes Exemplar der »Beschreibung der Welt« wird heute in der Biblioteca Capitular Colombina von Sevilla aufbewahrt.)

Im Jahre 1271 brachen die Kaufleute und Brüder Niccolo und Maffeo Polo in der Hoffnung auf gewinnbringenden Handel zu ihrer zweiten Reise in den Fernen Osten auf, diesmal allerdings in Begleitung von Niccolos siebzehnjährigem Sohn Marco. Erst vierundzwanzig Jahre später, 1295, kehrten sie heim in die Lagunenstadt, nachdem sie Tausende Kilometer durch Persien, China, Indien und den südostasiatischen Archipel zu Land und zu Wasser zurückgelegt hatten. Marco Polos Reisebericht ist, wie im Prolog verraten wird, ein Gemeinschaftswerk; darin heißt es, »im Jahre 1298 nach Christi Geburt, als er [Polo] zusammen mit Messer Rusticianus von Pisa [Rustichello] im selben Gefängnis zu Genua saß, bat er diesen, alles aufzuschreiben, was er ihm erzähle«. (Bei einem der Handelskriege zwischen Venedig und Genua waren Polo und Rustichello in Gefangenschaft geraten.) Über Rustichello weiß man sehr wenig, außer daß er aus Pisa stammte, Ritterromane verfaßte und vermutlich einen Teil seines Lebens außerhalb Italiens verbrachte. Von dem handschriftlichen Urtext, der nicht erhalten ist, wurden im Laufe der Zeit zahlreiche Kopien angefertigt, was naturgemäß zu erheblichen inhaltlichen Unterschieden führen mußte. Vieles in dem Bericht bleibt rätselhaft, ungenau, verworren, wie Polo-Experten anmerken, ja manche Ostasienforscher äußerten sogar Zweifel an dessen Wahrheitsgehalt. Auf mich jedoch üben Marco Polos »Wunder der Welt«, wahr oder nicht wahr, immer noch einen großen Reiz aus; in seinem Bericht finden sich einige bemerkenswerte Baumentdeckungen.

Auf dem Weg in die Hauptstadt Canbaluc (das heutige Peking), in der Kublai, Großkhan der Mongolen, residierte, durchquerten die Polos den Iran und erreichten die »bedeutende Mohammedanerstadt« Kuhbonan, die Marco Cobinan nennt und in der »große glänzende Metallspiegel« und »Tutia, der Grundstoff für gute Augenzinksalbe« hergestellt wurden. »Die Wüste hinter Cobinan« (womit die Salzwüste Lut gemeint war), heißt es im vierzigsten Kapitel, »erstreckt sich über acht Tagereisen. Es ist unsäglich trocken dort, Früchte reifen keine, Bäume wachsen keine, und das Wasser ist ungenießbar. Daher muß man alles Essen und Trinken mitnehmen. [...]

Am Schluß des achten Reisetages gelangt man nach Tonocain [das heutige Khorasan]. Das ist die nördlichste persische Provinz mit zahlreichen Städten und wichtigeren Ortschaften. In der Tonocainischen Ebene wächst der Einsame Baum, von den Christen der Dürre Baum genannt. Ich will ihn beschreiben: er ist groß und weit ausladend, auf der einen Seite sind die Blätter grün, auf der anderen weiß. Seine Früchte sehen aus wie Kastanien, doch die Schalen sind leer. Das Holz ist hart und gelb wie Buchsbaumholz. In der Entfernung von hundert Meilen gibt es keine Bäume, außer in einer Richtung, da beträgt der Abstand nur zehn Meilen. Die

Bewohner von Tonocain erzählen, in dieser Ebene habe die Schlacht zwischen Alexander [dem König von Mazedonien] und Dareios [dem Perserkönig] stattgefunden.« (Was nicht stimmt, denn die Schlacht fand 331 v. Chr. bei Gaugamela, in der Nähe des heutigen Mosul, statt.)

Marco Polo beschreibt hier vermutlich einen realen Baum, der nach Sir Henry Yule, einem seiner Biographen, eine Platane gewesen sein könnte, wahrscheinlich der Art *Platanus orientalis*. Die Bezeichnung »Dürrer Baum«, die Marco erwähnt, wird mit dem Alexanderroman in Verbindung gebracht, dessen Stoff dem Literaten Rustichello vermutlich bekannt war. Es handelt sich dabei um die sagenhafte Ausgestaltung der Taten Alexanders des Großen, die in der frühen morgen- und abendländischen Literatur zur Legende geworden waren.

Auf Sumatra, wo sich Marco, wie zu lesen ist, fünf Monate lang aufhielt und anfangs fürchtete, von den Insulanern aufgefressen zu werden, fand er nicht nur die »besten Fische der Welt«, sondern auch ein Getränk, das er als Wein bezeichnete und das von Bäumen stammte, die wie kleine Dattelpalmen aussahen. Die Einheimischen kappten die Blätter (Marco nennt sie Äste) vom Stamm und befestigten an den Stümpfen ziemlich große Gefäße. »Ihr dürft mir glauben«, so Marco, »nach einem Tag und einer Nacht sind die Gefäße gefüllt mit einem wohlschmeckenden Wein.« Wenn aus den Schnittwunden keine Flüssigkeit mehr tropfte, holten die Leute Wasser, um den Baum zu begießen, worauf nach kurzer Zeit wieder Wein floß.

Nach der Beschreibung, die sehr ungenau ist, kann nur Palmwein gemeint sein, vermutlich von der Zuckerpalme (*Arenga pinnata*) oder der Palmyrapalme (*Borassus flabellifer*). Normalerweise wird nicht die Schnittwunde, sondern der Blütenstand der Palme angezapft, um den Saft zu erhalten, der anschließend zu Wein vergoren wird.

Im Königreich Fansur, das sich an der Südwestküste von Sumatra befand, berauschten sich die Bewohner ebenfalls mit Palmwein, und sie gewannen Mehl aus Bäumen, wie Marco erstaunt beobachtete. »Es gedeihen hier Bäume, die außerordentlich groß und dick und innen voller Mehl sind. Das Mehl findet man unter einer dünnen Rinde.« Dieses sogenannte Mehl wurde nach Marcos Beschreibung in wassergefüllte Tröge geschüttet und die Brühe mit einem Stock umgerührt. Danach goß man das Wasser ab, würzte den am Boden zurückbleibenden Brei und buk daraus Kuchen, der, wie Marco betonte, »sehr gut mundete«.

In den Anmerkungen zu meiner Polo-Ausgabe lese ich, daß es sich bei den sagenhaften »Mehlbäumen« um Sagopalmen (*Metroxylon sagu*) handeln dürfte, aus deren Mark die Stärke ausgewaschen wurde.

Im 18. und zu Beginn des 19. Jahrhunderts konkurrierten viele Staaten um neue Kolonien im pazifischen Raum. Louis-Antoine de Bougainville, der 1766 von Nantes aus zur ersten Weltumseglung unter französischer Flagge startete, sprach offen die Beweggründe aus: »Alle Reichtümer der Erde gehören Europa, das die Wissenschaften zum Souverän der anderen Weltteile gemacht haben«. Sein Credo: »Gehen wir daran, diese Ernte einzubringen.« Bougainville dachte dabei an »tausend Reichtümer«, zu denen Kaffee, Zucker, Kakao, Indigo, Ambra, Perlmutter, Gewürze, Gold, Silber und Edelsteine gehörten.

Gleichzeitig mit dem Bestreben, Kolonien zu erwerben, wuchs das leidenschaftliche Interesse an der Erforschung der Natur. An Bord der Expeditionsschiffe befanden sich neben Offizieren und Seeleuten stets namhafte Naturwissenschaftler, die sammelten und präparierten, und Zeichner, die Menschen, Landschaften, Tiere und Pflanzen naturgetreu darstellten. Joseph Banks, ein begeisterter Botaniker und späterer Präsident der Royal Society, und der schwedische Linné-Schüler Carl Solander begleiteten Kapitän James Cook auf seiner ersten Weltumseglung (1768–1771) mit der »Endeavour« (deren Hauptzweck es war, von Tahiti aus 1769 den Venus-Durchgang vor der Sonnenscheibe zu beobachten, um die Entfernung von der Erde zur Sonne präzise berechnen zu können) und brachten einen phantastischen Schatz botanischen und zoologischen Materials mit. Cook und seine Entourage waren auch die ersten Europäer, die Eukalyptusbäume zu Gesicht bekamen, als sie an der noch unerforschten Südostküste Australiens in einer Bucht vor Anker gingen und zu einer Erkundungstour an Land aufbrachen. Cook nannte diese Bucht »Botany Bay« (nahe dem heutigen Sydney), wo viele unbekannte Pflanzen und Eukalyptusbäume, die eine Höhe von bis zu hundert Metern erreichten, entdeckt wurden.

Eine zweite Reise (1772–1775) unter dem Kommando von Kapitän Cook sollte ein für allemal die Frage nach der legendären Landmasse im Süden klären. Zu Cooks wissenschaftlichen Begleitern berief die Admiralität den Deutschen Johann Reinhold Forster und als Assistenten und Zeichner dessen hochbegabten achtzehnjährigen Sohn Georg (der übrigens Bougainvilles »Reise um die Welt« aus dem Französischen ins Englische übersetzte). Zum ersten Mal in der Geschichte überquerte Cooks Schiff »Resolution« (gemeinsam mit der »Adventure«, die Kapitän Furneaux befehligte) den südlichen Polarkreis und segelte am Rand der antarktischen Packeisgrenze in den Südpazifik. Im September 1774 entdeckte Cook eine unbekannte Insel, die er Neukaledonien taufte. Vom Schiff aus wurden im Tal eines hohen Vorgebirges hochragende Gebilde gesichtet, über denen Rauch aufstieg. Cook hielt im Logbuch fest: »Auf einer der westlichen kleinen Inseln sah man eine Erhebung wie einen Turm und über eine Landzunge hinweg viele andere, die den Masten einer Flotte ähnelten.« Forster senior wettete um zwölf Flaschen Wein, daß es sich dabei um Basaltsäulen handle, in deren Innern ein ewiges Feuer brenne. Der Astronom William Wales notierte dazu am 24. September 1774 in sein »Journal«: »Ein Gentleman behauptet & beschwört im echten Geist der *Klassischen* Philosophie, daß dies Basaltsäulen seien wie die, aus denen sich der Riesendamm in Irland zusammensetzt, & daß er mit seinem Fernglas die Fugen genau unterscheiden könne. Ich war oft überrascht von der außerordentlichen Güte der Augen & des Fernglases dieses Gentleman und der Unvollkommenheit der meinen. Er hatte auf 3 Meilen Entfernung Orangen & Zitronen auf Bäumen wachsen sehen & Stein und Bein geschworen, soeben habe sich ein Vogel auf eine der Früchte gesetzt. Ich denke, ich muß zu Ehren von Mr. Ramsden anmerken, daß das Fernrohr, mit dem diese Kunststücke vollführt wurden, von ihm stammt & es sich dabei um ein gewöhnliches achromatisches Glas mit einer Brennweite von 2 Fuß handelt.«

Zur allgemeinen Freude verlor der streitsüchtige und unbeliebte Forster die Wette, weil sich herausstellte, daß die seltsamen Gebilde keine Basaltsäulen waren, sondern fast fünfzig Meter hohe immergrüne Koniferen der Gattung Araukarien, die nach dem großen Navigator »Cook pine« (*Araucaria columnaris*) benannt wurden.

Georg Forsters Reisebericht, 1777 zunächst in englischer Sprache unter dem Titel »A Voyage round the World, in His Britannic Majesty's Sloop, Resolution«, vorgelegt, übte eine große Anziehungskraft auf die Zeitgenossen aus und machte ihn zum eigentlichen Schöpfer der künstlerischen Reisebeschreibung. Einige Jahre später folgte ein Werk über den Brotfruchtbaum (siehe Kapitel »Vom Brotbaum«), den Joseph Banks während der ersten Cook-Reise auf Tahiti gesichtet hatte. Schößlinge des Brotfruchtbaums sollte Leutnant William Bligh im Auftrag Seiner Majestät Regierung auf dem Schiff »Bounty« von Tahiti zu den Plantagen Westindiens bringen. Banks selbst hatte das Unternehmen angeregt, das jedoch wegen der legendären Meuterei, die der Steuermannsmaat Fletcher Christian 1789 nach dem Verlassen Tahitis angezettelt hatte, scheiterte. (Ein späterer Versuch Blighs hatte Erfolg. Im Januar 1793 landete er auf St. Vincent und Jamaika und lieferte tausendeinhundertvierundsechzig Pflanzen aus Tahiti ab.)

Einer, der Georg Forsters Reisewerk mit großer Begeisterung las, war der junge Alexander von Humboldt, Sproß einer adligen Familie aus Preußen. Forsters Abenteuer deckten sich gleichsam mit Humboldts Sehnsucht nach der Ferne. »Von früher Jugend auf lebte in mir der sehnliche Wunsch, ferne, von Europäern wenig besuchte Länder bereisen zu dürfen«, schrieb er im Rückblick. »Dieser Drang ist bezeichnend für einen Zeitpunkt im Leben, wo dieses vor uns liegt wie ein schrankenloser Horizont, wo uns nichts so sehr anzieht als starke Gemütsbewegungen und Bilder physischer Gefahren. In einem Lande aufgewachsen, das in keinem unmittelbaren Verkehr mit den Kolonien in beiden Indien steht, später in einem fern von der Meeresküste gelegenen, durch starken Bergbau berühmten Gebirge lebend, fühlte ich eine Leidenschaft für das Meer und weite Seereisen immer mächtiger in mir werden.«

Im Herbst 1789, Humboldt studierte gerade in Göttingen, kam es zu der ersehnten Begegnung mit Georg Forster, aus der eine freundschaftliche Beziehung entstand. Ein Jahr später reisten sie gemeinsam von Mainz über Köln, Brüssel, Amsterdam nach London, wo sie mit Sir Joseph Banks, mittlerweile geadelt und Direktor der Royal Botanic Gardens in Kew, zusammentrafen.

Nach dem Tod der Mutter im November 1796 (der Vater war schon siebzehn Jahre früher gestorben) fiel Humboldt und seinem älteren Bruder Wilhelm ein großes Vermögen zu, das ihn fortan unabhängig machte; er schied als Bergrat aus dem Staatsdienst, um sich nun ganz der Vorbereitung seiner geplanten Forschungsreise zu widmen.

Am 5. Juni 1799 brachen Humboldt und sein Begleiter, der Arzt und Botaniker Aimé Bonpland, den er in Paris kennengelernt hatte, vom spanischen La Coruña aus mit der Korvette »Pizarro« zu ihrer Reise in die Neue Welt auf.

Südamerika ist für Europa zu dieser Zeit noch weitgehend eine Terra incognita, und diese wird, wie Hans Magnus Enzensberger in einer Ballade schreibt, wie Schnee unter Humboldts Blicken schmelzen. Über die letzten Gletscher, die ödesten Bergketten wird er sein Netz von Kurven und Koordinaten werfen. Er wird die magnetischen Deklinationen, die Sonnenhöhe, den Salzgehalt und die Bläue des Himmels messen. Er wird Zehntausende Pflanzen sammeln und mehrere tausend neue Arten bestimmen. Und er wird vor Bäumen fasziniert und andächtig stehen und später schreiben: »Welch wundervolle Verflechtung von Zellen und Gefäßen in diesen vegetabilischen Massen, in diesen Riesenbäumen der heißen Zone, die vielleicht tausend Jahre lang ohne Unterbrechung Nahrungssaft bereiten, der bis zu sechzig Meter hoch aufsteigt und wieder zum Boden zurückfließt, und wo hinter einer rauhen, harten Rinde, unter dicken Schichten lebloser Holzfasern, sich alle Regungen organischen Lebens bergen!«

Bei der ersten Zwischenlandung auf Teneriffa entdeckte Humboldt an der Nordküste in dem Städtchen Orotava einen »riesenförmigen« Drachenbaum (*Dracaena draco*). »Obgleich wir den Drachenbaum in Herrn Franquis Garten aus Reiseberichten kannten«, notierte Humboldt, »so setzte uns seine ungeheure Dicke dennoch in Erstaunen. Man behauptet, der Stamm dieses Baumes, der in mehreren sehr alten Urkunden erwähnt wird, weil er als Grenzmarke eines Feldes diente, sei schon im fünfzehnten Jahrhundert so ungeheuer dick gewesen wie jetzt. Seine Höhe schätzten wir auf sechzehn bis zwanzig Meter; sein Umfang nahe über den Wurzeln beträgt fünfzehn Meter.«

Dieser Baumkoloß wurde, wie Humboldt bemerkt, von den Guanchen, den Eingeborenen der Kanaren, wie »die Esche zu Ephesus von den Hellenen, die von Xerxes geschmückte Platane in Lydien, oder der heilige Banyanen-Feigenbaum auf Ceylon« verehrt. Bedenkt man, daß der Drachenbaum überaus langsam wächst, so kann man auf das hohe Alter des Baumes von Orotava schließen, den, wie aus den Quellen hervorgeht, 1868 ein Sturm umwarf. Humboldt zählte ihn, gemeinsam mit den Baobabs, den Affenbrotbäumen, zu den ältesten Bewohnern unseres Planeten, dessen Anblick lebhaft an »die ewige Jugend der Natur« mahne, »die eine unerschöpfliche Quelle von Bewegung und Leben ist«.

Am 25. Juni 1799 verließ die »Pizarro« die Reede von Santa Cruz und nahm Kurs auf Cumaná in Venezuela (damals Hauptstadt von Neu-Andalusien), wo sie am 16. Juli gegenüber der Mündung des Rio Manzanares vor Anker ging. Humboldt war hypnotisiert von der Kraft der Pflanzenfarben, von den Gestalten der Gewächse, vom bunten Gefieder der Vögel und vom Charakter des Großartigen der tropischen Natur. An seinen Bruder Wilhelm, mit dem er die Liebe zu Bäumen teilte, schrieb er: »Welche Bäume! Kokospalmen, 16 bis 20 Meter hoch! Pisange [Bananengewächse], und eine Schar von Bäumen mit ungeheuren Blättern und handgroßen wohlriechenden Blüten, von denen wir nichts kennen. Wie die Narren laufen wir bis jetzt umher; in den ersten drei Tagen können wir nichts bestimmen, da man immer einen Gegenstand wegwirft, um einen anderen zu ergreifen. Bonpland versichert, daß er von Sinnen kommen werde, wenn die Wunder nicht bald aufhören.«

Auf dem Weg von Caracas an die Ufer des Orinoco in den ersten Monaten des Jahres 1800 wurde Humboldt von einigen Bäumen in Staunen versetzt. In einem der Araguatäler, hinter dem Dorf Turmero, fiel ihm ein Baum auf, »der wie ein runder Hügel aussieht. Es ist aber weder ein Hügel, noch ein Klumpen dicht beisammen stehender Bäume, sondern ein einziger Baum, der berühmte *Zamang del Guayre*, bekannt im ganzen Land wegen der ungeheuren Ausbreitung seiner Äste, die eine halbkugelige Krone von 187 Metern Umfang bilden. Der Zamang ist eine schöne Mimosenart [bekannt als Regenbaum, *Samanea saman*], deren gewundene Zweige sich gabelförmig teilen. Sein feines, zartes Laub hob sich angenehm vom blauen Himmel ab. Wir blieben lange unter diesem vegetabilischen Gewölbe. Der Stamm ist nur 20 Meter hoch und hat 3 Meter Durchmesser, seine Schönheit besteht aber eigentlich in der Form der Krone. Die Äste breiten sich aus wie ein gewaltiger Sonnenschirm und neigen sich überall dem Boden zu, von dem sie ringsum 4 bis 5 Meter abstehen. Der Umriß der Krone ist so regelmäßig, daß ich verschiedene Durchmesser, die ich nahm, 62 und 60 Meter lang fand. Die eine Seite des Baumes war infolge der Trockenheit ganz entblättert; an einer anderen Stelle standen noch Blätter und Blüten nebeneinander. Tillandsien, Lorantheen, die Pitahaya und andere Schmarotzergewächse bedeckten die Zweige und durchbohrten deren Rinde. Die Bewohner dieser Täler, besonders die Indianer, verehren den *Zamang del Guayre*, den schon die ersten Eroberer etwa im selben Zustand gefunden haben mögen, wie er jetzt vor uns steht. Seit man ihn genau beobachtet, ist er weder dicker geworden, noch hat sich seine Gestalt sonst verändert. […] Der Anblick alter Bäume hat etwas Großartiges, Imponierendes; die Beschädigung dieser Naturdenkmäler wird daher auch in Ländern, denen es an Kunstdenkmälern fehlt, streng bestraft. Wir vernahmen befriedigt, der gegenwärtige Eigentümer des Zamang habe einen Pächter, der es gewagt hat, einen Zweig davon zu schneiden, gerichtlich verfolgt. Die Sache kam zur Verhandlung und der Pächter wurde vom Gericht verurteilt.« Humboldt verwendete hier wahrscheinlich als erster die Wortschöpfung »Naturdenkmal«.

Während des Marsches durch die Täler von Aragua hörten Humboldt und Bonpland von einem eigenartigen Baum, der einen nahrhaften Milchsaft ausscheiden solle. Es war, wie Humboldt später schreibt, der ihm unbekannte Kuhbaum (*Brosimum galactoden-*

dron), der zur Feigenfamilie gehört. »Der schöne Baum hat den Habitus des Sternapfelbaums; die länglichen, zugespitzten, lederartigen und wechselständigen Blätter haben unten vorspringende, parallele Seitenrippen und werden bis zu dreiunddreißig Zentimeter lang. Macht man Einschnitte in den Stamm, so fließt sehr reichlich eine klebrige, ziemlich dickflüssige Milch heraus, die durchaus nichts Scharfes hat und sehr angenehm nach Balsam riecht. Wir tranken abends vor dem Schlafengehen und frühmorgens viel davon, ohne irgendeine nachteilige Wirkung zu verspüren.

Bei Sonnenaufgang strömt die vegetabilische Quelle am reichlichsten; dann kommen von allen Seiten die Schwarzen und die Eingeborenen mit großen Näpfen herbei und fangen die Milch auf, die sofort an der Oberfläche gelb und dick wird. Die einen trinken die Näpfe unter dem Baum selbst aus, andere bringen sie ihren Kindern. Es ist, als sähe man einen Hirten, der die Milch seiner Herde unter die Seinen verteilt.

Ich gestehe, von den vielen merkwürdigen Erscheinungen, die mir im Verlauf meiner Reise zu Gesicht gekommen, haben wenige auf meine Einbildungskraft einen stärkeren Eindruck gemacht als der Anblick des Kuhbaums.«

Eine der letzten Stationen von Humboldts fünfjähriger Reise war Mexiko, wo er am 23. März 1803 in Acapulco an Land ging. Er bestieg den rauchenden Vulkan Jorulla und unternahm von Mexiko City aus mehrere Exkursionen. In den Tälern um Tehuilotepec sichtete Humboldt Bäume, die er *Sabinas* nannte und die, wie er bemerkte, »ungeheuer groß werden«. Später schrieb er in einer Fußnote: »Der berühmte Sabino bei Santa Maria del Tule, 13 Kilometer von Oaxaca entfernt, hat 18 große Faden (zu mehr als 2 Ellen) Umfang, aber es sind zwei bis drei zusammenstehende Bäume.« Der »berühmte« Baum, von dem Humboldt nur gehört haben kann, denn er war nie in Oaxaca, ist der mächtigste von Mexiko (und einige behaupten, der breiteste der Welt), genannt

»El Arbol«, eine Sumpfzypresse der Art *Taxodium mucronatum*, zweiundvierzig Meter hoch, mit dem unglaublichen Umfang von achtundfünfzig Metern. 1935 wurde sein Gewicht auf 549020 Kilogramm berechnet, sein Alter auf zweitausend Jahre geschätzt. Immer wieder haben zwei Fragen Wissenschaftler bewegt: Ist der Baum tatsächlich so uralt, wie er aussieht? Und handelt es sich um einen Baum oder ist es, wie Humboldt hörte und glaubte, eine Gruppe von drei Bäumen? Einer Legende nach hat ein Diener von Ehecatl, Windgott der Azteken, den Baum vor tausendvierhundert Jahren für die Einwohner von Tule gepflanzt. Ein aus Italien stammender Botaniker, Casiano Conzatti, studierte 1920 ein ganzes Jahr lang den Baum. Er zählte die Jahresringe von Zypressen, die in der Nähe gefällt wurden, und folgerte, »El Arbol« sei zwischen tausendvierhundertdreiunddreißig und tausendsechshundert Jahre alt. Und eine DNA-Analyse, die vor einiger Zeit vorgenommen wurde, klärte einwandfrei, daß es sich bei dem Baumriesen mit der zartgefiederten grünen Mähne genetisch um ein Einzelindividuum handelt.

Alexander von Humboldt sollte ursprünglich an einer französischen Expedition teilnehmen, die im Oktober 1800 unter dem Kommando von Kapitän Nicolas Baudin auf zwei Korvetten von Le Havre aufbrach. Geplant war, zunächst die spanischen Besitzungen in Südamerika zu besuchen und danach in Richtung Australien zu segeln. Die Aufgabe war klar: Im Wettlauf mit den Briten sollten die Insel, von der man dachte, sie sei eine geteilte Landmasse, erforscht, die Küste kartiert und naturwissenschaftliche Erkundungen durchgeführt werden. Humboldt hatte mit Baudin vereinbart, daß er sich bemühen werde, in Montevideo, Valparaiso, Lima oder wo immer die Schiffe in Südamerika anlegen würden, an Bord zu gehen. Baudin aber änderte seine Pläne und reiste direkt um das Kap der Guten Hoffnung nach Australien.

»Nicht ohne ein Gefühl von Wehmut«, schreibt Humboldt in

seinem Reisewerk, »gedenke ich einer Expedition, die mehrfach in mein Leben eingriff, und die kürzlich von einem Gelehrten beschrieben worden ist, den die Menge der Entdeckungen, welche die Wissenschaft ihm dankt, und der aufopfernde Mut, den er während seiner Laufbahn unter den härtesten Entbehrungen und Leiden bewiesen, gleich hoch stellen.« Der Gelehrte war der Zoologe François Péron, der, obwohl mit Kapitän Baudin heillos zerstritten, bis zum Ende der Mission treu blieb. In dem 1807 erschienenen ersten Band seines Reisejournals findet sich eine wunderbare Beschreibung der Wälder Tasmaniens: »Sie bieten einen einzigartigen Anblick, diese tiefen Wälder, die antiken Töchter der Natur und der Zeit, wo nie das Geräusch einer Axt ertönte, wo die Vegetation sich ohne Zwang ausbreitet, sich ohne Hindernisse entfalten kann; und wenn auf der anderen Seite des Globus solche Wälder wuchern, die nur aus in Europa unbekannten Bäumen bestehen und aus Pflanzen, deren Organisation und mannigfaltige Früchte einzigartig sind, wird das Interesse lebhafter und drängender. Dort herrschen normalerweise ein geheimnisvolles Zwielicht, eine große Kühle, eine durchdringende Feuchtigkeit. Dort brechen die mächtigen Bäume, aus denen so viele kräftige Schößlinge hervorgewachsen sind, unter der Last des Alters zusammen; ihre bejahrten, jetzt unter der Wirkung der Zeit und der Feuchtigkeit verrotteten Stämme sind mit Moos und parasitären Flechten bedeckt; in ihrem Inneren bergen sie kalte Reptilien und ungezählte Legionen von Insekten; sie versperren alle Pfade in den Wäldern und kreuzen sich in tausend verschiedenen Richtungen; überall stellen sie sich, gleichsam wie schützende Barrieren dem Vormarsch entgegen und vervielfachen die Hindernisse und Gefahren, die den Reisenden umringen; oft zerbrechen sie unter dem Gewicht des Wanderers, und er fällt mitten in die Trümmer hinein; noch öfter löst sich die feuchte und faulige Rinde und gleitet unter seinen Füßen hinweg; manchmal bilden sie mit ihren übereinandergeschichteten Stämmen natürliche Dämme von 25 oder 30 Fuß Höhe; anderswo sind sie über Bachläufe oder tiefe Einschnitte gestürzt und dienen so als natürliche Brücken, deren man sich aber nur mit größter Vorsicht bedienen darf. Diesem Bild der Unordnung und der Verwüstung, diesen Szenen des Todes und der Zerstörung hat die Natur, sozusagen mit Genugtuung, alles entgegengesetzt, was ihre schöpferische Kraft an höchst Imposantem hervorbringen konnte.«

Kehren wir noch einmal zurück zu Alexander von Humboldt. In den Erläuterungen zu seinem Werk »Ansichten der Natur« schreibt er über jenen Baum, den er für »das größte und älteste organische Denkmal auf unserm Planeten« hielt, den Affenbrotbaum oder Baobab (*Adansonia digitata*), benannt nach dem französischen Naturforscher Michel Adanson, der im August 1749 im westafrikanischen Senegal auf ihn stieß. Es waren zwar nicht die höchsten, aber sicher die dicksten Bäume, die der Forscher je gesehen hatte. Jene, die Adanson vermaß, waren nur etwa dreiundzwanzig Meter hoch, hatten aber einen Durchmesser von acht bis neun Metern. Adanson muß von der bizarren Erscheinung der Bäume so beeindruckt gewesen sein, daß er ihnen kühn ein Alter von fünftausendeinhundertfünfzig Jahren zuschrieb. Immerhin wurde mit der Radiokarbonmethode bei dieser Art, die zur Familie der Wollbaumgewächse gehört, ein Alter von tausend Jahren festgestellt. Die älteste Beschreibung des Baobab stammt von dem Venezianer Aloysius Cadamosto aus dem Jahre 1454. Er fand an der Mündung des Senegal Stämme, deren Umfang er auf etwa dreiunddreißig Meter schätzte, was einer Grundfläche von siebenundachtzig Quadratmetern entspricht. Daher verwundert es nicht, daß, wie Humboldt erwähnt, in einem Dorf, ebenfalls im Senegal, die Bewohner einen hohlen Baobab dazu benützten, im Inneren ihre Ratssitzungen abzuhalten. In afrikanischen Mythen heißt es, der Große Geist, der die Welt erschuf, habe jedem Tier einen bestimmten Baum zugeordnet. Die Hyäne bekam den Baobab, war aber mit der Wahl so unzufrieden, daß sie ihn widerwillig zu Boden schmetterte. Der Baum landete verkehrt mit den Wurzeln nach oben, wodurch seine groteske Form, mehr Kürbis als Baum, entstanden sein soll. David Livingstone, Missionar und legendärer Afrikareisender, verglich die Affenbrotbäume mit Riesen-Rettichen und -Karotten. Ich entdeckte den Baobab als Kind nicht in den Savannen Afrikas, sondern in dem empfindsamen Büchlein »Der kleine Prinz« von Antoine de Saint-Exupéry, von dem auch der Satz stammt: »Der Baum ist jene Macht, die sich langsam mit dem Himmel vermählt.«

Im August 1844 machten sich zwei französische Missionare des Lazaristenordens, Regis-Evariste Huc und Joseph Gabet, auf den gefahrvollen und weiten Weg von der Mongolei in die verbotene Stadt Lhasa. Eine ihrer Stationen war das Kloster Kumbum in der Provinz Amdo, eines der größten und wichtigsten in ganz Tibet. Die Gründungslegende des Klosters geht auf den großen Reformator und Gründer der Gelbmützensekte (der auch der Dalai Lama angehört), Tsong Ka-pa, zurück. Dort, wo das Kloster erbaut wurde, soll Tsong Ka-pa um das Jahr 1360 das Licht der Welt erblickt haben. Beim Abtrennen der Nabelschnur, so wurde es überliefert, sei Blut auf die Erde getropft und daraus ein Sandelbaum entsprossen, der als »Baum der hunderttausend Bildnisse« bekannt wurde, weil sich wunderbarerweise auf Stamm und Blättern Zeichen und Bilder zeigten. Die Patres Huc und Gabet waren die ersten Europäer, die diesen Baum zu Gesicht bekamen. Sie fanden ihn, der ihnen sehr alt erschien, unweit des Haupttempels in einem Hof, der von einer Ziegelmauer umgeben war. In seinem damals (vor allem wegen der genauen Darstellung von Lhasa) vielbeachteten Reisebericht beschreibt Pater Huc den Sandelbaum als nicht höher als zweieinhalb Meter, sein Stamm aber habe von drei Menschen mit ausgestreckten Armen kaum umfaßt werden können. Seine Zweige glichen buschigen Federn, das Holz war rötlich und roch nach Zimt. Huc versicherte, verblüfft mit eigenen Augen die Silben des heiligen Mantras »om mani padme hum« auf den jungen, immergrünen Blättern und unter der Rinde, wenn man ein Stück ablöste, erkannt zu haben.

Die abenteuerlustige, exzentrische Französin Alexandra David-Néel, die mit rußgeschwärztem Gesicht und als Mann verkleidet Tibet durchquerte, hielt sich 1918 im Kloster Kumbum auf. In ihrem Buch »Heilige und Hexer« widmete sie dem »Wunderbaum des Tsong Ka-pa« ein eigenes Kapitel. Darin beruft sie sich auf die Aufzeichnungen des Klosters, wonach Tsong Ka-pas Mutter ihren Sohn, der ein Wandermönch geworden war, nach langer Trennung zu sehen wünschte und ihn bat, nach Amdo zurückzukehren. Statt zu kommen, sandte er der Mutter sein Porträt und zwei Götterbildnisse. Nachdem der Bote die Geschenke der Mutter übergeben hatte, fand man, daß alle Bilder und das Mantra auf den Blättern sichtbar waren. Nach diesem Wunder heißt das Kloster Kumbum, was hunderttausend Bilder bedeutet. Madame Lama, wie David-Néel genannt wurde, suchte allerdings vergebens nach dem Wunderbaum.

Ein anderer Reisender, der Sonderkorrespondent der Londoner *Times*, Peter Fleming (Bruder des James-Bond-Erfinders Ian), quälte sich 1935 von Peking aus durch die Wüsten und Sümpfe von Sinkiang und über die verschneiten Pässe des Pamir bis ins damals noch britische Kaschmir. Fleming verbrachte auch einige Tage im Kloster Kumbum, wo ihn, wie er schreibt, »gespanntes, prickelndes Frösteln befiel, das wohl eine Mischung aus spiritueller Ehrfurcht und körperlicher Angst ist«. Er erwähnt einen Sandelholzbaum, von dem er annahm, es handle sich um den Wunderbaum. Allerdings war der Baum kahl, denn es war März. »Gelehrtere Reisende als ich«, so sein Resümee, »haben widersprüchliche Berichte über diese fotografischen Blätter mitgebracht; zweifelsfrei festzustellen scheint indessen nur, worauf man auch ohne Augenschein hätte kommen können: daß die Lamas diese Blätter verkaufen.« Über die Entstehung des Baumes von Kumbum bietet Fleming eine weitere Legende an: Als Tsong Ka-pa sieben Jahre alt war, schor ihm die Mutter den Kopf, um ihn auf sein Mönchsein vorzubereiten. Das Haar verstreute sie auf der Erde, wo es Wurzeln schlug und nach einiger Zeit in Gestalt eines Sandelholzbaumes emporwuchs.

Einer anderen Quelle entnehme ich, daß der Baum »der hunderttausend Bildnisse« in den sechziger Jahren des vorigen Jahrhunderts von den Roten Garden Mao Tse-tungs zerstört worden sei. Der Wunderbaum von Kumbum wäre dann, was wenig wahrscheinlich ist, an die sechshundert Jahre alt geworden.

SOKRATES: So gehe voran und sieh dich um, wo wir uns wohl setzen können.

PHAIDROS: Siehst du jene höchste Platane dort?

SOKRATES: Wie sollte ich nicht?

PHAIDROS : Dort ist Schatten und mäßige Luft, auch Rasen, darauf zu sitzen oder, wenn wir wollen, uns niederzulegen.

SOKRATES : Gehe also.

Platon, »Phaidros«

Vue de la Place Publique de Cos aus:
Marie-Gabriel-Florent-Auguste de Choiseul-Gouffier,
»Voyage pittoresque de la Grèce« (1782)

Die Platane des Hippokrates

Im Ägäischen Meer vor der Küste Kleinasiens liegt die griechische Insel Kos. Ihr Hauptort breitet sich am nordöstlichen Ende in einer langgezogenen, flachen Bucht aus, die in eine fruchtbare Ebene übergeht. Berühmt wurde Kos durch die von Hippokrates begründete Ärzteschule, die ihren Ruhm das ganze Altertum hindurch bewahrte. Hippokrates entstammte einer auf Kos ansässigen Familie von Heilkundigen, die man nach Asklepios, dem griechischen Gott der Heilkunst, Asklepiaden nannte. Über sein Leben, von 460 bis etwa 370 v. Chr., ist wenig bekannt, außer daß er wohl schon zu Lebzeiten ein ruhmreicher Arzt war und daß zahlreiche unter seinem Namen überlieferte Schriften existieren, wobei nicht sicher ist, ob sie auch tatsächlich von ihm stammen.

Außerhalb der Stadt, unweit des Dorfes Platani, liegt auf einem sanft ansteigenden Berghang das Ruinenfeld des berühmten Asklepiosheiligtums, das im 4. Jahrhundert v. Chr. an der Stelle eines Hains des Apollon errichtet wurde. Es war das älteste Heilzentrum der antiken Welt, gleichzeitig auch Ärzteschule, wo die Asklepiaden in hippokratischer Tradition lehrten.

Berühmter als die steinernen Überreste des Heiligtums ist allerdings ein Baum, genauer gesagt eine Platane, deren Altersangabe meine Neugier weckte. In einem Prospekt des Kos Tourist Information Office wird nämlich behauptet, unter der Platane, die sich

»noch heute« im Stadtzentrum befinde, habe Hippokrates seine Schüler unterrichtet. Sie sei der älteste Baum Europas und einer der ältesten auf der Erde. Das erschien mir maßlos übertrieben; eine Platane, die fast zweitausendfünfhundert Jahre alt sein sollte? Ich begann nachzuforschen.

In der älteren Literatur fand ich nicht viel Aufschlußreiches. Ludwig Ross, ein Philologe und Archäologe, der Kos 1844 schon zum dritten Mal besucht hatte, berichtete lediglich von einer uralten Platane, »an welche die örtliche Sage den Namen Hippokrates knüpft«. Ein anderer Archäologe, Rudolf Herzog von der Universität Tübingen, hielt sich 1898 in Kos auf, um das nach einem Erdbeben verschüttete Asklepion mit seinen Kunstschätzen zu suchen. Er spricht von der »Hippokratesplatane« als Sehenswürdigkeit, die »seit einem Jahrhundert« Reisenden gezeigt werde. »Sie gilt als die älteste der Welt«, schreibt er und fügt zweifelnd hinzu, »aber ins Altertum und in die Zeit des Hippokrates kann sie wohl höchstens als Abkömmling eines von den Griechen, Römern, Christen und Türken als heilig übernommenen Baumes zurückgeführt werden.« Und der Weltenbummler und Landschaftsgärtner Fürst von Pückler-Muskau berichtete nach einem Besuch der Stadt: »Mein erster Gang war nach der berühmten Platane, die für den kolossalsten Baum dieser Gattung im Orient gilt.«

Diesen Baum mußte ich sehen! Zweieinhalb Stunden Flug durch den milchigblauen Himmel, dann landete der Airbus mit einem sanften Ruck auf der Mittelmeerinsel. Obwohl es schon Anfang Oktober ist, empfängt mich wohltuende Wärme. Nachdem ich mein Zimmer im Hotel Kamelia im Stadtzentrum bezogen habe, mache ich mich gleich auf, die berühmte Platane zu besuchen. Der Weg vom Hotel dorthin führt durch eine belebte Straße, gesäumt mit hohen Pinien, die ihre schwärzlichgrünen Kronen wie Schirme über die Fahrbahn breiten. In den Vorgärten und Parks blühen noch Bougainvillea, Oleander und Hibiskus. Über

einen schmalen Fußweg die Ruinen der alten Agora entlang erreiche ich schließlich einen fast kreisrunden, eleganten Platz, der von einem Kafenion, einer Moschee, die an die Türkenherrschaft erinnert, Souvenirläden, Zypressen, Eukalyptusbäumen und rosarot blühenden Oleandersträuchern umgeben ist. Und in der Mitte des Platzes thront, umfriedet mit einer Mauer und einem Geländer, die sagenhafte Platane. Ich mische mich unter die vielen Touristen, die fotografierend den ehrwürdigen Baum belagern, und dränge mich ganz nahe an das Gitter heran. Der Hauptstamm gleicht einer hohlen Walze, die an zwei Seiten wie ein Krater aufgebrochen ist.

Die schweren, verwinkelten Äste, die nur mehr vom Splintholz getragen werden, muß ein Korsett aus Eisenrohren stützen. (Ein Kupferstich von 1782 aus Comte de Choiseul-Gouffiers »Voyage pittoresque de la Grèce«, den ich später in der Wiener Nationalbibliothek finde, zeigt, daß schon damals einige der ausladenden Äste mit Marmorsäulen abgestützt waren.)

Erstaunlich, daß diese Baumruine nach wie vor am Leben und fähig ist, grünes Laub hervorzubringen. Doch viele der handförmigen Blätter weisen bräunliche Flecken entlang der Blattadern auf, was wahrscheinlich mit einer Pilzkrankheit zusammenhängt. Ich beobachte ein Blatt, das langsam zur Erde taumelt. Rasch verläßt eine Frau ihren Souvenirladen in den Arkaden der Moschee und hebt es auf, noch bevor sich Touristen danach bücken können. Später weiß ich warum. Sie verkauft in ihrem Geschäft, auf gelbbraune Kartons gedruckt und in Plastik eingeschweißt, den Eid des Hippokrates samt einem gepreßten Platanenblatt.

Ich setze mich an einen der freien Tische unter der Laube des Kafenions, das natürlich »Platanos« heißt, und bestelle einen *Kafes metrios*, einen griechischen Kaffee mit wenig Zucker. Der frühe Abend ist noch mild, rundherum sirren monoton die Zikaden, und ich betrachte das schüttere Blätterkleid der Platane, auf das die letzten Sonnenstrahlen fallen. Wie alt mag sie wirklich sein?

Am nächsten Tag suche ich das Tourist Information Office in der Vasilis-Georgiou-Straße auf und frage eine der anwesenden Frauen, ob es in der Stadt jemanden gebe, einen Botaniker oder Historiker, der mir Auskunft über die Platane geben könne. Nein, sagt sie schläfrig, sie wisse niemanden. Beharrlich frage ich weiter, ob es vielleicht Literatur oder ein Archiv gebe. Lustlos nennt sie mir zwei Buchhandlungen. Der erste Laden nennt sich »Das Licht«. In der Auslage liegen auf einem schrägen Pult ausschließlich Bücher mit religiösem Inhalt. Ich trete trotzdem ein und stelle meine Frage. Die Verkäuferin, ganz in Schwarz, zeigt mir daraufhin die Lebensgeschichte eines Popen. Ich wiederhole »Platanos«, sie sagt »ne«, was »ja« heißt, und hält mir lächelnd noch eine Popenbiographie unter die Nase. Ich lächle auch und bedanke mich. An der zweiten Adresse finde ich ein Geschäft für griechische Schulbücher vor. Ein Mann und eine Frau sind dabei, aus einem Karton Bücher auszupacken und in Regale zu schlichten. Ich frage. Nein, über *die* Platane wüßten sie nichts, ich könne mich aber ruhig umschauen. In den Bücherbergen, die sich auf Tischen und auf dem Boden türmen, entdecke ich einige in Leinen gebundene Folianten, auf deren Rücken in Griechisch »Geschichte der Insel Kos« steht. Ich nehme das oberste Buch und schlage die Titelseite auf. Der Autor heißt Vasili Chatsivasiliu, erschienen ist das Werk 1990. Zuversichtlich, mehr über die Geschichte des Baumes zu finden, versuche ich darin zu blättern, doch fast alle Seiten kleben wie verleimt zusammen. Auch die anderen Exemplare lassen sich nicht öffnen, ohne daß sich der Druck ablöst oder die Seiten einreißen. Vermutlich sind alle Bücher völlig naß geworden. Die beiden Verkäufer, die ich auf den Schaden hinweise, berührt das nicht sonderlich. Ich frage, ob es eventuell noch andere Exemplare gebe. Nein, sagt die Frau beiläufig, nur diese hier.

Ich spaziere den Hafen entlang in Richtung Platane. Vom Meer bläst ein heftiger Wind aus Nordost, den sie in der Ägäis *Meltemi* nennen. Wieder im gepflegten Kafenion »Platanos«, fällt mir in der Karte ein Getränk namens »Lumumba« auf. Geschmacklos, denke ich mir, eine heiße Schokolade mit Cognac so zu nennen. Wie gehabt, bestelle ich einen *Kafes metrios* und ein Glas Mineralwasser. Soll ich mich nun ärgern, daß meine Erkundigung gescheitert ist? Nein. Ich versuche mir vorzustellen, daß zur Zeit von Hippokrates tatsächlich eine Platane hier stand. Natürlich konnte sie nicht zweitausendfünfhundert Jahre leben, aber vielleicht überdauerten tief in der Erde einige ihrer Wurzelstränge. Und möglicherweise ist dieser altersschwache Baum, dessentwegen ich nach Kos gekommen bin, die vierte Generation, die aus diesen Wurzeln trieb. Ich bin glücklich und empfinde reine Freude, daß ich sie noch lebend gesehen habe, die Platane des Hippokrates. Ihr wahres Alter ist letztlich belanglos, denn als Legende ist sie unvergänglich.

Die weltberühmte Platane von Kos gehört zur Art der Morgenländischen Platanen (*Platanus orientalis*), die von Südosteuropa bis zum westlichen Himalaja heimisch sind. Bereits in der Antike waren sie in den Ländern des östlichen Mittelmeerraums und in

Kleinasien wegen ihrer Schönheit und der schattenspendenden Wirkung ihrer mächtigen, weit ausladenden Kronen geschätzt. Vergil lobt in seinem Lehrgedicht »Georgica« das breite Laubdach der Platane, das beim »festlichen Trunk« Kühlung bot (IV/146). Platanen spendeten auch in Platons Akademie im Hain des Heros Hekademos bei Athen den Spazierenden wohltuenden Schatten. Gepflanzt hat sie, wie sein Biograph Plutarch angibt, Kimon, ein in den Kämpfen gegen die Perser erfolgreicher Feldherr, um 480 vor Christus. Vierhundert Jahre später belagerte der römische Feldherr Sulla Athen. Respektlos ließ er die Platanen der Akademie fällen und aus ihrem Holz Wurfmaschinen bauen.

In Georg Friedrich Händels Oper »Serse«, 1738 in London uraufgeführt, gehört eine Platane zur Bühnendekoration. Hauptfigur ist der liebestrunkene Perserkönig Xerxes, der die schöne Romilda, Tochter eines Feldhauptmanns, begehrt, obwohl er längst mit Amastris verlobt ist. Im ersten Akt singt er statt der abwesenden Romilda die Platane an und preist ihre Schönheit. Händels Librettist Niccolò Minato bediente sich dabei einer von Herodot überlieferten Geschichte (VII/31): Nach dieser soll Xerxes auf seinem Feldzug gegen die Hellenen in Lydien, nahe der Stadt Kallatebos, eine Platane gefunden haben, die er ihrer einzigartigen Schönheit wegen mit goldenem Schmuck behängte und fortan in die Obhut eines Aufsehers gab.

Auch die Mythologie hält unzählige Geschichten über die Platane bereit. So soll Zeus die Tochter des phönikischen Königs Agenor, Europa, unter einer Platane verführt haben, die nach dem Liebesakt nie mehr ihr grünes Laub verlor. Zeus verliebte sich in die Prinzessin, als sie am Strand Blumen pflückte. Er schlüpfte in die Gestalt eines weißen Stiers, trabte zu dem Mädchen und ließ sich streicheln. Europa fand ihn so zahm und sanft, daß sie schließlich auf seinen Rücken kletterte, worauf sich das Tier erhob und mit ihr davonstob. Erst in Kreta, wohin er sie entführt hatte, gab sich

The Oriental Plane Tree aus: John Evelyn,
»Silva, or: A Discourse of Forest-Trees« (1786)

The Occidental Plane Tree aus: John Evelyn,
»Silva, or: A Discourse of Forest-Trees« (1786)

Zeus zu erkennen. Unter einer Platane – nach Plinius eine heilige bei Gortyn (XII,11) – zeugten die beiden in einem einzigen göttlichen Koitus drei Söhne: Minos, Rhadamanthys und Sarpedon.

Eine andere Geschichte handelt von dem Satyr Marsyas, Erfinder und Meister der Flöte, der sich großsprecherisch mit Apollon in einen musikalischen Wettstreit einließ, unter der Bedingung, daß der Sieger mit dem Besiegten nach Gutdünken verfahren dürfe. Marsyas unterlag dem trickreichen Apollon, der ihn an einer Platane aufhängte und ihm bei lebendigem Leib die Haut abzog. »Und er ist nur eine Wunde: es rinnt ihm das Blut von dem Körper«, heißt es bei Ovid (6, 388). »Bloß sind die Sehnen, enthüllt, die Adern vibrieren ihm ohne / Jegliche Haut; man könnte die Eingeweide, die zucken, / Zählen und auch in der Brust die deutlich schimmernden Fasern.«

Platanen gehören zu einer eigenen kleinen Familie, den Platanengewächsen (*Platanaceae*). Ihre auffallendsten Merkmale sind die handförmig gelappten Blätter und die abschuppende, teils fahl, graubraun, grünlich oder cremigweiß gefärbte Rinde.

Zu ihrer Gattung gehören neun bis zehn Arten, von denen drei im kühl-gemäßigten oder mediterranen Klima der Nordhemisphäre vorkommen: *P. orientalis* in der Alten Welt, *P. occidentalis* im Osten sowie *P. racemosa* im Südwesten Nordamerikas. In Mitteleuropa weit verbreitet als Park- und Straßenbaum ist die Gewöhnliche Platane, *P. acerifolia*, vermutlich ein Bastard zwischen *P. orientalis* und *P. occidentalis*, der um 1700 oder etwas früher in den botanischen Gärten von Oxford entstanden sein soll.

Der Name Platane ist aus dem lateinischen *platanus* entlehnt, dieses wieder aus dem griechischen *platanos*. Die griechische Namensform kann zu *platys*, »flach, breit«, gehören, was sich auf die breite Krone und die breiten Äste und Laubblätter beziehen würde, aber auch aus einer südosteuropäischen oder asiatischen Sprache stammen.

Du darfst mich getrost
mit Schnee bewirten:
sooft ich Schulter an Schulter
mit dem Maulbeerbaum schritt durch den Sommer,
schrie sein jüngstes
Blatt.

Paul Celan

Der Baum des Müßiggangs

Zu Beginn des Jahres 1953 ging der britische Schriftsteller Lawrence Durrell in der Hafenstadt Limassol im Süden von Zypern an Land; er hatte die Absicht, ein paar Jahre auf der Insel zu verbringen. Es war die Zeit, als die Briten Zypern regierten, das sie 1914 annektiert hatten, und in der die Tragödie dieses Landes unaufhaltsam ihrem Höhepunkt zuzustreben schien. In den Gezeiten der jahrtausendelangen Geschichte waren die unterschiedlichsten Eroberer mit ihren Heerscharen auf der Insel im Osten der Levante eingefallen und hatten Festungen, Kathedralen, Moscheen und Leid hinterlassen: Alexander der Große, Harun al-Raschid, Richard Löwenherz, die Venezianer und dann die Osmanen, die mehr als dreihundert Jahre herrschten und 1878 von den Briten verdrängt wurden. Seit damals strebte die griechische Bevölkerung eine Vereinigung (*Enosis*) mit dem Mutterland an, während die türkische Minderheit das zu verhindern suchte. Zypern erlangte zwar 1960, nach wilden Terrorakten der griechisch-nationalistischen Widerstandsbewegung EOKA gegen die Briten, die Unabhängigkeit, aber schon drei Jahre später kam es zu bürgerkriegsähnlichen Kämpfen zwischen den beiden Volksgruppen, die schließlich zur Teilung der Insel in einen türkischen Norden und einen griechischen Süden (der 2004 Mitglied der Europäischen Union wurde) führten.

Durrell blieb bis 1956 auf Zypern, die letzten beiden Jahre als Presseattaché der britischen Kolonialverwaltung, und er schrieb ein Buch, oder wie er es nannte, eine impressionistische Studie über die Atmosphäre während der unruhigen Jahre, das 1957 in London unter dem Titel »Bitter Lemons« erschien.

»Auf einer Berglehne hockend, mit Terrassen, die hinab in die Gärten von Cerinia sehen und über die Wasser von Adana hinüber zu den Bergschluchten und Weiden des bulgarischen Dagh, ist ihre Lage nicht weniger lieblich und abgeschieden als sie selber. Ihr Name ist ›Frieden‹. So wurde die Abtei von ihren anglo-normannischen Begründern genannt, die sich hoch über dem Hafen in den Wäldern ansiedelten: Kloster des Friedens – Cloîture de la Paix; ein schöner und wohltuender Name, den die zypriotischen Invasoren zu ›Delapays‹ entstellten und ihre venezianischen Herren zu ›Bellapaese‹. Durch viele Jahrhunderte fanden hier tapfere Männer und fromme Frauen aus dem Westen ihre Ruhe.« Dieses Zitat von William Hepworth Dixon aus »British Cyprus« (1887) stellte Durrell an den Beginn des Kapitels »Der Baum des Müßiggangs«, der in der kleinen Ortschaft Bellapais noch zu finden ist, in dem das verfallene »Kloster des Friedens«, das der britische Autor und Reisende Dixon erwähnt hatte, steht. Gegründet wurde die Abtei 1205 von Augustinermönchen aus Jerusalem, und Durrell beschrieb sie als eines der »bezauberndsten gotischen Überbleibsel der Levante«, dessen noch vorhandene Kreuzgänge, die einen quadratischen Gartenhof mit vier mächtigen Zypressen umschlossen, eine Studie in Kontrasten waren: »die erste, kontemplative Ruhe der Gotik«, so Durrell, »wurde überall von der mediterranen Üppigkeit gelber Früchte und schimmernder grüner Blätter unterbrochen wie Schweigen von Musik«.

Bellapais liegt an der nördlichen Flanke einer Bergkette, die zum Meer abfällt, mit Blick auf den Hafen Kyrenia, der jetzt Girne heißt, und seine mächtige Zitadelle. In diesem Dorf kaufte Durrell

ein, wie er schrieb, »kistenförmiges Haus im türkisch-zypriotischen Stil mit mächtigen geschnitzten Türen, die für ein verschollenes Riesengeschlecht und seine Ochsen gemacht schienen«.

Als Durrell an einem strahlenden Frühlingstag dem *Muktar*, dem Ortsvorsteher von Bellapais, seinen Antrittsbesuch abstattete, warnte ihn dieser nach kurzer Plauderei, sich nicht unter den »Baum des Müßiggangs« zu setzen, falls er gedenke, hier zu arbeiten. Sein Schatten mache den Menschen unfähig zu ernster Arbeit. Die Bewohner von Bellapais würden von alters her als die faulsten Leute der Insel gelten. Sie seien alle Grundbesitzer, Kaffeetrinker und Kartenspieler. Deshalb würden sie auch so alt werden. Hier scheine nie ein Mensch zu sterben, fragen Sie nur den Totengräber, sagte er, und führte den Schriftsteller durch den dichten Hain mit Orangenbäumen zu Dmitris Taverne, in deren Vorgarten alte Männer in traditionellen bauschigen Hosen und weißen Baumwollhemden unter dem »Baum des Müßiggangs« saßen und Kaffee tranken. »Wenngleich die Versuchung groß war«, so Durrell, »setzten wir uns nicht unter den ›Baum des Müßiggangs‹, sondern nahmen an einem Tisch Platz, den man für uns unter die schöne Platane gerückt hatte.« Zu Ehren des neuen Bewohners von Bellapais bestellte der *Muktar* eine kleine Flasche bernsteinfarbenen Branntwein und einen Teller großer schwarzer Oliven.

Durrell läßt uns in seinem Buch im ungewissen, um welche Gattung es sich bei dem »Baum des Müßiggangs« handelte, der seine Äste über die Platia von Bellapais breitete. Ich zog das Internet und diverse Reiseführer zu Rate und erhielt eine Fülle von recht widersprüchlichen Auskünften. Viele der Quellen legten sich auf einen Maulbeerbaum fest, wobei die einen meinten, das Original existiere nicht mehr (wie zum Beispiel der Führer von Klaus Bötig aus dem renommierten Dumont Verlag, 4. Auflage 2002), während andere das Gegenteil behaupteten. Als einigermaßen seriös erschien mir die »North Cyprus Home Page« (herausgegeben von Yashar Sentürk, einem türkischen Zyprioten, mit reichhaltiger Bibliographie), in der es zu Bellapais unter anderem heißt: »Here, you can while away your days exploring the impressive remains of the abbey, or simply relax under the ›Tree of Idleness‹, an ancient mulberry made famous in Durrell's *Bitter Lemons*, and let the world pass you by.«*

Wußte ich jetzt wirklich alles über Bellapais, über jenen Ort, dessen »bezaubernde Atmosphäre« Durrell so faszinierte? In dem früher fast ausschließlich Griechen lebten, die im Sommer 1974 fliehen mußten, weil ein von der griechischen Militärjunta angezettelter Putsch die türkische Invasion und Besetzung des Nordens provozierte. Auch den Türken erging es nicht besser, sie wurden verfolgt und mußten ihre angestammte Heimat im Süden verlassen. Seitdem ist die Insel geteilt und, wie es so unbarmherzig

* »Hier kann man sich die Zeit vertreiben, indem man die eindrucksvollen Überreste der Abtei erkundet, oder einfach unter dem ›Baum des Müßiggangs‹ ausspannen, einem uralten Maulbeerbaum, der durch Durrells ›Bitter Lemons‹ berühmt geworden ist, und die Welt vorüberziehen lassen.«

heißt, »ethnisch gesäubert«. Was wußte ich wirklich über den »Baum des Müßiggangs«, der ja der rote Faden dieses Kapitels sein soll? War er ein Schwarzer oder Weißer Maulbeerbaum, wie mochte er wohl aussehen, war er tatsächlich »ancient«? Mich packte die Neugier, und ich beschloß, nach Zypern zu reisen.

Landung auf Larnakas International Airport; mit einem Sammeltaxi nach Nikosia zum griechischen Kontrollposten Ledra Palace an der »Green Line«, Paßkontrolle, zu Fuß durch die mit Stacheldraht gesicherte Pufferzone; frisches Gras bricht durch den brüchigen Asphalt, manche Häuser sind nur noch Ruinen, in glaslosen Schaufenstern und Fensterhöhlen sind Sandsäcke aufgeschichtet. Der flatternde Halbmond und eine Tafel mit der Aufschrift »Türkische Republik Nordzypern für immer« empfangen mich auf der anderen Seite, die jetzt Lefkoşa heißt. Zwanglose Paßkontrolle durch die türkische Grenzpolizei. Ich nehme ein Taxi nach Kyrenia, heute Girne, und beziehe Quartier im Hotel Yellow Lion am alten Hafen. Morgen werde ich Bellapais besuchen und meine Neugier hoffentlich befriedigen können.

Es ist ein honiggelber, milder Aprilmorgen, als ich mit einem Mietauto die Straße, welche sich durch eine Landschaft voller Oliven-, Johannisbrot- und Zitronenbäume schlängelt, nach Bellapais hochfahre. Die erste Überraschung: Es gibt keinen Dorfplatz mehr. Die Straße führt gerade durch ihn durch und mündet in einem Parkplatz, der sich an der Ostseite der Abtei ausbreitet. Ein häßliches, langgezogenes Restaurant mit zwei Aussichtsterrassen dominiert das Plateau, das einst der Dorfplatz gewesen sein muß. Das »more than a restaurant«, wie die Visitenkarte wissen läßt, trägt den Namen »Huzur Ağaç – Tree of Idleness«, und tatsächlich steht rechts vom Eingang, an einer Ecke, von der aus eine Gasse in das Dorf führt, ein Baum mit frischgrünen, zartgefiederten Blättchen, dessen Stamm von Rissen und Spalten durchzogen ist und der ziemlich alt aussieht.

Am Stamm ist eine Tafel angebracht, auf der zu lesen steht, daß dies der originale »Baum des Müßiggangs« sei, unter dem Lawrence Durrell sein berühmtes Buch schrieb. Dazu ein Schwarzweißfoto, auf dem der ursprüngliche Dorfplatz mit dem Baum in der Mitte zu sehen ist. Eine verwirrende Entdeckung, denn einerseits ist der Baum keine Maulbeere, sondern eine Robinie, andererseits befindet sich schräg gegenüber ein Café mit einer kleinen

Terrasse, auf der tatsächlich ein Schwarzer Maulbeerbaum steht, dessen dicker, gefurchter und ausgebeulter Stamm ebenfalls ein hohes Alter verrät.

Ich kehre in das Café ein, setze mich an ein rundes Metalltischchen auf der Terrasse und bestelle einen türkischen Kaffee. Als mir der Besitzer, ein rundes Männchen mit schütterem weißem Haar, den Kaffee und eine kleine Schale mit Erdnüssen bringt, zeige ich

auf den Maulbeerbaum und frage, ob das der berühmte … Er zieht die Augenbrauen hoch und sagt nichts, sondern nickt nur ernst und deutet mit einer verächtlichen Geste zu dem Restaurantklotz auf der anderen Straßenseite. Also doch ein Maulbeerbaum? In der Hoffnung, eine kompetente, unparteiische Auskunft zu erhalten, wende ich mich an einen Fremdenführer, der gerade eine Gruppe Touristen verläßt, die er durch die Abtei geführt hat. Freundlich erklärt mir der Mann, daß die Besitzer des Restaurants und des Cafés seit langem im Streit liegen, wessen Baum der authentische »Baum des Müßiggangs« sei. Seiner Meinung nach kann es nur die Robinie gewesen sein, weil gleich daneben Dmitris Kafenion lag, das jetzt wie alle anderen Häuser im Ort in türkischem Besitz ist. Zum Beweis führt er mich hinüber zu dem weißgetünchten Haus mit den eleganten Bogengewölben (die auch auf dem alten Foto zu sehen sind) und zeigt mir über dem Eingang einen Stein, in den die Inschrift gemeißelt ist: Dmitri 1894. Ich suche die »schöne Platane«, die Durrell erwähnte und die ein Anhaltspunkt wäre, doch es gibt sie nicht mehr. Ist damit die Sache eindeutig geklärt? Ich bin mir nach wie vor nicht sicher. So beschäftige ich mich lieber mit der Gattung *Morus*, dem Maulbeerbaum, weil er einfach interessanter ist. Nur so viel zur Robinie (*Robinia pseudacacia*): Sie fällt durch ihre stark duftenden gelblichen Blüten auf, die in langen, dichten Trauben an jungen Trieben hängen. Ursprünglich war sie nur im östlichen Nordamerika verbreitet; Jean Robin, Hofgärtner von Heinrich IV. und Ludwig XIII. von Frankreich, brachte sie um 1600 aus Virginia nach Paris. Die Robinie ist das Fremdgehölz mit der größten Ausbreitung in Europa, Nordafrika, West- und Ostasien und gehört zu den nektar- und zuckerreichsten Bienenweiden.

Der Schwarze Maulbeerbaum (*Morus nigra*), dessen reife, samtschwarze Früchte im Spätsommer, wenn sie abfallen, den Boden mit dunklen Schlieren bedecken, stammt ursprünglich aus

The Mulberry Tree aus: John Evelyn,
»Silva, or: A Discourse of Forest-Trees« (1786)

Vorderasien und Transkaukasien und ist um 400 v. Chr. nach Griechenland und offenbar erst in augusteischer Zeit nach Italien gebracht worden. Plinius rühmte ihn als den klügsten aller Bäume (*morus sapientissima arborum*, XVI, 102), weil er zu wissen scheine, daß kein Frost mehr zu befürchten sei, sobald er Knospen treibe. Fast zeitgleich, also im 1. Jahrhundert n. Chr., schrieb der berühmteste Pharmakologe des Altertums, der Grieche Pedanios Dioskurides, im 1. Buch (Cap. 180) seiner Arzneimittellehre, die eineinhalb Jahrtausende lang die unumstößliche Grundlage des Wissens für Ärzte und Apotheker bildete: »Der Maulbeerbaum ist ein bekannter Baum, dessen Frucht den Bauch öffnet, leicht verdirbt und dem Magen schädlich ist; auch der Saft daraus leistet dasselbe, in einem Kupfergefäß aber eingekocht oder an der Sonne eingetrocknet wird er adstringierender. Mit etwas Honig gemischt wirkt er gegen Flüsse, kriechende Geschwüre und Mandelentzündungen. Seine Wirkung wird erhöht durch Zumischung von spaltbarem Alaun, Gallapfel, Myrrhe, Safran, auch von Tamariskenfrucht, Schwertlilie und Weihrauch. Die unreifen trockenen zerstoßenen Maulbeeren werden statt des Sumachs den Speisen zugemischt und helfen Magenkranken. Die Wurzelrinde mit Wasser gekocht und getrunken, löst den Bauch, treibt den Bandwurm aus und hilft denen, die Sturmhut [vermutlich *Aconitum napellus*] genossen haben. Die fein gestoßenen Blätter mit Öl umgeschlagen heilen Verbrennungen mit Feuer. In Regenwasser mit den Blättern des Weinstockes und der schwarzen Feige gekocht färben sie die Haare. Der Saft der Blätter, in der Gabe eines Bechers getrunken, hilft denen, die von der Spinne gebissen sind. Die Abkochung der Rinde und Blätter ist als Mundwasser bei Zahnschmerzen nützlich. Es wird aber der Saft aus der Wurzel gezogen um die Zeit der Weizenernte, indem sie mit einem Graben umgeben und angeschnitten wird; am folgenden Tage findet sich eine steife Masse vor, welche gegen Zahnschmerzen wirksam ist, Geschwüre öffnet und den Bauch reinigt.« (Die deutsche Übersetzung stammt von dem Pharmazeuten Julius Berendes aus 1902.)

Ovids »Metamorphosen« sind einmal mehr ein unerschöpflicher Schatz an originellen Geschichten über Bäume im Zusammenspiel mit Göttern, Heroen, Heroinen und historischen Gestalten. In der so berühmten wie tragischen Romanze von Pyramus und Thisbe (4, 55 ff.) ist es der Maulbeerbaum, dessen Früchte eine Metamorphose durchmachen, indem sie die Farbe wechseln. Interessant an der Geschichte ist, daß sie einerseits in Babylon spielt, andererseits in der Form, wie sie Ovid erzählte, vor ihm nicht nachgewiesen werden konnte. Parodiert hat die sentimentale Fabel William Shakespeare im »Sommernachtstraum« (den er um 1595 schrieb); im letzten Akt läßt er Theseus, Herzog von Athen, ankündigen: »Ein kurz langweil'ger Akt vom jungen Pyramus / Und Thisbe, seinem Lieb'. Spaßhafte Tragödie«, dargeboten von den athenischen Handwerkern, »Männern, hart von Faust«, für die hochgeborenen Paare, die den Ehebund eingegangen sind.

»Pyramus war der Jüngling schönster; es strahlt' unter allen / Mädchen des Ostens Thisbe hervor.« So beginnt Ovids Geschichte. Pyramus und Thisbe waren Nachbarskinder und lernten sich kennen und heftig lieben. Doch ihre Väter verboten die Heirat. Obwohl ihre Häuser »direkt aneinandergebaut« waren, konnte das Paar nur durch einen Spalt in der Wand »kosende Worte« wechseln. So beschlossen sie, in der Nacht die Wächter zu täuschen und heimlich Haus und Stadt zu verlassen. Als Treffpunkt wurde eine Quelle unter einem Maulbeerbaum mit weißen Früchten vereinbart. Im Schein des Mondes erreichte Thisbe als erste den Baum und setzte sich zu seinen Füßen. »Doch sieh, da naht sich, mit frischem / Blute von Rindern den schäumenden Rachen beschmiert, eine Löwin, / Um sich den Durst in dem nahen Gewässer der Quelle zu löschen.« Thisbe floh voll Angst, verlor dabei ihren Schleier und verbarg sich in einer finsteren Höhle. Die

Löwin fand den »feinen Umhang des Mädchens« und zerriß ihn »mit blutigem Maule«. Nun erreichte Pyramus den Ort, sah die Spuren der Löwin im Staub und den blutbesudelten Schleier und glaubte, Thisbe sei tot. »Ich bin schuldig!« rief er und stieß sich sein Schwert in die Brust; das Blut schoß in die Höhe und färbte die weißen Früchte des Baumes purpurrot. Thisbe verließ ihr Versteck und fand Pyramus hingestreckt; sie »rauft sich die Haare, umarmt den Leib des Geliebten, mit Tränen / Füllt sie die Wunde«. Entschlossen, Pyramus in den Tod zu folgen, sprach sie zum Maulbeerbaum: »Und du Baum, der du jetzt mit den Ästen den kläglichen Körper / Dieses einzigen deckst und bald zwei Leiber bedeckest, / Wahre die Zeichen des Mordes und trage auf immer nur dunkle / Früchte, an Trauer gemahnend, Erinnerung doppelten Blutes!«

Eine andere, weitverbreitete Art ist der Weiße Maulbeerbaum (*Morus alba*), deshalb von großer Bedeutung, weil seine jungen Blätter als Futter für Seidenraupen dienen. Der Baum mit gelblichweißen Früchten stammt aus China und wird seit den ältesten Zeiten in Asien und seit dem 12. Jahrhundert im Mittelmeergebiet kultiviert. Die Raupen, aus deren strohgelben Kokons die Seidenfäden gewonnen werden, schlüpfen aus ovalen Eiern, die das Weibchen des Maulbeerspinners (*Bombyx mori*) nach der Paarung in die Blätter legt; danach stirbt es. Dieser Schmetterling war ursprünglich nur in China beheimatet; die Verarbeitung des Seidengespinstes entdeckte der Legende nach Xi Longshi, die junge Gemahlin des legendären Kaisers und Kulturschöpfers Huang-ti, der im späten 3. Jahrtausend v. Chr. gelebt und geherrscht haben soll. China konnte das Geheimnis der Seidenraupenzucht, des Abwindens und Verwebens der Seidenfäden bis etwa 300 n. Chr. hüten, als zuerst Korea und Japan, danach Indien und Persien begannen, Seide zu produzieren. Zweihundertfünfzig Jahre später schmuggelten zwei nestorianische Mönche unter Einsatz ihres Lebens (aus China, Samarkand, Indien oder Ceylon, worüber die Quellen sich nicht einig sind) Eier des Maulbeerspinners in hohlen Wanderstäben nach Konstantinopel an den Hof des oströmischen Kaisers Justinian, wofür sie dankbar belohnt wurden; damit war das asiatische Seidenmonopol endgültig gebrochen. Mit der Ausbreitung des Islam gelangten die Seidenraupen nach Sizilien und Spanien. Ausgangspunkt der europäischen Seidenweberei war offenbar im 13. Jahrhundert das italienische Lucca, wo bereits in wassergetriebenen Zwirnmühlen, sogenannten Filatorien, die Seidenfäden auf mehrspindeligen Zwirnapparaten gleichzeitig abgewickelt und verdrillt werden konnten. Erst gegen Ende des 17. Jahrhunderts kam die Seidenraupenzucht nach Deutschland; in Österreich wurde sie von Maria Theresia staatlich gefördert. Weiße Maulbeerbäume wurden in Pflanzschulen akklimatisiert und in großer Zahl im Hügel- und Flachland angepflanzt, Vereine zur Förderung der Seidenkultur gegründet und Raupenzucht-Musteranstalten ins Leben gerufen. In der *Wiener Zeitung* vom 18. August 1858 konnte man lesen, daß die »Seidenbau-Sektion der k.k. Wiener Landwirthschafts-Gesellschaft in Mödling die Preisverleihung für neu angelegte, gut gepflegte Maulbeerpflanzungen an die verdienstvollsten Bewerber vorgenommen« habe. »Der Vorstand der Seidenbau-Sektion«, heißt es ferner, »setzte die bisherigen Leistungen derselben und den durch die Seidenzucht für den österreichischen Staat in mehrfacher Beziehung entspringenden Nutzen auseinander.«

Der Seidenbau, hieß es damals, schaffe Verdienst ohne großen Kapitaleinsatz, er sei »Gemeingut des Armen, des Bemittelten und des Reichen. Dem letzteren schafft er durch das Futter aus seinen Plantagen für die Seidenraupe eine hohe Bodenrente, dem Armen gibt er Brot, dem Bemittelten durch den Handel und die Fabrikation des Seidenstoffes Wohlstand und großes Vermögen.« Mit den Armen, die ihr schmales Einkommen aufbessern konnten, waren kinderreiche Familien des minderen Beamten- und Dienerstandes, Schullehrer, Invalide, alte schwache Frauen und Männer gemeint, die – meist in ihren Wohnräumen – auf Stellagen ausgelegte Eier und später geschlüpfte Raupen pflegten und mit Laub versorgten. Andere, die es sich leisten konnten, hatten ihren Spaß daran, die Seidenwürmer bei ihrer wundersamen Verwandlung zu beobachten. Goethe erinnerte sich in seinem autobiographischen Werk an die besondere Liebhaberei seines Vaters, des promovierten Juristen und kaiserlichen Rats Johann Caspar Goethe, die ihm und seinen Geschwistern, wie er schrieb, viel Unbequemlichkeit machte. »Es war nämlich die Seidenzucht, von deren Vorteil, wenn sie allgemeiner verbreitet würde, er [der Vater] einen großen Begriff hatte. Einige Bekanntschaften in Hanau, wo man die Zucht der Würmer sehr sorgfältig betrieb, gaben ihm die nächste Veranlassung. Von dorther wurden ihm zu rechter Zeit die Eier gesendet; und sobald die Maulbeerbäume genugsames Laub zeigten, ließ man sie ausschlüpfen und wartete der kaum sichtbaren Geschöpfe mit großer Sorgfalt. In einem Mansardzimmer waren Tische und Gestelle mit Brettern aufgeschlagen, um ihnen mehr Raum und Unterhalt zu bereiten: denn sie wuchsen schnell, und waren nach der letzten Häutung so heißhungrig, daß man kaum Blätter genug herbeischaffen konnte, sie zu nähren; ja sie mußten Tag und Nacht gefüttert werden, weil eben alles darauf ankommt, daß sie der Nahrung ja nicht zu einer Zeit ermangeln, wo die große und wundersame Veränderung in ihnen vorgehen soll. War die Witterung günstig, so konnte man freilich dieses Geschäft als eine lustige Unterhaltung ansehen; trat aber Kälte ein, daß die Maulbeerbäume litten, so machte es große Not. Noch unangenehmer aber war es, wenn in der letzten Epoche Regen einfiel: denn diese Geschöpfe können die Feuchtigkeit gar nicht vertragen; und so mußten die benetzten Blätter sorgfältig abgewischt und getrocknet werden, welches denn doch nicht immer so genau geschehen konnte, und aus dieser oder vielleicht auch einer andern Ursache kamen mancherlei Krankheiten unter die Herde, wodurch die armen Kreaturen zu Tausenden hingerafft wurden. Die daraus entstehende Fäulnis erregte einen wirklich pestartigen Geruch, und da man die Toten und Kranken wegschaffen und von den Gesunden absondern mußte, um nur einige zu retten, so war es in der Tat ein äußerst beschwerliches und widerliches Geschäft, das uns Kindern manche böse Stunde verursachte.«

Bleibt noch die raffinierte Prozedur nachzutragen, mit der das wertvolle Seidengarn von den gefräßigen Raupen gewonnen wird. Wenn diese die Reife erreicht haben, hören sie auf zu fressen und spinnen sich mit ihren Spinndrüsen einen Kokon, in dessen Innerem sie sich verpuppen. Ein Kokon ist aus etwa dreitausend bis viertausend Metern langen hauchdünnen Fäden aufgebaut, wovon aber nur etwa siebenhundert bis tausend Meter der Mittelschicht abhaspelbar sind. Vor dem Abhaspeln werden die Puppen mit Dampf oder heißer Luft getötet, um ein Schlüpfen der Schmetterlinge und damit die Zerstörung des Kokons zu vermeiden. Dann werden die Kokons in heißem Wasser eingeweicht und mit rotierenden Bürsten von der äußeren, wirren Faserschicht befreit. Die gebürsteten Kokons kommen anschließend in die Haspel, wo drei bis acht Fäden zusammengefaßt, über Glaswalzen gekreuzt und auf einer Garnwinde aufgehaspelt werden. Für die weitere Verarbeitung ist es notwendig, die Rohseidenfäden in heißer Seifenlösung vom Sericin oder Seidenbast (ein Eiweißstoff, der die Fäden umgibt) zu befreien (zu degummieren), worauf sie zu festen Fäden verzwirnt und auf Spulen aufgewickelt werden. Auf Webstühlen werden schließlich Schuß- und Kettfäden zu jenem verführerischen Material verarbeitet, das leicht wie eine Wolke und durchscheinend wie Eis ist.

Das Lebewesen, das im Kampf gegen seine Umwelt siegt, zerstört sich selbst.

Gregory Bateson

L'Arbre du Ténéré

Arbre du Ténéré markiert einen unauffälligen Punkt in den Landkarten der Republik Niger, ziemlich genau an jener Stelle, wo sich der zehnte Grad östlicher Länge mit dem achtzehnten Grad nördlicher Breite kreuzt. Der Eintrag bezeichnet einen Baum, und zwar den einzigen, der auf Karten im Millionen-Maßstab, wie auf der Michelin-Karte 153, 1:4 Millionen, verzeichnet ist. Auf diesen Baum machte mich Raoul Schrott aufmerksam, während wir in seinem Haus in Bishop's Luck an der Roaringwater Bay in West Cork gebratene Filets vom Steinbutt aßen.

Die Ténéré ist Teil der »Wüste der Wüsten«, der Sahara, ein unendliches Sandmeer, das sich zwischen den mächtigen Gebirgsmassiven des Air im Westen und des Tibesti im Osten erstreckt. Von der Stadt Agadez an der Südspitze des Air-Gebirges führt ein uralter Karawanenweg in nordöstlicher Richtung nach der Oase Bilma. Die sechshundert Kilometer lange Strecke über ineinanderfließende Dünenzüge wird noch immer von den Salzkarawanen der Tuareg begangen, wenn auch nicht mehr wie früher mit zehntausend oder mehr Kamelen auf jedem Marsch. Davon berichtete der große deutsche Saharaforscher Heinrich Barth, der im Jahr 1850 eine solche Salzkarawane begleiten konnte: »Diese alljährigen Wander- und Handelszüge haben in der That etwas in jeder Art Grossartiges«, schrieb er in seinem Reisewerk, »und sie sind

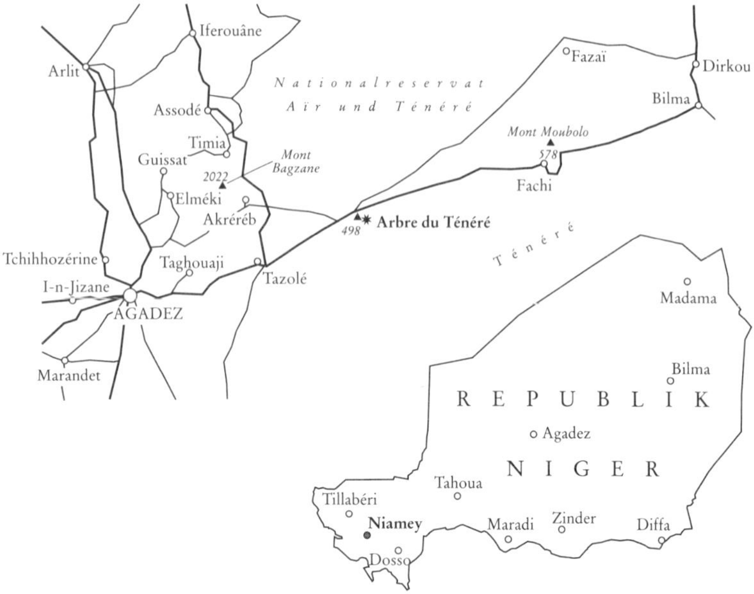

es, die über die zwischen den bevorzugteren Örtlichkeiten dieser Gegenden liegenden Wüsteneien ein gewisses poetisches Leben verbreiten.«

Im Herbst werden in den Tuareglagern des Air die Karawanen zusammengestellt und die Kamele mit Hirse und Zuckerkegeln beladen. In Gewaltmärschen von täglich zwölf bis sechzehn Stunden und bis zu achtzig Kilometern strebt die Karawane unter einer unbarmherzigen Sonne ihrem Ziel, der Oase von Bilma, entgegen. Dort angekommen, wird die Fracht gegen Salz, das in Salinen rund um die Oase gewonnen wird, und Datteln eingetauscht. Die Salzlager der Sahara entstanden vor Jahrmillionen, als noch ein Urmeer dort war, wo heute Wüste ist. In Bilma liegen sie fast an der Oberfläche, vier bis fünf Meter tiefe Becken, in denen mit Hilfe von Wasser das eingebettete Salz ausgelaugt wird. Im Sommer, wenn die Temperatur in den heißen Gruben bis über fünfzig Grad steigt, verdunstet die Sole zu grobkörnigem Salz.

Geschwächt von den Strapazen des Hinwegs, tritt die Karawane den Rückmarsch an, jedes der Kamele bepackt mit einer Salzladung von hundertfünfzig Kilo. Da es in der Ténéré so gut wie keine Landmarken gibt, orientieren sich die Tuareg am Sonnenstand, der Sandstruktur und an verwehten Spuren früherer Karawanen. Der Baum der Ténéré war eine überaus wichtige Orientierungshilfe: die erste oder letzte, je nachdem, aus welcher Richtung man kam, im Umkreis von Hunderten Kilometern der einzige Baum, nicht höher als drei Meter und trotzdem weithin sichtbar. Ein unverwechselbares Zeichen in einer Welt ohne Horizont – das es allerdings nicht mehr gibt. Die Ironie des Schicksals wollte es, daß im November 1973 ein libyscher Fahrer mit seinem Lastwagen den einsamen Baum umfuhr, obwohl wirklich genügend Platz zum Ausweichen gewesen wäre. Die Überreste des Baumes werden im Museé National du Niger in der Hauptstadt Niamey ausgestellt.

In den Wüstengebieten Afrikas ist eine Vielzahl von Akazienarten heimisch, die der evolutionäre Prozeß mit so tief reichenden Wurzeln ausgestattet hat, daß sie grundwasserführende Schichten erreichen können. Für die lokale Bevölkerung sind die meisten Arten von großer wirtschaftlicher Bedeutung, nicht nur als Nutzholz, Brennmaterial oder Viehfutter. Aus dem Saft von *Acacia senegal* gewinnt man das beste Gummi arabicum, das in der Lebensmittel- und Pharmaindustrie verwendet wird; andere Arten liefern Tannin, einen gerbstoffreichen Extrakt, der für die Herstellung von Leder wichtig ist. Mit ihren gefiederten Blättern und gelben Blüten in auffallend langen Büscheln sind Akazien aber auch schön anzusehen.

Der legendäre Baum der Ténéré war eine Akazie der Art *Acacia raddiana*; seiner ungewöhnlichen Geschichte bin ich nachgegangen. Henri Lhote, ein französischer Ethnologe und Saharakenner, beschreibt in seinem Buch »L'épopée du Ténéré« zwei Reisen durch die Ténéré. Die erste unternahm er 1934 anläßlich der ersten Autoverbindung zwischen der algerischen Stadt Djanet und Agadez, und sie führte ihn auch an der einsamen Akazie vorbei. Er stellte damals fest, daß der Baum, der aus zwei gegabelten Stämmen bestand, verkümmert und krank aussah, obgleich seine Äste grüne Blätter und einige gelbe Blüten trugen. Fünfundzwanzig Jahre später nahm Lhote an der Mission Berliet teil, die wieder durch die Ténéré führte. Der Konvoi aus vierzehn Geländefahrzeugen erreichte am 26. November 1959 den *Arbre du Ténéré*. Henri Lhote erkannte den Baum fast nicht wieder: er war aschenfarbig, seine schirmförmige Krone völlig kahl, und außerdem war vom Nebenstamm nur mehr ein Stumpf zu sehen. Lhote hielt es für wahrscheinlich, daß (schon damals) ein Laster den markanten Baum angefahren habe. Kein Nomade hatte es bisher gewagt, die Orientierungshilfe zu beschädigen, obgleich die Versuchung bestanden haben mag, Zweige vom Baum abzuschneiden, um Feuer zu machen, oder mit Blättern die Kamele zu füttern; der rätselhafte Baum war tabu, nicht nur der Navigation wegen, sondern auch als Symbol des Lebens in einer menschenfeindlichen und leeren Landschaft.

Wie konnte ein Baum in dieser Öde überhaupt Wurzeln schlagen und wachsen? Die Vermutung lag nahe, daß der Baum der Ténéré seine Existenz einer unterirdischen Wasserader verdankte, möglicherweise als Abkömmling einer baumreichen Savannenlandschaft, die hier in vorgeschichtlicher Zeit vorherrschte.

Tatsächlich stießen im Frühjahr 1939 französische Militärs bei dem Versuch, in unmittelbarer Nähe des Baumes einen Brunnen zu graben, auf Wasser. Commandant Michel Lesourd, der den Bautrupp in der Wüste besuchte, berichtete darüber. Für ihn schien das Unternehmen, das von Sergent Lamotte geleitet wurde, eine »utopische Idee« zu sein. Doch nach ein paar Monaten, als mühsam ein Schacht von fünfunddreißig Metern ausgehoben war, sickerte Wasser durch die Sohle; und in dieser Tiefe kamen auch die Wurzeln des Baumes zum Vorschein. Ein Beweis für die wunderbare Anpassungsfähigkeit der Vegetation in der Sahara. Als Henri Lhote, wie erwähnt, als Mitglied der Berliet-Expedition zwanzig Jahre später bei der Akazie haltmachte, war er erstaunt, hier einen Brunnen vorzufinden. Gemeinsam mit dem Geologen Cornet inspizierte er ihn und konnte feststellen, daß der Wasserstand mindestens drei Meter betrug.

Heute befinden sich, wie aus einem Reiseführer zu erfahren ist, an jener Stelle, wo einst der berühmteste Baum der Sahara stand, einige mit Stacheldraht umfriedete Sträucher, die kümmerlich dahinvegetieren, und eine abstrakte Skulptur aus Metallrohren, die sehr entfernt an den *Arbre du Ténéré* erinnern soll.

Am Waldessaume träumt die Föhre,
am Himmel weiße Wölkchen nur;
es ist so still, daß ich sie höre,
die tiefe Stille der Natur.

Theodor Fontane, »Mittag«

Die »Breite Föhre«

Es war an einem frostkalten Wintertag im Jänner 1997, als im Föhrenwald am Fuße des Kleinen Anninger bei Mödling die »tiefe Stille der Natur« gestört wurde. Motorsägen heulten auf, und ihre rotierenden Zähne fraßen sich in das tote Holz des wohl berühmtesten Baumes des südlichen Wienerwaldes, der »Breiten Föhre«. Feuerwehrmänner trennten von einer Hebebühne aus zuerst die kahlen, krummen Äste vom Stamm ab; dann wurde um die Stummel der einst ausladenden Krone ein Kranseil geschlungen, der mächtige, viereinhalb Tonnen schwere Stamm knapp über dem Boden durchgesägt und auf einen Lastwagen gehievt. Mödling war um ein Wahrzeichen ärmer, um das in den Jahren davor viel gestritten worden war.

Die »Breite Föhre« war ein Wallfahrtsbaum, behängt mit Heiligenbildern und Votivtafeln, ein beliebter Rastplatz für Ausflügler am Weg zum Anninger oder Husarentempel; sie war auf Wanderkarten eingezeichnet, ein Motiv für Ansichtskarten und soll besonders Künstler angezogen haben. In diversen Almanachen wird erwähnt, Ludwig van Beethoven, der vorübergehend in Mödling Quartier bezogen hatte, habe sich unter ihrer Schirmkrone, schon fast taub, zu seinem Spätwerk inspirieren lassen. (»Ich wandle hier mit einem Stück Notenpapier«, schrieb er an einen Freund, und er könne »ganze Tage auf den Mödlinger Bergen bleiben«.) Franz Schubert und Moritz von Schwind sollen einmal nach einer feuchtfröhlichen Landpartie die Nacht in ihren Ästen verbracht haben (woran man zweifeln darf); Dichter wie Franz Grillparzer, Ferdinand Raimund oder Robert Musil, heißt es, unternahmen Spaziergänge zur »Breiten Föhre«, um sich in ihrem Schatten dem beschaulichen Nachdenken hinzugeben. Sicher hingegen ist, daß Künstler ihre Staffelei vor der auffallenden Wegmarke aufgestellt und sie gemalt haben. Das bekannteste Gemälde schuf Ludwig Ferdinand Schnorr von Carolsfeld im Jahr 1838; es ist in der Österreichischen Galerie im Oberen Belvedere zu sehen. Die Biedermeieridylle zeigt eine (noch) allein stehende stattliche Föhre, im Vordergrund ein am Wegrand sitzendes gutgekleidetes Paar, das vermutlich einem Hirten Almosen gibt, im Hintergrund kann man Personen erkennen, die sich vom Holzsammeln ausruhen. Adolf Schmidl, zu seiner Zeit ein hochgeschätzter Wissenschaftler und Literat, durchstreifte beinahe um die gleiche Zeit Wiens Umgebung und lieferte die vermutlich erste Beschreibung

Breite Föhre,
Niederösterreichisches Landesmuseum, St. Pölten

des beeindruckenden Baumes: »In der Nähe des Jägerhauses [Meiereiwiese in der Vorderbrühl] leitet ein reizender Pfad durch schattige Föhrenwäldchen mit ungemein freundlichen Übersichten sanft aufwärts bis zur sogenannten *breiten Föhre*, wohin auch unmittelbar von der Burg Mödling, immer auf der Höhe fort, ein gebahnter Weg führt. An ihrem Fuße, wahrscheinlich durch Mutwillen bis tief in das Mark hinein verkohlt, breitet sie ihre Arme weithin aus, und spendet unter der Hürde des weiten Nadeldaches kühle Schatten, in denen sichs behaglich ruht. Die saatenreiche, ortbelebte Ebene von Wien, die Residenzstadt selbst liegen zu ihren Füßen ausgebreitet. Malerische Vordergründe gestalten die Landschaft zum wahren Reizesbilde. Mit Recht ist dieser freundliche Punkt ein Lieblingsspaziergang der Mödlinger und Brühler Sommergäste.«

Die »Breite Föhre« war zu dieser Zeit ein Solitär inmitten einer welligen Grasflur, was ihren mächtigen Wuchs erklärt. Die Kalkberge, Hügel und Hänge der Umgebung waren damals fast

Ludwig Ferdinand Schnorr von Carolsfeld
»Die Breite Föhre nächst der Brühl bei Mödling«, 1838,
Österreichische Galerie Belvedere Wien

kahl und teils verkarstet. Fürst Johann I. von und zu Liechtenstein, Feldherr der kaiserlichen Armee im Kampf gegen Napoleon, erwarb im Dezember 1807 jene Liegenschaft, die heute »Föhrenberge« heißt. Der Fürst, der sich einmal selbst als »wärmsten und höchsten Verehrer der Landesökonomie« bezeichnet hatte, war das Beispiel eines »realistischen« Aristokraten mit einem Faible für Landschaftsgestaltung. Schon kurz nach Erwerb der Liegenschaft ordnete er die Aufforstung mit Schwarzföhren an. Ein Heer von Waldarbeitern schaffte Humus ins Gelände, hob Gruben aus und setzte viele tausend Jungpflanzen; wo nur mehr blanker Fels vorhanden war, wurden Löcher gesprengt und mit Erde gefüllt. Damit die Setzlinge in den heißen Sommermonaten der ersten Jahre nicht in Gefahr gerieten zu verdorren, wurden sie regelmäßig mit Wasser versorgt, das man in sackartigen ledernen Behältern heranschleppte. Die Aufforstung war erfolgreich: Die Schwarzföhren sind die vorherrschende Baumart der Gegend um Mödling, wie überhaupt der niederösterreichische Alpenostrand das größte und nördlichste Verbreitungsgebiet dieses Baumes in Mitteleuropa ist.

Die österreichische Schwarzföhre ist eine Varietät der Gesamtart *Pinus nigra*, die in der Fachliteratur ausschließlich als Schwarzkiefer bezeichnet wird. *Pinus nigra* ist ein wichtiger Waldbaum in der montanen Stufe europäischer Mittelmeerländer, der seine größte Verbreitung gegen Ende der letzten Eiszeit (etwa 5000 v. Chr.) hatte.

Wie kaum eine andere Baumart wurde die Schwarzföhre seit Jahrhunderten wirtschaftlich genutzt, einerseits wegen ihres Holzes, andererseits – und wesentlich wichtiger – zur Harzgewinnung. Aus dem Rohharz wurden in Pechhütten große Mengen Terpentinöl und Kolophonium destilliert, bis in den 1960er Jahren ein synthetischer Ersatz gefunden wurde. In meinem Buch »Verschwundene Arbeit« habe ich vereinfacht beschrieben, wie das

Harz gewonnen wurde (und teilweise noch wird). Die Arbeiter nannten sich Pecher und »pachteten in Waldgebieten meist von den Waldeigentümern eine größere Anzahl Föhren. Zunächst wurde eine bestimmte Fläche des halben Stammumfangs entrindet, dann schlug man eine v-förmige Kerbe in das blanke Stammholz und versah diese mit Leitspänen, sogenannten Pechscharten, die das aus der Wunde herausquellende Harz auffingen und in Töpfe leiteten. Damit in den Sommermonaten möglichst viel Harz austreten konnte, mußten immer wieder neue Kerben aufgehackt werden, eine Arbeit, die viel Erfahrung und Sorgfalt erforderte. Dabei bedienten sich die Pecher einer besonders geformten kleinen Hacke, Dexel genannt, deren Schneide quer zum Hackenstiel stand und rasiermesserscharf geschliffen war. Der Dexel wurde zu Beginn der 1940er Jahre von einem Pechhobel abgelöst, mit dem man leichter, baumschonender und wesentlich rascher arbeiten konnte. War ein Topf voll, wurde das Harz mit einem langstieligen Löffel herausgeholt, in eine Butte gefüllt und zur Sammelstation gebracht.« Die Pecherei war ein mühseliges Gewerbe, bedenkt man, daß ein Pecher, um das Auslangen zu finden, im Jahr etwa zweitausendfünfhundert bis dreitausend Schwarzföhren bearbeiten mußte.

Das Schicksal der »Breiten Föhre« dürfte sich schon Anfang des 18. Jahrhunderts entschieden haben. Damals wurde das Wachstum des Baumes, wie eine dendrochronologische Untersuchung (auf die ich noch zu sprechen komme) ergab, stark gehemmt. Schuld daran könnte die schwere Verletzung am Stammfuß gewesen sein, die Adolf Schmidl in seiner Beschreibung erwähnte und die bis zum Mark reichte. Dadurch wurden die wasserführenden Leitungsbahnen zwischen Wurzelsystem und assimilierender Krone unterbrochen, was gemeinsam mit einer beginnenden bakteriellen Erkrankung (Bakteriose) die Lebenskraft des Baumes schwer beeinträchtigte. Schmidl sprach von »bis tief in das Mark hinein verkohlt«, was durch Feuer oder Blitzschlag geschehen hätte können. Eine Legende erzählt, Tataren aus dem Heer Kara Mustafas hätten während des zweiten Türkeneinfalls 1683, bei dem der Markt Mödling geplündert und gebrandschatzt wurde, an die Föhre Feuer gelegt, aus Haß auf ein Marienbildnis, das am Stamm hing.

Ich zog Dr. Otto Cichocki vom Vienna Institute for Archaeological Science zu Rate, der die »Breite Föhre«, nachdem man sie umgeschnitten hatte, untersuchte und konservierte. Er hält es für möglich, daß der Baum einst bei dem Versuch, ihn zu fällen, verletzt und die Wunde dann mit Baumteer (ein giftiges Destillat aus Buchenholz) bestrichen wurde, um eine Pilzinfektion zu verhindern. In den Jahren 1915 und 1944, das zeigte die Untersuchung, verdorrten zwei dicke Äste, und Mitte der 1980er Jahre starb das Naturdenkmal »Breite Föhre« dann endgültig ab. Übrig blieb eine kahle, bizarre Baumskulptur, die, wenn auch mit Stützen gesichert, schließlich doch als eine ernste Gefahr für Wanderer angesehen wurde.

In einem Gutachten legte die Bezirkshauptmannschaft 1991 dem Mödlinger Gemeinderat nahe, die »Breite Föhre« fällen zu lassen. Als der Vorschlag und die Absicht an die Öffentlichkeit kamen, begann das Ringen um ihre Bewahrung: »Die alte Föhre hat noch Geist, auch wenn sie tot ist. Sie muß gerettet werden!« war die Meinung und Forderung vieler Bürger. Die zuständigen Politiker zögerten, keiner wollte sich die Finger verbrennen und die unpopuläre Maßnahme treffen. Im Wissen um den drohenden »Baummord«, wie es in Zeitungsberichten hieß, versammelte der Maler Josef Bramer eine Gruppe engagierter Künstlerkollegen um sich, darunter bekannte Namen wie Karl Korab, Anton Lehmden, Manfred Deix oder Herwig Zens. Sie alle waren überzeugt, der »heilige Baum« könne sozusagen mumifiziert und als »Kunstdenkmal« erhalten werden. Manfred Saller, ein erfahrener Baumchirurg, wurde konsultiert und ein Plan zur Konservierung ausgearbeitet. Um die Geldmittel dafür aufzubringen, porträtierte jeder der zweiundzwanzig Künstler den Baum auf seine Art, als Karikatur, als Federzeichnung, mit Ölkreide oder Aquarellfarben. Unter dem Motto »Ein Abend für die Breite Föhre« wurden die Bilder am 23. April 1992 im Wiener Künstlerhaus ausgestellt und versteigert. Baumchirurg Saller und seine Mitarbeiter konnten nun mit der Sanierung beginnen. Zunächst wurde der Baum desinfiziert. Um den Stamm zu stützen, brachte man eine Art Korsett aus Flacheisen an und verankerte es mit Drahtseilen. Danach wurde das Holz mit flüssigem Glas und einem pilzhemmenden Mittel versiegelt.

Doch alle diese Maßnahmen waren am Ende vergeblich. Nach einem Lokalaugenschein zu Beginn des Jahres 1997 erklärte der damalige Vizebürgermeister und Forststadtrat von Mödling, die Sicherheit sei nicht mehr gegeben, der Baum im Innern morsch und faul. Sein Resümee, das eine Zeitung zitierte: »Es ist zwar eine sehr undankbare Aufgabe, aber es wird sich nicht mehr viel machen lassen, der Baum wird fallen müssen.« Und er fiel!

Die heftigen Kontroversen um das Mödlinger Naturdenkmal bewirkten allerdings, daß auf höchster Landesebene entschieden wurde, den abgetragenen Stamm der »Breiten Föhre« als Andenken zu bewahren und im neuerbauten Niederösterreichischen Landesmuseum in Sankt Pölten aufzustellen.

Mit der museumsgerechten Präparation wurde Dr. Otto Cichocki beauftragt, der auch die dendrochronologische Untersuchung durchführte. Kernbohrungen zeigten, daß der Baum innen relativ gesund und nur die äußere Schicht verrottet war. Der älteste Ring, der vermessen werden konnte, stammt aus dem Jahr 1587. Da aus dem innersten Stammbereich (etwa zehn Zentimeter), wie mir Dr. Cichocki erklärte, kein Kern gewonnen werden konnte, schätzte er, daß die Schwarzföhre um das Jahr 1560 zu

Stamm der »Breiten Föhre« im
Niederösterreichischen Landesmuseum, St. Pölten

wachsen begann. Das ergibt ein Lebensalter von respektablen fünfhundertdreiundzwanzig Jahren; betrachten wir die Geschichte, dann war unsere Föhre ein Bäumchen, als Maximilian II. neben der Römischen Kaiserkrone die Kronen von Böhmen und Ungarn, Nieder- und Oberösterreich erhielt, als Pieter Brueghel sein berühmtes Bild über die menschliche Torheit, den *Turmbau zu Babel*, malte und William Shakespeare in Stratford-upon-Avon das Licht der Welt erblickte.

Post pirum da putum,
Post pomum vade cacatum![*]

Mittelalterliche Ärzteweisheit (Schule von Palermo)

[*] »Die Birne regt die Blase, der Apfel den Stuhlgang an.«

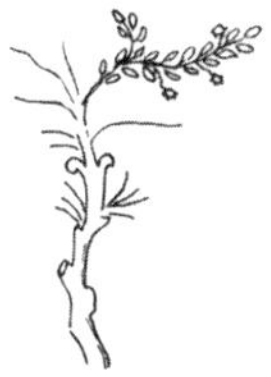

Johnny Appleseed

Falls Sie eines schönen Nachmittags im Frühling 1806 zufällig am Ufer des Ohio unterwegs gewesen wären, sagen wir, gleich nördlich von Wheeling in West Virginia, dann hätten Sie vermutlich ein seltsam zusammengezimmertes Gefährt träge den Fluß hinuntertreiben sehen. Damals herrschte auf diesem Abschnitt des Ohio, der breit und braun dahinfloß und zu beiden Seiten von steilen Uferböschungen mit dichtem Eichen- und Hickorybewuchs gesäumt war, reger Schiffsverkehr, denn eine marode Flotte aus Kielbooten und Frachtkähnen brachte Siedler aus der vergleichsweise zivilisierten Welt Pennsylvanias in die Wildnis des Northwest Territory.

Das eigenartige Gefährt, das Ihnen an jenem Nachmittag ins Auge gestochen wäre, bestand aus einem Paar ausgehöhlter Baumstämme, die zu einer Art Katamaran zusammengebunden waren, sozusagen einem Kanu mit Beiwagen. In einem der beiden Einbäume lümmelte ein schlaksiger, ungefähr dreißigjähriger Mann, der vermutlich ein aus einem Kaffeesack aus Jute geschneidertes Hemd trug und einen Blechnapf als Hut aufhatte. Dem Bericht des Chronisten aus Jefferson County zufolge, der diese Szene für erwähnenswert befand, döste der Mann seelenruhig vor sich hin und vertraute darauf, daß der Fluß ihn schon dorthin bringen würde, wo er hinwollte. Das andere Boot, sein Beiwagen, lag tief im Was-

Malus communis aus: Henri-Louis Duhamel du Monceau, »Traité des arbres et arbustes«, Band 6 (1815)

ser unter dem Gewicht eines Haufens von Apfelkernen, die sorgfältig mit Moos und Morast abgedeckt waren, damit sie nicht in der Sonne austrockneten.

Der Dösende im Kanu war John Chapman, der unter seinem Spitznamen Johnny Appleseed bei den Bewohnern von Ohio schon bekannt war wie ein bunter Hund.«

Daß ich auf den schrulligen Pionier mit seinen Apfelkernen aufmerksam wurde, verdanke ich Michael Pollan, der ein so brillantes wie vergnügliches Buch geschrieben hat, aus dem das vorstehende Zitat stammt: »Die Botanik der Begierde. Vier Pflanzen [Apfel, Tulpe, Cannabis, Kartoffel] betrachten die Welt«.

John Chapman alias Johnny Appleseed verließ 1797 im Alter von dreiundzwanzig Jahren seine Heimat Massachusetts in Richtung Westen, zuerst nach Pennsylvania, später an den Ohio River, das Tor zum Northwest-Territory, damals die »Frontier«, die Grenze zur unbewohnten Wildnis. Rastlos war Chapman unterwegs, ein drahtiger Mann mit Ziegenbart, der selbst bei kältestem Wetter keine Schuhe trug. Er war angetrieben von der fixen Idee, aus Kernen Apfelbäume zu ziehen. Die Kerne sammelte er aus dem Trester, der in den Keltereien rund um Pittsburgh anfiel, wohin er zurückkehrte, wenn sein Vorrat erschöpft war. »Mehr als die meisten von uns«, schreibt Michael Pollan, »betrachtete Chapman die Welt offenbar aus der Sicht der Pflanzen, gewissermaßen ›pomozentrisch‹. Ihm war klar, daß er für die Äpfel genauso viel tat wie sie für ihn.« Um das Jahr 1830 hatte Chapman bereits eine ganze Anzahl von Baumschulen angelegt, die sich vom westlichen Pennsylvania durchs mittlere Ohio bis nach Indiana erstreckten, immer bestrebt, auf einem Stück Wildnis noch vor Eintreffen der Siedler einen Baumgarten anzulegen und abzuwarten, bis diese kamen. Dann konnte er ihnen schon mehrjährige Bäume verkaufen oder sie gegen abgetragene Sachen tauschen, denn Äpfel waren an der »Frontier« zum Wilden Westen kostbar und die Nachfrage nach Bäumen dementsprechend stark, selbst wenn die meisten nur herb-bittere Holzäpfel tragen würden, von deren Genuß, wie Henry David Thoreau launig schrieb, »ein Eichhörnchen Zahnschmerzen bekommt«.

Es ist eine simple botanische Tatsache, daß Apfelbäume, die man aus Kernen zieht, Wildlinge werden, die Holzäpfel tragen und nur entfernt den Elternpflanzen ähneln. Eßbare Äpfel erhält man einzig von veredelten Bäumen, also von solchen, denen Reiser von Bäumen, die schmackhafte Früchte hervorbringen, aufgepfropft werden; übrigens eine Methode, die schon in der Antike angewandt wurde.

Am Ohio, in der Gegend von Marietta, bestand damals bereits eine Baumschule, angelegt von einem gewissen Rufus Putnam, der veredelte Apfelbäume an durchziehende Siedler verkaufte, unter anderem bekannte Sorten von der Ostküste, wie Roxbury Rossets, Newton Pippins und Early Chandlers. Johnny Appleseeds Holzäpfelbäume waren daher nicht die ersten und schon gar nicht die besten in Ohio. Eigensinnig aber beharrte er darauf, nur Bäume, die aus Kernen gekeimt waren, anzubieten. Über die gepfropften Artgenossen soll er gemeint haben: »Vielleicht kann man auf die Art bessere Äpfel züchten, aber das ist dann bloß ein menschlicher Kunstgriff, und es ist frevelhaft, Bäume so zu verschneiden. Das rechte Verfahren ist vielmehr, gute Kerne auszusuchen und sie in gute Erde zu setzen – das mit dem Veredeln besorgt dann schon der liebe Gott.« Chapmans Äpfel konnte man zwar essen, aber sie schmeckten nicht. Trotzdem florierte sein Geschäft, denn aus den Früchten wurde ein erfrischendes Getränk gepreßt und vergoren: der »hard cider«, der Apfelmost, das bevorzugte alkoholische Getränk der Einwanderer und Pioniere. Ralph Waldo Emerson, Dichter und Philosoph mit großem Einfluß auf die amerikanische Kultur und Literatur des 19. Jahrhunderts, dachte gewiß an den Apfelmost, als er bemerkte, daß »der Mensch einsamer wäre, weniger gesellig und weniger Beistand hätte, wenn uns das Land nur die Nutzfrüchte Mais und Kartoffel schenkte und diese schmükkende und gesellige Frucht vorenthielte«.

Als der selbstlose Philanthrop, Freund der Indianer und Wanderer zwischen Zivilisation und Wildnis John Chapman 1845 in Fort Wayne, Indiana, sanft entschlief, wie in *Harper's New Monthly Magazine* von 1871 zu lesen stand, war er im Besitz von gut tausendzweihundert Morgen (etwa vierhundertachtzig Hektar) fruchtbarem Land und Tausenden von Apfelbäumen; womit all jene, die meinten, er sei nicht ganz bei Trost gewesen, eines Besseren belehrt wurden. Alljährlich im September veranstalten die Bürger von Fort Wayne im Archer Park, wo sich Chapmans Grabstätte befindet, ein Festival zu Ehren des »folk hero«, ein Rang, der ihm von Staats wegen verliehen wurde.

Warum Äpfel in Amerika bis zur Prohibition so populär waren, habe auch damit zu tun, vermutet Michael Pollan, daß der Apfelbaum für den schicksalhaften Baum im Garten Eden gehalten und einem frommen Volk sozusagen ans Herz gelegt wurde, das fest daran glaubte, die Neue Welt verspreche eine Art irdisches Paradies. (Nach Mircea Eliade ist das Wort »Paradies« selten mehr strapaziert worden als im Zusammenhang mit der Kolonisation der beiden Amerika.) In Wahrheit kostet Eva im Paradies vom »Baum der Erkenntnis des Guten und Bösen« (1 Mose 2,17), womit ja kein bestimmter Baum gemeint war. So sind in der christlichen Ikonographie gleich zwei Interpretationen entstanden: eine ältere im östlichen Mittelmeergebiet, die den Baum der Erkenntnis mit einem Feigenbaum gleichsetzte, was einleuchtet, heißt es doch im Alten Testament ein paar Zeilen weiter: »Da wurden ihrer beider [Adam und Eva] Augen aufgetan, und sie wurden gewahr, daß sie nackt waren, und flochten Feigenblätter zusammen und machten sich Schürze« (1 Mose 3,7). Die andere, jüngere Auslegung, die den Apfelbaum in die Schöpfungsgeschichte schmuggelte, hat mit der Genesis nichts zu tun. Vielmehr scheint sich die Umdeutung im 5. Jahrhundert in Gallien vollzogen zu haben, durch eine poetische Nacherzählung der Urgeschichte des Avitus, Bischof von Vienne, in der Eva einen Apfel vom besagten Baum pflückt, *unum de cunctis lethali ex arbore malum detrahit*, und Adam, *exitiale pomum*, darreicht. Eine andere mögliche Variante: Der Apfel galt in der Antike als Sinnbild des Weiblichen, der Liebe und Fruchtbarkeit (ich erinnere an die Göttinnen Ischtar, Aphrodite, Iduna). Im Mittelalter wurde dieses Symbol durch den Einfluß einer lustfeindlichen Kirche auf den irdischen Eros, auf Versuchung und Sünde reduziert. Und schon war der Apfel auf dem Paradiesbaum, anstatt der Feige, die in der mediterranen Welt ebenfalls mit Sexualität zu tun hatte und als Aphrodisiakum galt. Möglicherweise hat auch der Umstand dazu beigetragen, daß das lateinische Wort *malus* sowohl »Apfel« als auch »schlecht«, »böse« bedeuten kann, woraus sich die Vermutung ableiten konnte, die verbotene Frucht sei ein Apfel gewesen. Kanonisiert wurde das mythische Urpaar unter dem vermeintlich biblischen Apfelbaum in der bildenden Kunst durch unzählige Darstellungen, meisterhaft ausgeführt von Albrecht Dürer, Peter Paul Rubens, Hieronymus Bosch, Lucas Cranach oder Michiel Coxcie.

Lange hatte man in Fachkreisen angenommen, der weltweit verbreitete Kulturapfel (*Malus domestica*) sei das Ergebnis von Artenkreuzungen wilder kaukasischer und westasiatischer Äpfel. Einigkeit bestand darüber, daß der in Mitteleuropa beheimatete Holzapfel (*Malus sylvestris*) die Stammpflanze minderwertiger Mostäpfel ist und nur einen geringen erblichen Anteil am Kulturapfel besitzt. Doch in den 1930er Jahren entdeckte der bedeutende russische Genetiker und Kulturpflanzenforscher Nikolai Vavilov auf einer Expedition durch Kasachstan in der Umgebung von Alma-Ata wilde Apfelbäume. »Man konnte mit eigenen Augen sehen«, schrieb er, »daß dieser herrliche Ort die Wiege des Kulturapfels war.« Er sollte recht behalten. Vavilov, der 1926 erstmals seine These über die Ursprungszentren der Nutzpflanzen veröffentlicht hatte, wurde unter Stalin durch Denunziation eines Fachkollegen der Sabotage und Spionage für England bezichtigt, zum Tode verurteilt, jedoch begnadigt, und starb 1943 im Gefängnis von Saratov an der Wolga den Hungertod.

Vor ein paar Jahren begaben sich Wissenschaftler der Universität Oxford auf die Suche nach den wilden Apfelbäumen, auf die Vavilov aufmerksam gemacht hatte. Von Alma-Ata aus (was – nomen est omen – »Vater des Apfels« bedeutet) durchquerten sie das östliche Kasachstan, eine Steppenlandschaft, die durch eine tausendjährige Nomadenkultur geprägt ist. Im Gebiet des Dsungarischen Alatau, eines nördlichen Ausläufers des mächtigen Tienschan-Gebirges, am Fluß Ili fand die Forschergruppe tatsächlich Apfelwälder, teils mit sehr alten und hohen Bäumen so dick wie Eichen, deren Früchte in Größe, Farbe und Geschmack jenen unserer Kultursorten sehr ähnlich waren. Als man die Kerne dieser Äpfel im Department of Plant Sciences in Oxford molekulargenetisch untersuchte, stellte man überrascht fest, daß die Merkmale (Marker) des Kulturapfels ganz und gar dem in Kasachstan gefundenen Wildapfel (*Malus sieversii*) entsprachen. Damit war die Hybridtheorie von der Entstehung des Kulturapfels widerlegt.

Kasachstan gilt seitdem als die Heimat unserer Äpfel, und Nikolai Vavilovs Theorie, daß die größte Vielfalt einer Art immer dort zu finden ist, wo sie sich ursprünglich entwickelt hat, wurde einmal mehr bestätigt.

Bleibt die Frage, wie die Äpfel von Kasachstan nach Europa gelangten. Nun, entlang der zentralasiatischen Gebirge verlaufen Handelswege, die ursprünglich China mit den Mittelmeer- und Schwarzmeerküsten verbanden und auf denen Seide, Jade, Porzellan, Pelze, aber auch Pflanzen und Früchte befördert wurden. Alma-Ata, die frühere Hauptstadt Kasachstans (heute ist es Astana

Aus dem All ins Land der Äpfel: Pedro Duque, spanischer European-Space-Agency-Astronaut, wird am 28. Oktober 2003 nach seiner Landung nahe der Stad Arkalyk in Kasachstan geborgen. Reuters Pictures Archive

im Norden), liegt an der nördlichen Route dieser sogenannten Seidenstraßen, und deshalb ist es sehr wahrscheinlich, daß die Äpfel auf diesem Weg Europa erreichten.

Die alten Griechen waren die ersten, welche die Apfelkultur verfeinerten und Äpfel zu ihren Lieblingsfrüchten erwählten. Theophrastos aus Eresos auf Lesbos, Schüler und Nachfolger des Aristoteles, den Linné zum »Vater der Botanik« erhob (sein Geburtsjahr wird im »Kleinen Pauly« mit 372/71 oder 371/70 v. Chr. angegeben), erwähnte in seinen beiden umfangreichen botanischen Werken, die zu den ersten wissenschaftlichen überhaupt gehören, *Historia plantarum* und *Causae plantarum* (beide werden üblicherweise lateinisch zitiert) die Existenz von sechs Apfelsorten, und er beschrieb bereits das »Pfropfen und Okulieren« zur Verbesserung der Fruchtqualität. Von den Griechen übernahmen die Römer die Apfelkultur, es entstanden vielfältige Lehrschriften über Landwirtschaft, wie zum Beispiel jene von Porcius Cato (die älteste), von Marcus Terentius Varro oder Lucius Columella; oder Vergils Lehrgedicht über den Landbau, »Georgica«. Das fleißigste Sammelwerk hinterließ Plinius Secundus, dessen »Naturgeschichte« insgesamt siebenunddreißig Bücher umfaßt. In den Bänden XII bis XXVII behandelte er etwa tausend Pflanzen, darunter bereits dreiundzwanzig Sorten Äpfel.

Mit der latinischen Gottheit der Früchte und des Obstbaues, Pomona (von ihr abgeleitet ist das Wort Pomologie, die Lehre von den Obstsorten und vom Obstbau) macht uns Ovid in den »Metamorphosen« (14, 623) bekannt, in Gestalt einer Baumnymphe, die sich wie keine andere auf den Gartenbau versteht: »... nicht Wälder und Ströme / Liebte sie, sondern das Land und obstüberladene Äste. / Nicht mit dem Speer ist die Hand ihr bewaffnet: sie trägt die gekrümmte / Hippe, mit welcher sie bald die zu üppig wuchernden Zweige / Bändigt und schneidet und bald die Rinde zerspaltet, ein neues / Reislein aufzupfropfen und Säfte dem Pflegling zu spenden. / Dürsten läßt sie die Pflanzen mitnichten: sie wässert mit Gräben / Gleitender Wellen der saugenden Wurzeln sich krümmende Fasern. / Dies ihre Liebe und dies ihre Lust.«

Nach dem Ende des Trojanischen Krieges kehrt ein Mann nach zehnjähriger Irrfahrt, Heimatlosigkeit, Entbehrungen und Gefahren gealtert und zerlumpt zurück auf seine Heimatinsel Ithaka und wird nur noch von seinem greisen Hund erkannt: Odysseus, der trickreiche Held aus Homers Heldenepos »Odyssee«, versuchte seinem verzweifelten Vater, König Laertes, inständig zu beweisen, daß er sein leiblicher Sohn sei. »Bist du denn wirklich, mein Sohn Odysseus, wiedergekommen?«, fragt der Vater und Odysseus liefert den letzten Beweis: »Jetzo will ich dir auch die Bäume des lieblichen Fruchthains / Nennen, die du mir einst auf meine Bitte geschenkt hast; / Denn ich begleitete dich als Knab im Garten; wir gingen / Unter den Bäumen umher, und du nanntest und zeigtest mir jeden. / Dreizehn Bäume mit Birnen und zehn voll rötlicher Äpfel / Schenktest du mir und vierzig der Feigenbäume ...« Daraufhin umarmt der Vater seinen »geliebtesten« Sohn und fällt in Ohnmacht.

Ob der Krieg, durch den Troja verwüstet wurde, tatsächlich stattfand, ist fraglich; in der Sage wird er ausgelöst durch einen Apfel, allerdings den sprichwörtlichen »Zankapfel«. Eris, die Göttin des Streits und der Zwietracht, war zum Hochzeitsfest des Peleus, Sohn des Königs Aiakos, und der Nereide Thetis nicht geladen worden; trotzdem erschien sie und warf aus Rache über die Zurücksetzung einen goldenen Apfel unter die versammelten olympischen Götter. Die Frucht trug die Inschrift »der Schönsten«, worauf die Göttinnen Hera, Athene und Aphrodite, die alle drei diesen Titel beanspruchten, in heftigen Streit gerieten. Zeus machte dem lächerlichen Hickhack ein Ende und berief einen Sterblichen zum Schiedsrichter, den Viehhirten Paris. Nun war aber Paris (Homer nennt ihn in der »Ilias« Alexandros) kein anderer als der verlorene Sohn des trojanischen Königs Priamos, was aber nur die Götter wußten. Die Wahl (»Urteil des Paris«) fiel auf Aphrodite, die Paris mit der Aussicht auf die schönste Frau auf Erden, Helena, die Gattin des Menelaos, bestochen hatte. Durch dieses Urteil lud Paris den schwelenden Haß Heras wie auch Athenes auf sich, die Arm in Arm fortzogen, um den Untergang Trojas zu planen.

Der Apfel ist die Frucht schlechthin; ein universeller Topos in den unterschiedlichsten Zeiten und Kulturen (von den Babyloniern bis zum »Big Apple« New York), und seine Rolle in Mythen, Legenden, Sagen, Märchen und als Symbol ließe sich endlos fortschreiben. Bevor ich mit dem Kulturapfel fortfahre, möchte ich zur Abwechslung ein Rezept des legendären Hotels Sacher, einer Wiener Institution, empfehlen: die Brennenden Äpfel. Man nehme Äpfel, schäle sie, steche das Kerngehäuse aus, schneide sie in Ringe und brate sie in Butter. Mit Hagelzucker (grobgestoßenem Zukker) bestreuen, mit Cognac übergießen und anzünden. Die Äpfel müssen sehr heiß sein, sonst brennt der Cognac nicht. Mit eiskaltem Schlagobers anrichten.

In Europa erreichten Apfelkultur und Apfelzucht ihren Höhepunkt im frühen 19. Jahrhundert. Es kam in Mode, zahlreiche Sorten zu kultivieren, was zu einer Explosion an Sortennamen, Obstbauzeitschriften und Obstbauvereinen führte. Der Thüringer Pfarrer Johann Volkmar Sickler war einer der führenden Obstspezialisten und brachte in den Jahren 1794 bis 1804 die erste Fachzeitschrift, *Der teutsche Obstgärtner*, heraus. Er beschrieb ausführlich vierhundertzweiunddreißig Obstsorten, die er zum großen Teil mit handkolorierten Kupferstichen versah, um sie, wie er betonte, »zum Vergnügen in ihrem Studio oder in Gartensälen als eine geschmackvolle und zweckmäßige Dekoration aufzuhängen. Nie ist die Nachfrage nach guten und veredelten Obstbäumen größer gewesen als in der jetzigen Zeit.« Sickler hielt es für wichtig, Ordnung in das Sortenwirrwarr der damaligen Zeit zu bringen. Er erstellte ein Register, in dem alphabetisch sämtliche Sorten in deutscher und französischer Sprache aufgeführt waren, wie Gravensteiner, Großer Rheinischer Bohnapfel, Muskatellerapfel, Roter Klapperapfel, Gewürzrambour, Roter Wintertaubenapfel, Kanadarenette, Karmeliter Renette, Borsdorfer, Luiken, Winterzitronenapfel, Wintergoldparmäne. Außerdem stellte er einige Kuriositäten dar, wie den »Feigenapfel«, den Apfelbaum ohne Blüte, der seine Frucht aus dem »Holz und Ästlein treibt wie die Feigenbäume«. Ein »Sicherer Führer in der Obstkunde«, dessen vierter und letzter Band 1860 erschien, nennt allein eintausendzweihundertdreiundsechzig Apfelsorten, wobei sicher ist, daß es noch viel mehr waren. Pomologische Sammlungen, wie jene in der Benediktinerabtei Admont oder im Moravské Muzeum Brno, beherbergen naturgetreue Apfelnachbildungen aus Lindenholz,

Wachs, Gips und Papiermaché und dokumentieren so den kulturellen und ökologischen Reichtum von einst.

Die kommerziellen Äpfel von heute stellen nur einen Bruchteil der genetischen Vielfalt der Gattung *Malus* dar, die zur Familie der Rosengewächse gehört. Die meisten Äpfel, die jetzt gezüchtet werden, haben dieselben fünf oder sechs Eltern: Red Delicious, Golden Delicious, Jonathan, Mcintosh und Cox Orange. Die Geschichte des Golden Delicious, der zweifellos zu den beliebtesten und bekanntesten Sorten zählt, ist so phantastisch, daß ich sie kurz erzählen möchte (wobei ich mich auf einen Artikel im Magazin *Goldenseal* der Division of Culture and History des Staates West Virginia stütze, der 1995 unter dem Titel »The Greatest Apple in the World« erschien).

Paul Stark, ein geschäftstüchtiger Baumschulbesitzer aus Louisiana, Missouri, entdeckte 1914 im Obstgarten einer kleinen Farm in Clay County, West Virginia, die einem Mann namens Anderson Mullins gehörte, einen Apfelbaum, dessen Äste überladen waren mit großen, herrlichen, goldglänzenden Früchten. Stark pflückte einen Apfel, biß in sein mürbes, saftiges Fleisch und rief aus: »Eureka! I had found it!« Noch am gleichen Tag kaufte Stark um die stattliche Summe von fünftausend Dollar den Baum von Mullins und nahm einen Bund Reiser mit nach Missouri, um seine Bäume damit zu pfropfen. Die Sorte Äpfel, die er von diesen veredelten Bäumen erstmals erntete, nannte er »Golden Delicious«. Zum Schutz vor Dieben hatte Stark um den kostbaren Baum auf Mullins' Farm einen hölzernen Käfig bauen lassen, der mit Stacheldraht umwickelt und mit einer elektrischen Alarmanlage versehen war. Die Urmutter aller Golden-Delicious-Bäume, die heute in allen Erdteilen zu finden sind, starb in den späten 1950er Jahren; zu ihren Ehren wurde anläßlich eines Festivals die weltgrößte Apple pie gebacken, zwei Meter im Durchmesser und gefüllt mit würzigen Golden Delicious.

Michael Pollan hat das letzte Wort: »Tausende von Apfeleigenschaften sowie die Gene, in denen diese Eigenschaften angelegt sind, sind ausgestorben, weil die ungeheure Vielfalt der Äpfel, die Johnny Appleseed mit gefördert hatte, so lange durchgesiebt wurde, bis nur noch die Handvoll Sorten übrig war, die durch das Nadelöhr unserer beschränkten Vorstellungen von Süße und Schönheit passen.«

Zu welchem Endziel führt der technische Fortschritt die Menschheit? In welchem Zustand wird sie sich befinden, wenn der Prozeß zu Ende ist?

John Stuart Mill,
britischer Philosoph und Nationalökonom, 1857

Genese an ihrem Herzen, und du wirst – sofern man dir alle Vorzüge moderner Natur bietet – mit zunehmender Kräftigung eines Tages auch noch die zweite Beobachtung machen, daß ein Wald meistens aus Bretterreihen besteht, die oben mit Grün verputzt sind. Das ist keine Entdekkung, sondern nur ein Eingeständnis; ich vermute, man könnte den Blick gar nicht ins Grün tauchen, wenn es nicht schon mit schnurgeraden Spalten dafür angelegt wäre.

Robert Musil, 1936

Fichtendämmerung

Unter den Kieferngewächsen, der am weitesten verbreiteten und wirtschaftlich bedeutsamsten Familie der zapfentragenden Nadelgehölze in den gemäßigten und kalten Zonen der nördlichen Hemisphäre, sind die immergrünen Fichten (*Picea*) nach Kiefern und Tannen eine der artenreichsten Gattungen. Die Gewöhnliche Fichte (*Picea abies*) zählt in Europa zu den wichtigsten Nadelbäumen, die in den letzten beiden Jahrhunderten – selbst an Standorten, wo früher keine wuchsen – allmählich das Landschaftsbild zu prägen begannen. Die »Verfichtung« führte naturgemäß zum Streit zwischen der Forstwirtschaft, welche die Fichte als erfolgreichen »Brotbaum« feierte, und den Landschaftspflegern, die in den künstlichen Monokulturen eine Gefährdung des ökologischen Gleichgewichts und des Erholungsraums Wald sahen.

Für die Gründerväter der Forstwissenschaft war die Natur kein schwärmerisches Idealbild, nein, sie bekämpften geradezu die Auffassung, der Wald sei ein Geschenk der Natur; sie forderten eine rationale Wirtschaft, die schließlich in der »Forstökonomie« als Wissenschaft gipfelte. Aus dem wirtschaftlichen Bestreben, die Holzmasse und den Wert eines Waldes genau ermitteln zu können, entwickelte sich eine besondere Vorliebe für die Methode des Kahlschlags, der unter Forstbeamten als »die klarste, durchsichtigste Wirtschaft« galt. Aus ihrer Sicht verständlich, bot doch der

Zeichnung von Franz Blaas (2003)

Kahlschlag entscheidende Vorteile: In einer einzigen Aktion konnten große Holzmassen aus dem »Schlag« eines Waldgebiets gewonnen, die Holzknechte konzentriert und unter Aufsicht eingesetzt und der Abtransport des Holzes – das größte Problem – erheblich erleichtert werden. Die logische Konsequenz des Kahlschlags war die künstliche Aufforstung zur langweiligen Monokultur. In seinem Buch über den Wald im Wandel der Zeit befand Professor G. Mitscherlich, Ehrendoktor der Forstwissenschaftlichen Fakultät der Technischen Universität München: »Im Walde, in dem es Jahrhunderte hindurch vom Hundegebell und Hörnerklang der höfischen Jagden, von dem Geschrei der Viehhirten, dem Blöken, Wiehern, Muhen, Meckern und Grunzen des Viehs, dem Axthieb der Felgen- und Bohlenhauer und dem Pochen der Eisenhämmer geschallt hatte, wo allenthalben die Kohlenmeiler, die Teer- und Aschengruben geraucht, die Schmelzöfen gequalmt hatten, wurde es nach und nach still. Er war nun nicht mehr Lebensraum, wie bisher, sondern wurde Stätte einer planmäßigen, systematischen Holzproduktion, die nur noch möglichst wertvolles Holz liefern sollte.«

»Wer hat dich, du schöner Wald, aufgebaut so hoch da droben?« fragte der romantische Freiherr von Eichendorff, und Robert Musil antwortete darauf nüchtern: der Forstmeister, Oberforstmeister oder Forstrat, der den Wald so aufgebaut hat, »daß er mit Recht sehr böse wäre«, so Musil weiter, »wenn man darin seine sachkundige Hand nicht sofort bemerken wollte. Er hat für Licht, Luft, Auswahl der Bäume, für Zufahrtswege, Lage der Schlagplätze und Entfernung des Unterholzes gesorgt und hat den Bäumen jene schöne, reihenförmige, gekämmte Anordnung gegeben, die uns so entzückt, wenn wir aus der wilden Unregelmäßigkeit der Großstädte kommen. Hinter diesem Forstmissionar, der einfältigen Herzens den Bäumen das Evangelium des Holzhandels predigt, steht eine Güterdirektion, Domänenverwaltung oder fürstliche Kammer und schreibt es vor. Nach ihren Anordnungen entstehen soundso viel tausend Holzmeter freier Aussicht oder jungen Grüns alljährlich, sie verteilt die herrlichen Blicke und den kühlen Schatten. Aber nicht in ihrer Hand ruht das letzte Geschick. Noch höher als sie thronen in der Reihe der Waldgötter der Holzhändler und seine Abnehmer, die Sägewerke, Holzstoffabriken, Bauunternehmer, Schiffswerften, Pappwaren- und Papiererzeuger …«

In einer großflächigen, bürokratisierten Forstwirtschaft hatte jene althergebrachte Nutzung des natürlichen Laub- oder Mischwalds nichts mehr verloren, die man »Plentern« nannte und bei der die Waldnutzer, insbesondere die bäuerliche Bevölkerung, dem Bedarf entsprechend nur einzelne Bäume fällten. Schon 1798 wetterte der Autor eines Lehrbuchs der »Waldwirtschaft und Forstpolizei«, daß diejenigen, welche die Rückkehr zur »unordentlichen« Plenterwirtschaft vorschlügen, als Verrückte oder Schädlinge des Landes (gemeint war Deutschland) verwiesen werden sollten. »Gibt es denn nicht gelehrte Kenner der Natur«, räsonierte Robert Musil, »von denen wir erfahren können, daß die reckenhafte Eiche, heute fast schon ein Sinnbild der Einsamkeit, einst in unabsehbaren Heeren ganz Deutschland überzogen hat? Daß die Fichte, die jetzt alles andere verdrängt, ein später Eindringling ist? Daß irgendwann eine Zeit des Buchenreiches aufgerichtet worden ist, und ein anderes Mal ein Imperialismus der Erlen? Es gibt eine Baumwanderung, wie es eine Völkerwanderung gibt, und wo du einen einheitlichen urwüchsigen Wald siehst, ist es ein Heerhaufen, der sich auf dem erkämpften Schlachthügel befestigt hat; und wo dir gemischter Baumschlag das Bild friedlichen Beisammenseins vorzaubert, sind es versprengte Streiter, zusammengedrängte Reste feindlicher Scharen, die einander vor Erschöpfung nicht mehr vernichten können!«

Die Kommerzialisierung der Wälder bescherte der anspruchslosen Fichte, die selbst auf ausgelaugten, erodierten, feuchten bis nassen Böden noch zu gedeihen vermag, eine ungeahnte Verbreitung. Mit dazu beigetragen hat gewiß auch ihr Habitus, der einem hohen, schmalen Kegel gleicht. »Der Baum muß auf den ordnungsliebenden Menschen schon immer einen guten Eindruck gemacht haben«, bemerkte der Schweizer Forstingenieur und Publizist Christian Küchli. »Mit gerader Stammachse und klarem Verzweigungsmuster unterscheidet sich die Fichte bereits in frühester Jugend von den bengelhaften Eichen, Ulmen oder Linden. Das saubere Bild der Fichtenaufforstung ist einer der wichtigen Gründe für ihre Popularität – ganz besonders in einer Zeit, in der die Forstleute einer anfänglich wohl zweifelnden Bevölkerung zeigen müssen, daß sich die vollkommen heruntergewirtschafteten Flächen auch wirklich wieder bewalden lassen.« Im Englischen wird das ästhetische Moment insofern betont, als das Wort *spruce* sowohl für »Fichte« als auch für »schmuck, adrett« steht, hingegen ist das deutsche Wort (aus althochdeutsch *fiuhta*) als »die Stechende« aufzufassen.

Bis zum 19. Jahrhundert wurde Holz zum größten Teil als Brennmaterial verbraucht. Eisen- und Glashütten, Salinen und ihre Pfannhäuser, der Bergbau, aber auch Hammerwerke, Bäckereien, Töpfereien, Kalk- und Ziegelbrennereien zählten zu den gefräßigsten Holzverbrauchern ab der frühen Neuzeit, was zwangsläufig zu Raubbau, der die Wälder nach und nach zugrunde richtete, und als Folge davon zu fataler Holznot führte. Auch diese Situation förderte das Vordringen der Nadelwälder, denn die »mit großem Feuer« arbeitenden Gewerbe verheizten viel lieber Fichten, Tannen und Kiefern als Laubholz; es war leichter, ließ sich besser bearbeiten und wuchs schneller als Eichen und Buchen. Das Montanwesen brauchte nicht nur Unmengen an Holzkohle für seine Schmelzhütten (die beispielsweise in der Steiermark zu achtzig Prozent aus Fichtenholz gewonnen wurde), sondern auch jede

Menge Grubenholz zum Abstützen der unterirdischen Stollen und Strecken, wofür Fichten-, Tannen- oder Lärchenholz deshalb bevorzugt wurde, weil es übermäßigen Druck des Gesteins durch ein ächzendes Geräusch anzuzeigen vermochte und die Hauer dadurch vor einem drohenden Einsturz gewarnt waren.

Holzsparmaßnahmen lösten mitunter kuriose Streitigkeiten aus. So geriet die Handsäge, ein denkbar einfaches Werkzeug, das Zimmerleute schon seit der Antike benutzten, zum Zankapfel zwischen Holzhauern und den Behörden.

Als Kaiserin Maria Theresia 1752 anordnete, daß Bäume »nicht mehr nach alten, verderblichen Gewohnheiten mit der Hacken, sondern mit der Sag nahe an den Wurzen« gefällt werden sollten, begründete sie die Weisung vor allem damit, daß beim Fällen mit der Axt der Holzabfall zu groß sei. Außerdem werde der Waldboden durch das Sägemehl besser gedüngt als mit den groben Hackschnitzeln.

In einer der wichtigsten deutschsprachigen wissenschaftsgeschichtlichen Quellen vor der industriellen Revolution, Johann Georg Krünitz' »Oekonomischer Encyklopädie«, ist unter dem Stichwort »Holz« (1789) zu lesen: Der Gebrauch der Säge zum Fällen der Bäume sei »eine für das allgemeine Wohl des Staates heilsame und nötige Sache« und solle daher »durch ein allgemeines Landesgesetz« erzwungen werden, »wogegen kein Untertan mit seiner vermeintlichen Klage zu hören wäre«. Sonst seien alle Bemühungen vergeblich, die Holzhauer von ihrer »alten Gewohnheit« abzubringen. Sie waren nicht abzubringen, die selbstbewußten, störrischen Waldarbeiter, sie wünschten dem Forstpersonal, das ihnen die im Vergleich zur schlanken Axt plumpe Zugsäge aufzwingen wollte, »alles Übel auf den Hals« und schimpften, daß sich ein solches Werkzeug nur für »Zimmerleute und Tischler gehöre und man sie damit vergebens plage«. Es lag auf der Hand, daß der Gebrauch der »Baum- oder Schrotsäge«, von den Holz-

Baumfällen mit der Säge: Aus einer 1821 in der Steiermark verfaßten handschriftlichen Anweisung zum »Gebrauch der Holz-Saag im Um- und Durchschneiden der Bäume«. Steiermärkisches Landesarchiv, Graz knechten als »Schinderblech« verachtet, mit einer Reihe von Nachteilen verbunden war. Sie mußten zu zweit arbeiten und aufeinander eingespielt sein; sollte wirklich Holz gespart werden, mußte der Stamm möglichst knapp über dem Boden durchgesägt werden; dafür war es notwendig, kniend zu arbeiten, was wesentlich anstrengender war, als stehend die Axt zu schwingen, und empfindliche Schmerzen im Rücken und in den Armen verursachte; überdies mußten die Sägezähne Tag für Tag nach getaner Arbeit mit der Feile geschärft werden, was auf Kosten der ohnehin kargen Ruhezeit ging. Doch am Ende mußten die Holzknechte vor dem »Fortschritt« in der Waldarbeit, der durch die Zugsäge repräsentiert wurde, buchstäblich in die Knie gehen und kapitulieren.

Mangel an Holz und dessen Beschaffung wurde besonders im Schiffsbau zu einem äußerst brisanten Thema von großer politischer Bedeutung. Beispiel Venedig: Die selbstsichere, von Betriebsamkeit erfüllte Adelsrepublik wurde dank ihrer Schlüsselstellung zwischen West – Kontrolle der Alpenpässe – und Ost – Verbindung zu Byzanz – und nachdem sie 1381 über Genua, ihre Nebenbuhlerin, die Oberhand gewonnen hatte, erste See- und Handelsmacht. »Venedig«, stellte Fernand Braudel fest, »hat die Fäden – Goldfäden – in der Hand. Es ist die Hauptstadt der Dukaten und Zechinen, des afrikanischen Goldes und der Gelder Mitteleuropas, es ist die Metropole des Pfeffers, der Gewürze, der Drogen, der Seide, die Kapitale der Baumwolle, die in Riesenballen, ganze Schiffe füllend, aus Syrien hergelangt. Venedig macht sich alles zu eigen, verkauft alles weiter: Süßweine und Rosinen von den griechischen Inseln, Öl aus Apulien, die Weine des Mezzogiorno, die schwerer als die gemeinen Weine Istriens sind, Getreide aus Neapel, aus der Levante und aus Sizilien, Salz aus Zypern und von der Adria.«

Um den Warentransport zu Wasser bewältigen zu können, unterhielt die Serenissima rund dreihundert Koggen, Segelfrachter von einigen hundert Tonnen mit bauchigem Rumpf und großen Laderäumen. Venedigs Stolz indes waren die schlanken, wendigen Galeeren, die sowohl für den Handel als auch im Kriegsfall eingesetzt wurden und nicht der Windkraft bedurften. Freilich war die Fortbewegung der Galeeren äußerst aufwendig; sie konnten zwar auch Segel führen, hatten aber stets an die hundertfünfzig Ruderer an Bord, Sträflinge und Sklaven, die gekauft und verköstigt werden mußten, obgleich es auch freie Bürger gab, die sich als Ruderknechte verdingten.

Nach dem Fall von Konstantinopel im Mai 1453 und dem Ende des oströmischen Reichs dehnten die Osmanen ihr Machtgebiet im Mittelmeer aus; sie griffen Malta an, das von den Johannitern erfolgreich verteidigt wurde, eroberten aber Rhodos und Zypern, den letzten Außenposten Venedigs im östlichen Mittelmeer. Venedig fühlte sich zusehends vom Halbmond bedroht und suchte Hilfe bei den christlichen Nachbarn. Am 7. Oktober 1571 kam es bei Lepanto zu einer der folgenschwersten Seeschlachten in der Geschichte. Fast sechshundert Galeeren der osmanischen und der spanisch-venezianisch-päpstlichen Flotte mit über zweihunderttausend Mann Besatzung krachten im Golf von Patras südlich der kleinen Insel Oxia ineinander; mit Hakenbüchsen, Schwertern, Piken, Pfeil und Bogen begannen die Entermannschaften ihr grausames Werk Mann gegen Mann. Und als nach nur wenigen Stunden das Schlachtgeschrei verstummt war und sich die beißenden Schwaden von Pulverdampf in einem plötzlich nieder gehenden Gewitter verflüchtigt hatten, soll das Meer rot von Blut gewesen sein: nach Schätzungen verloren fünfundzwanzigtausend Türken und achttausend Spanier, Venezianer und Römer in dem tobsüchtigen Gemetzel ihr Leben. Unter den unübersehbar vielen Verwundeten war ein vierundzwanzigjähriger Soldat der spanischen Infanterie, dessen linker Arm zerschmettert worden war und der später eine der bekanntesten Gestalten der Weltliteratur erfinden sollte: Miguel de Cervantes, Schöpfer des Don Quijote. Gilbert Keith Chesterton schrieb eine Ballade über Lepanto, in der auch der spanische Romancier seinen Platz bekommen hat: »Vivat Hispania! / Domino Gloria! / Don John of Austria / Has set his people free! / Cervantes on his galley sets the sword back in the sheath / And he sees across a weary land a straggling road in Spain, / Up which a lean and foolish knight for ever rides in vain, / And he smiles, but not as Sultans smile, and settles back the blade ...«*

Der Sieg der »Heiligen Liga«, der mit dem abgeschlagenen und aufgespießten Kopf des Oberbefehlshabers Ali Pascha jubelnd demonstriert wurde, bedeutete zwar das Ende der osmanischen Vorherrschaft zu Wasser, verhinderte aber nicht das weitere Vordringen der Türken zu Land. Das prächtige Flaggschiff der christlichen Flotte, die von Don Juan d'Austria befehligt wurde, war die Galeere »Reial«, die nicht in Venedig, sondern in Barcelona auf Kiel gelegt worden war. Von ihr wissen wir, wieviel Holz für den Bau erforderlich war, weil sie 1971 anläßlich des vierhundertsten Jahrestages der Seeschlacht für das Museu Marítim in Barcelona maßstabgetreu nachgebaut wurde. Allein für die Ruder wurden fünfzig Buchen gebraucht, für die Spanten und Planken dreihundert Pinien und Tannen und für den Rumpf über dreihundert ausgewachsene Eichen. Daraus läßt sich grob errechnen, daß für den Bau der an der Schlacht beteiligten Schiffe mindestens zweihundertfünfzigtausend erwachsene Bäume gefällt worden sein mußten.

Nun wurde immer wieder behauptet, eine der Hauptursachen für die allmähliche Zerstörung der Wälder rund um das Mittelmeer sei der Schiffsbau gewesen. Tatsache ist, daß schon in der An-

* »Vivat Hispania! / Domino Gloria! / Don Juan d'Austria / hat sein Volk befreit! / Cervantes auf seiner Galeere steckt das Schwert in die Scheide / Er sieht ein ermattetes Land, eine gewundene Straße in Spanien / auf der ein magerer, törichter Ritter reitet, für immer, vergebens / Er lächelt, doch nicht wie ein Sultan lächelt, rückt die Klinge zurecht ...«

tike Griechen und Römer gedankenlos die Entwaldung des Mittelmeergebiets vorangetrieben hatten. Ein Zeuge aus der vorchristlichen Zeit ist Platon, der sich im »Kritias« daran erinnerte, wie große Teile Attikas noch mit Wald bedeckt waren. Es »ist also, wenn man den heutigen Zustand mit dem damaligen vergleicht, gleichsam noch das Knochengerüst eines Leibes übrig, der von einer Krankheit verzehrt wurde: ringsum ist aller fette und weiche Boden weggeschwemmt worden, und nur das magere Gerippe des Landes ist übriggeblieben. Aber damals war dieses Land noch unversehrt, mit hohen, von Erde bedeckten Bergen, und die Ebenen, die man heute als rauh und steinig bezeichnet, hatten fetten Boden in reichem Maße, und auf den Höhen gab es weite Wälder, von denen heute noch deutliche Spuren sichtbar sind.« Bei den agrarisch orientierten Römern verschlang der unersättliche Bauch des Imperiums die Wälder, die für den Landbau (von dem der Begriff »Kultur«, von *cultura*, stammt) abgeholzt wurden.

Jahrhunderte später waren auch die letzten Wälder Kalabriens und Dalmatiens oder die Eichen vom Monte Gargano für die Schiffswerften von Venedig, Ragusa oder andernorts nicht mehr nutzbar. Auf den kahlen Kalksteinböden, die verkarsteten, machte sich Macchia breit, jenes immergrüne, filzig-stachelige Gestrüpp, das nicht einmal Ziegen fressen. Fernand Braudel zitierte in seiner Geschichte des Mittelmeeres Carmelo Trasselli, einen bekannten Historiker aus Sizilien, der die Ansicht vertrat, daß die Verknappung und die dadurch bedingte Überteuerung des Holzes den Niedergang des Mittelmeerraumes im 16. und erst recht im 17. Jahrhundert heraufbeschworen hätten. Venedig scheiterte an der Holzmisere und verlor seine führende Stellung, aber auch für Holland, England und Frankreich, die künftig rivalisierenden Großmächte im Kampf um die Weltmeere, war der Mangel an Holz existenzbedrohend und die Vorsorge von enormer strategischer Bedeutung. Die Zerstörung des grünen Forsts in England erfolgte früher und brutaler als in Frankreich und Deutschland. Die Laubwälder, Eichen, Buchen, Eschen, die nach dem antiken Geographen Strabon (»Geografika«, Buch 3–6, um 18 n. Chr.) einst beinahe die ganze Insel bedeckt hatten, mußten im Mittelalter den Schafweiden und in Oliver Cromwells Commonwealth und auch danach der Umwandlung in Ackerland weichen.

Die Restauration der Stuarts brachte 1660 Karl II., der am Hof Ludwigs XIV. erzogen worden war, auf den Thron. Die Marinekommissare der Krone forderten von der Royal Society einen Plan zur Anpflanzung von Nutzholzbäumen, als dessen Herausgeber der gelehrte John Evelyn bestellt wurde. »Im Jahr 1662 blickte John Evelyn mit wehem Herzen auf ganze Wälder«, schrieb Simon Schama in seinem exzellenten Werk »Der Traum von der Wildnis«, »die bis auf den Boden abgehauen waren; er sah große Nutzholzbäume, die man mit der Wurzel gerodet hatte, und Flächen voll von verstümmeltem und verbranntem Niederholz. Für den sentimentalen Royalisten konnte es kein schrecklicheres Sinnbild der Revolution [gemeint ist der Bürgerkrieg zwischen der Krone unter Karl I. und Cromwell 1642–1648, wo es zu Vandalismus in den Wäldern kam] geben als die Reihen der ehrwürdigen Ulmen am Königsweg im St. James's Park, die man bis auf wunde, schmutzige Stümpfe abgehauen hatte.« Evelyn präsentierte im Februar 1664 dem König (»Gracious Sir«) sein Buch »Silva, or: A Discourse of Forest-Trees«, ein Werk, das möglicherweise noch immer das großartigste Buch über das Forstwesen ist, das je in England veröffentlicht wurde. »Silva« war, so meinte Schama, »nicht lediglich als gelehrtes Werk über die Techniken der Baumzucht gedacht, sondern auch als ein Akt der Wiedergutmachung und Tröstung: eine Wanderung durch die alten Haine, ein Eichelregen für die Nachwelt.« Evelyns politische Botschaft wurde im siebten Kapitel des Dritten Buches klar, wenn er die Empfehlung aussprach, dieses »sollte Teil des politischen Katechismus aller Staatsmänner sein« (ein Ratschlag, der vom Finanzminister des »Sonnenkönigs«, Jean-Baptiste Colbert, ernster genommen wurde als in England). Es beginnt mit dem heroischen Satz: »Since our forests are undoubtedly the greatest magazines of the wealth and glory of this nation, and our Oaks the truest oracles of its perpetuity and happiness, as being the only support of that navigation which makes us feared abroad, and flourish at home.« Die Wiedereinsetzung (»restoration«) des Königs, so meinte er, sollte auch die Instandsetzung der Wälder (»our wooden walls and castles«), ankündigen: »*Let us arise then and plant*, and not give it over till we have repaired the havoc our barbarous enemies have made.«* Mit den Feinden waren die Herren der Eisen- und Glashütten gemeint, die, so Evelyn, »den Stahl in die Eingeweide ihrer Mutter Alt-England« gestoßen hatten. Die düstere Prognose und euphorische Botschaft Evelyns fiel zunächst auf keinen fruchtbaren Boden, obwohl Karl II. eine aggressive Flotten- und Kolonialpolitik verfolgte. Englands gefährlichste Rivalen auf den Meeren waren zu dieser Zeit die Niederländer; der zweite Seekrieg gegen sie (1665–1667) endete in einem schmählichen Fiasko, die Flotte der Royal Navy wurde aufgerieben, ihr Flaggschiff »HMS Royal Charles« gekapert und als Trophäe nach Rotterdam entführt. Gegen Ende des 17. Jahrhunderts löste Frankreich die niederländische Republik als Britanniens Hauptkonkurrent in Sachen Flotte und Kolonien ab. Aber erst um die Mitte des 18. Jahrhunderts, lange nach Evelyns Tod, führte gewissermaßen sein Vermächtnis dazu, die britischen Gefühle für den Wald in geradezu enthusiastischer Weise zu

* »Da unsere Wälder zweifellos die größten Vorratskammern des Reichtums und Ruhms dieser Nation sind, unsere Eichen wahrhafte Orakel ihrer Beständigkeit und Glückseligkeit, als einzige Stütze jener Seefahrt, die uns im Ausland gefürchtet macht und zu Hause florieren läßt … So laßt uns aufstehen und pflanzen und nicht ruhen noch rasten, bis wir den Schaden, den unsere barbarischen Feinde angerichtet haben, wieder gutgemacht haben.«

wecken. Ein patriotisches Anpflanzungsprogramm wandte sich in erster Linie an die Grundbesitzer, Aristokraten wie Bürgerliche, und es wurden Preise ausgesetzt für diejenigen, welche die meisten Eichen oder andere Bäume (wie Buchen, Kastanien, Ulmen, Tannen oder Lärchen) pflanzten, die für den Schiffsbau geeignet erschienen. John Russel, Herzog von Bedford, ging mit gutem Beispiel voran und ließ 1761 auf seinem Sitz Woburn viereinhalb Hektar mit Eichen bepflanzen und auf seinem Gut in Millbrook sechzehntausend Tannen setzen, wofür er eine Silbermedaille einheimste. Gleich sechs Medaillen gewann Oberst Thomas Johnes, der Lord Lieutenant von Cardiganshire, der zwischen 1795 und 1801 über zwei Millionen Bäume pflanzte und, wie er behauptete, neunhundertzweiundzwanzigtausend Eichen aufzog.

Einer der eifrigsten Befürworter einer entschlossenen Regierungspolitik zum Schutz der Bäume und der Aufforstung war, was natürlich nicht überrascht, Horatio Nelson, der siegreiche Admiral in den Seeschlachten von Abukir (gegen die französische Flotte), Kopenhagen (gegen die Dänen) und Trafalgar (gegen die französische und spanische Flotte). Nelson fiel zwar bei Trafalgar, die Fregatten der Royal Navy aber verkörperten weiterhin nicht nur »the wooden walls of England«, sondern trugen auch zur Sicherung der so wichtigen Handelswege der »Merchant Adventurers« nach Ost- und Westindien bei.

Ein Linien-Kriegsschiff war ein technisches und handwerkliches Gesamtkunstwerk, das zum größten Teil aus Eichenholz bestand. »Take it all in all, a Ship of the Line is the most honourable thing that man, as a gregarious animal, has ever produced. Into that he has put as much of his human patience, common sense, fore thought, experimental philosophy, self-control, habits of order and obedience, thoroughly wrought handiwork, defiance of brute elements, careless courage, careful patriotism, and calm expectation of the judgment of God, as can well be put into a space of 300 feet long by 80 broad. And I am thankful to live in an age when I could see this thing so done.«* John Ruskin, englischer Kunstkritiker und Sozialphilosoph, schrieb diese Eloge 1856 in einem Kommentar zu William Turners farbvisionären Schiffsbildern. (Ruskin verteidigte in seinen Schriften den zeitweise geschmähten, später weltberühmten Landschaftsmaler.)

Das damals am häufigsten gebaute Kriegsschiff war dreiundfünfzig Meter lang, zweideckig und mit vierundsiebzig Geschützen bestückt. Allein für die Konstruktion von Rumpf und Deck waren etwa zweitausend ein Jahrhundert alte Eichen erforderlich, was einer Waldfläche von annähernd zweihundert Hektar (das entspricht zwei Millionen Quadratmetern) entsprach. Warum gerade Eichenholz, faßte John Evelyn in »Silva« kurz zusammen: weil es robust (*tough*) und hart war, fest (*strong*), aber nicht zu schwer, sich gut biegen ließ und – darauf kam es im Wasser besonders an – eine hohe Dichte besaß. Massive Masten erhöhten die Seetüchtigkeit eines Schiffes; dafür waren dicke, bis zu dreißig Meter lange Nadelholzstämme (wegen der hohen Biegefestigkeit meist Tannen oder Fichten) nötig. Standen solche Bäume nicht zur Verfügung, mußten die Masten der Länge nach aus mehreren Holzteilen zusammengefügt und mit Eisenreifen gesichert werden, ein Nachteil, weil diese Schiffe bei hohen Windstärken früher die Segel reffen mußten als jene mit massiven Masten. Dieser Nachteil sei so schwerwiegend gewesen, daß die Engländer im 18. Jahrhundert die Franzosen zur See überflügeln konnten, meinte der Histori-

* »Alles in allem ist ein Linienschiff das ehrenwerteste Ding, das der Mensch, das gesellige Tier, jemals verfertigt hat. Darein legte er so viel seiner menschlichen Geduld, Vernunft, Voraussicht, Experimentalphilosophie, Selbstbeherrschung, seiner Angewohnheiten von Ordnung und Gehorsam, seiner sorgsamen Handwerkskunst, seines Widerstands gegen die rohen Elemente, seines achtlosen Muts, seiner achtsamen Vaterlandsliebe und seiner ruhigen Erwartung von Gottes Urteil, wie man nur immer in einen Raum von 300 mal 80 Fuß legen kann. Und ich bin dankbar, in einem Zeitalter zu leben, wo ich dies sehen konnte.«

kers Paul Walden Bamford in einem Aufsatz in der *American Historical Review* (April 1957), auf den ich bei meinen Nachforschungen über Schiffsbau stieß.

Auf der Marinewerft von Deptford bei London fanden die Schiffsbaumeister heraus, daß sich das Holz der Douglasie, die damals nur im nordwestlichen Teil von Amerika wuchs, für Masten und Rahen besser eignete als die bisher aus dem Baltikum importierten Fichten. Daraufhin setzte die Admiralität einen außerordentlich hohen Preis aus für die Beschaffung solcher Rundhölzer in entsprechender Länge und Stärke.

William Brotchie war Kapitän im Dienst der britischen Hudson Bay Company und kommandierte in den 1840er Jahren die »Beaver«, das erste Dampfschiff an der nordwestlichen Pazifikküste, das Außenposten der Handelsgesellschaft mit Nachschub versorgte. Auf seinen Fahrten fielen Brotchie die riesigen Douglasien, Hemlocktannen und Fichten auf, die an den Ufern des Puget Sound standen und deren Stämme oft bis zu dreißig Meter hoch und mehr und ohne Äste waren (also ideal für Masten). Als die Region 1846 der Kontrolle der Vereinigten Staaten unterstellt wurde, kehrte Brotchie nach England zurück und diente sich der Royal Navy mit dem Vorschlag an, die begehrten Hölzer beschaffen zu können.

Auf dem Schiff »Albion« erreichte William Brotchie wieder den pazifischen Nordwesten, segelte durch die Straße von Juan de Fuca und steuerte die nordöstliche Spitze der Olympic-Halbinsel (heute Jefferson County, Washington) an. In dem dichten, küstennahen Wald fällten Brotchies Männer gemeinsam mit einer Gruppe Clallam-Indianern, die in diesem Gebiet siedelten und dafür, daß sie mithalfen, Kleidung, Tabak, Messer, Feilen, Angelhaken und Nadeln bekamen, achtzehn gewaltige Douglasien, die an Ort und Stelle von den Ästen befreit und entrindet wurden, was vier Monate in Anspruch nahm. An die hundert Männer waren nötig, um die tonnenschweren Stämme aus dem Wald zum Schiff zu schaffen. Aber die Schinderei war vergebens; am 22. April 1850, als der letzte Stamm an Deck gehievt werden sollte, wurde die »Albion« mitsamt ihrer Fracht von einem Inspektor der amerikanischen Zollbehörde, der in einem Boot in Begleitung von sechs bewaffneten Soldaten erschienen war, wegen illegalen Handels beschlagnahmt und in Fort Steilacoom um einen Bruchteil des Werts, den Brotchie auf fünfzigtausend Dollar geschätzt hatte, versteigert. Die Geschichte des Holzdiebstahls ist deshalb interessant, weil Brotchie gewissermaßen den Impuls zur kommerziellen Ausbeutung der Wälder, insbesondere der Douglasien, an den Küsten der Halbinsel gab.

Zurück nach Europa. Vor zwei Jahren sah ich in Wien den Dokumentarfilm *Politische Landschaft* von Kerstin Stutterheim und Niels Bolbrinker, der anläßlich eines Symposiums über Landschaft an der Schnittstelle von Wissenschaft und Kunst gezeigt wurde: eine skurrile Geschichte über ein Waldstück in Ostdeutschland, in dem in der Nazizeit ein Hakenkreuz aus Bäumen gepflanzt worden war, das die antifaschistische Deutsche Demokratische Republik überdauert, oder so müßte man sagen, übersehen hatte. Die Geschichte wurde erst 1992 von der Presse aufgegriffen. Die Auswertung einer Luftaufnahme machte offenkundig, daß in der Kutzerower Heide in der Uckermark dem Dritten Reich ein originelles Denkmal gesetzt worden war. Nachforschungen ergaben, daß ein Förster namens Schmidt, der im Dienst des Gutsbesitzers Hans von Wedel stand, auf strikte Anordnung des Kreisleiters der NSDAP (vermutlich 1939 zur Feier von Hitlers Geburtstag) zwischen Fichten junge Lärchen in Form eines Hakenkreuzes, das ein halbes Fußballfeld ausfüllte, pflanzen mußte. Sollte das Nazisymbol aus der Vogelperspektive zu allen Jahreszeiten, da die Nadeln der Lärchen die Farbe wechseln und im Winter abfallen, aus einem Meer von immergrünen Fichten hervorstechen? Doch für wen?

Aus hoch fliegenden Flugzeugen konnte das gewachsene Baumbild nicht erkannt werden, aus zu tief fliegenden auch nicht. Bei einem Lokalaugenschein mit einem Motorsegler wurde festgestellt, daß das Hakenkreuz am deutlichsten aus einer Höhe von dreihundert Metern sichtbar war. Egal, was sich der eilfertige Nazibonze dabei gedacht hatte: Es war jedenfalls ein Zeichen in der Landschaft, ein politisches Siegel, das vielleicht hätte ausdrücken sollen: Fortan gehörst auch du, Uckermarker Wald, zur völkischen »Baumgemeinschaft« (wie der Wald im Nazijargon hieß).

Im Oktober 2000 erschien im Magazin der *Süddeutschen Zeitung* eine Reportage über die »Hakenkreuzschonung« in der Uckermark. Daraus ließ sich entnehmen, daß Jahre zuvor der Pariser *Figaro* empört darüber berichtet hatte, woraufhin Staatspräsident Mitterrand bei Bundespräsident Roman Herzog intervenierte und dieser die heiße Kartoffel an das Forstamt von Templin weiterreichte. Ein Teil der Lärchen wurde gefällt, die besten blieben stehen. Im Laufe der Jahre, sagten die Förster, werde das Hakenkreuz ohnedies verschwinden.

Wissen Sie, was eine Fichtengans ist? Auf englisch: *Spruce Goose*. Dahinter verbirgt sich ein Flugzeug, das bisher größte in der Geschichte der Luftfahrt: Flügelspannweite siebenundneunzig Meter (die russische Antonow mißt achtundachtzig Meter, der neue Airbus A380 79,8 Meter und der Boeing-Jumbo nur knapp fünfundsechzig Meter) und acht Propellermotoren mit einer Leistung von jeweils dreitausend PS sollten für eine Höchstgeschwindigkeit von dreihundertsiebzig Kilometern pro Stunde sorgen. Siebenhundertfünfzig Soldaten paßten in den Frachtraum, in den Flügeln konnten Crewmitglieder, die den Lauf der Motoren überwachten, aufrecht stehen. Am 2. November 1947 hob das Flugboot im Hafenbecken von Long Beach zu seinem ersten Testflug ab und brummte in fünfundzwanzig Metern Höhe fast zwei Kilometer weit durch die Luft. Am Steuerknüppel saß der exzentrische Milliardär, fanatische Flieger und Konstrukteur dieser einzigartigen Flugmaschine, Howard Hughes. Er konnte 1942 den amerikanischen Kongreß davon überzeugen, daß ein fliegendes Boot die alliierten Truppen sicherer nach Europa transportieren würde als die üblichen Schiffe, die bereits in großer Zahl von deutschen U-Booten versenkt worden waren. Doch als die »Fichtengans« zum ersten Mal an den Start ging, war der Krieg längst vorbei. Gebaut wurde das Ungetüm fast zur Gänze aus Holz, weil, als das Vorhaben begonnen wurde, keine kriegswichtigen Metalle – Stahl und Aluminium – verwendet werden durften. Warum das hölzerne Monstrum den Spitznamen »Spruce Goose« erhielt, konnte ich nicht herausfinden, besteht es doch vorwiegend aus Birkenholz. Wenn Sie die »Fichtengans« besuchen wollen: Sie wird im Evergreen Aviation Museum in McMinnville, Oregon, ausgestellt, täglich von neun bis siebzehn Uhr.

A California song,
A prophecy and indirection, a thought impalpable to breathe the air,
A chorus of dryads, fading, departing, or hamadryads departing,
A murmuring, fateful, giant voice, out of the earth and sky,
Voice of mighty dying tree in the redwood forest dense.
Farewell my brethren,
Farewell O earth and sky, farewell ye neighboring waters,
My time has ended, my term has come.

Walt Whitman, »Song of the Redwood-Tree«, 1874

Giants in the Earth

Bayard Taylor war ein weitgereister Amerikaner, Schriftsteller und Korrespondent der *New York Tribune*, mit einer, wie er sagte, Passion für Bäume, egal ob es die Palmen Afrikas waren, die Zypressen Mexikos, die Banyanbäume Indiens, die Birken Schwedens oder die Ulmen von Massachusetts. 1859 unternahm er eine damals noch mühselige und gefahrvolle Reise in die Sierra Nevada von Kalifornien, genauer gesagt nach dem Calaveras County, um jene Bäume aufzusuchen, die für ihn die einzigen noch lebenden Wesen darstellten, welche die biblische Sintflut überlebt hatten: die Mammutbäume oder Giant Sequoias (*Sequoiadendron giganteum*). »As well think of going to Egypt without seeing the pyramids, as of visiting California without making a pilgrimage to her immemorial trees!«[*], heißt es in der Beschreibung dieser Reise, die in *At Home and Abroad* erschien.

Mit einem zweispännigen Wagen starteten Taylor und seine Frau von Sonora aus, der »Queen of the Southern Mines«, auf unbefestigten, holprigen Bergpfaden gegen Norden. In Murphy's, einem Goldgräbercamp, das zehn Tage vor ihrer Ankunft von einem Brand eingeäschert worden war, machten sie halt. In der nahen

* »Ebensogut könnte man nach Ägypten reisen, ohne die Pyramiden zu sehen, als nach Kalifornien, ohne zu seinen unsterblichen Bäumen zu pilgern.«

Foto von Amasa Plummer Flaglor, 1872

Umgebung des Dorfes lagerten Gruppen von Goldsuchern und Glücksrittern, die erst kürzlich angekommen waren, zwischen ihren ramponierten Planwagen und erschöpften Rindern. Ihre von der Sonne gebräunten Gesichter waren, wie Taylor bemerkte, hart und streng und von der überstandenen Plackerei gezeichnet. Von Murphy's waren es noch etwa fünfundzwanzig Kilometer bis zu den Redwood-Wäldern, immer bergan, durch enge, tiefe Täler, die mit Sumpfeichen, Gelbkiefern und kegelförmigen Douglasien bewaldet waren, dem Hauptkamm der Sierra entgegen. »Suddenly«, schrieb Taylor, »in front of us, where the gloom was deepest, I saw a huge *something* behind the other trees, like the magnified shadow of one of them, thrown upon a dark red cloud. While I was straining my eyes in questioning wonder, the road made a sharp curve. Glancing forward, I beheld two great circular-shot towers. Not trees, surely! – but yes, by all the dryads, those are trees! Aye, open your mouth, my good driver, as if your two eyes were not sufficient, while we sit dumb behind you! What can one say? What think, except to doubt his sense? One sentence only comes to your mind: ›There were giants in those days.‹«* Diese Zeile, an die sich Taylor beim Anblick der Riesenbäume erinnerte, stammt aus dem Alten Testament (1 Mose 6,4) und meint die »Gottessöhne« als überirdische Wesen, die mit Menschenfrauen verkehrten und so die Riesen der Vorzeit zeugten. Taylor hatte sein Ziel erreicht, und was er sah, übertraf alle seine Erwartungen. Die zimtbraunen Türme, die lotrecht zum Himmel aufschossen, ließen alles rundherum zwergenhaft erscheinen. Das Auge brauche Zeit, meinte Taylor, um das gewaltige Ausmaß der Bäume überhaupt erfassen zu können, es sei, als stünde man vor dem Petersdom in Rom oder den Pyramiden von Gizeh. Andächtig umkreiste er einen der Riesen mehrmals, legte seine Hände in die weichen, tiefen Rindenfurchen und zählte die Schritte: Es waren dreißig, woraus er schloß, daß der Durchmesser an die acht Meter betragen müsse. Als dann die

* »Plötzlich sah ich vor uns hinter den anderen Bäumen ein riesenhaftes Etwas, als läge der vergrößerte Schatten des einen von ihnen auf einer dunkelroten Wolke. Während ich verwundert und fragend die Augen zusammenkniff, vollführte der Weg eine scharfe Kurve. Ich blickte nach vorn und erblickte zwei hohe Fabrikschlote. Das waren doch keine Bäume?! Doch wahrhaftig, bei allen Baumnymphen, es sind Bäume! Ja, sperr nur das Maul auf, mein lieber Kutscher, als genügten deine beiden Augen nicht, während wir wie vom Donner gerührt hinter dir sitzen! Was soll man sagen? Was denken, außer seinen Sinnen nicht zu trauen? Ein Satz kommt dir in den Sinn: ›There were giants in the earth in those days.‹«

Dämmerung anbrach und der Mond über den rauschenden Wipfeln aufstieg, vermeinte Taylor den Atem einer unwiederbringlichen Vergangenheit zu spüren, und die Sequoias erschienen ihm tatsächlich älter als die Pyramiden und verehrungswürdiger als die dreiköpfige Büste des Maheshmurti (die Brahma, Vishnu und Shiva darstellt) in den Elephanta-Höhlen bei Bombay.

Einige Jahre vor Bayard Taylor kam der in England geborene Autor und Verleger James Mason Hutchings nach Calaveras County. Er war im hysterischen Sog des Goldrausches 1849 nach Kalifornien gekommen, ließ aber bald seinen Vorsatz, nach Gold zu suchen, fallen, gründete *Hutchins' California Magazine* und begann Bücher über seine Reisen zu schreiben. Eines hieß »Scenes of Wonder and Curiosity in California«, in dem er folgende Geschichte erzählte:

Augustus T. Dowd war bei der Union Water Company, die in Murphy's Camp (das wir schon von Taylor kennen) stationiert war, als Jäger beschäftigt und hatte dafür zu sorgen, daß die Arbeiter stets mit frischem Wildbret versorgt wurden. An einem Frühlingsmorgen des Jahres 1852 hatte er einen Grizzlybären angeschossen und verfolgte das verwundete Tier durch einen Kiefernwald mit dichtem Unterholz. Völlig unvorbereitet stand Dowd plötzlich einem Ungetüm gegenüber. Gebannt von der Szenerie, ließ er von dem Grizzly ab. Das konnte doch nur ein Hirngespinst sein, dachte er. Doch es bestand kein Zweifel, es war ein Baum, einer der vielen Sierra-Mammutbäume, die bisher nur den Ahwahneechee-Indianern vom Stamm der Miwok, die in diesem Gebiet siedelten, bekannt waren. Und Dowd war wahrscheinlich einer der ersten Weißen, die ihn zu Gesicht bekamen.

Zurück im Camp, erzählte Dowd seinen Kameraden von der unglaublichen Entdeckung, was ihm Spott und Zweifel an seinem Verstand eintrug. Am folgenden Sonntag kam er früher als sonst von der Jagd zurück. Aufgeregt erzählte er den Arbeitern, er habe den größten Grizzly erlegt, den er je in seinem Leben gesehen habe, und daß er ihre Hilfe brauche, um das Tier ins Camp zu schaffen. Sonntag war arbeitsfrei und Abwechslung willkommen, noch dazu, wenn sie Aufregung versprach. Als der Jäger sie dann zu dem säulenförmigen Ding geführt hatte, deutete er immer wieder auf den hellbraunen Riesen und in die hochragende Krone und jubelte: »Burschen, glaubt ihr mir jetzt meine Geschichte? Das ist der mächtige Grizzly, den ich euch zeigen wollte. Denkt ihr noch immer, ich spinne?«

Sie glaubten ihm, die Männer, die an den westlichen Hängen der Sierra Nevada hängengeblieben waren und dort Kanäle und Gräben für die Bergwerke von Mariposa aushoben, und sie ließen sich sehr schnell etwas einfallen, wie man mit den »Patriarchen des Waldes«, wie sie Hutchings nannte, Geld machen könnte.

Einer aus der Gruppe, die Dowd zu dem Mammutbaum geführt hatte, ein gewisser Lewis, kam auf die Idee, man könnte den Riesenbaum bis zur Hälfte entrinden und die wieder zusammengefügten Borkenteile in New York, London oder Paris gegen Eintritt ausstellen. Das Unternehmen scheiterte, doch der Baum, den sie »Discovery Tree« nannten, wurde gefällt, einfach um zu beweisen, daß man über den Riesen siegen könne. Fünf Männer aus dem Camp machten sich an die Arbeit, ohne Sägen zu besitzen, die groß genug für die Aufgabe gewesen wären. Also begannen sie mit langen Schneckenbohrern in gleichmäßigen Abständen horizontale Löcher durch den Stamm zu treiben. Nach zweiundzwanzig Tagen hatten die Männer schließlich den Stamm durchlöchert, doch der Gigant geriet nicht ins Wanken. Dann trieben sie mit wuchtigen Hammerschlägen Eisenkeile in den aufgerissenen Stamm, aber auch diese Mühe war vergeblich. Dank seines ebenmäßigen Wuchses und immensen Gewichts von eintausendfünfhundert Tonnen, das auf einer (wenn auch schon perforierten) Stammfläche von etwa fünfzig Quadratmetern ruhte, behielt er das Gleichgewicht.

Doch dann half das Wetter den Frevlern. Ein heftiger Sturm brandete gegen den mächtigen Stamm und mit unvorstellbarer Wucht donnerte der angeschlagene Riese zu Boden, so daß die Erde im Umkreis von zwei Kilometern gebebt haben soll. Später untersuchten Forstleute den verstümmelten Rest des »Discovery Tree« und schätzten sein Alter auf zweitausendfünfhundertzwanzig Jahre. Wenn das stimmt, dann hätte der Baum Wurzeln geschlagen, als in Europa die sogenannten Hallstatt-Kulturen existierten, als sich am Peloponnes die Messenier gegen Sparta erhoben und die Kelten ihr Siedlungsgebiet über Nordfrankreich, die Britischen Inseln und die Iberische Halbinsel ausbreiteten.

Den riesenhaften Stumpf des »Discovery Tree« kann man heute noch im North Grove des Calaveras Big Trees State Park bestaunen. Seine zurechtgehobelte Fläche wurde damals, wie uns James Mason Hutchings erzählt, in einen Tanzboden verwandelt, auf dem zweiunddreißig Touristen zu einer String Band Kotillon tanzten. Daneben liegt der gefallene Stamm wie eine Riesenwalze am Boden; an seinem unterem Ende sind noch die Rillen der Bohrlöcher zu erkennen.

Ein anderes Vorhaben, einen Riesen zu »entkleiden«, allerdings ohne ihn zu fällen, gelang, wie bei Hutchings und in anderen Berichten nachzulesen ist. George Gale, ein Geschäftemacher, der im Showbiz Fuß fassen wollte, hörte von den Riesenbäumen im Calaveras Grove und sah die Chance, das große Geld zu machen. Im Sommer 1854 suchte Gale sich das größte Exemplar aus, das er finden konnte, einen Baum mit dem sagenhaften Umfang von achtundzwanzig Metern am Fuß und einer Höhe von achtundneunzig Metern, den sie »Mother of the Forest« nannten. Ohne jeden Respekt vor diesem Wunderwerk der Natur beschloß Gale, den Baum seiner wohlriechenden, dicken, goldbraun schimmernden Rinde zu berauben, mit der Absicht, sie als Schauobjekt zu vermarkten.

Gales Männer bauten ein Gerüst um den Baum und lösten bis

zu einer Höhe von fünfunddreißig Metern große Rindenteile vom Stamm ab, numerierten sie und beförderten sie auf Fuhrwerken nach Stockton. Von dort ging die Fracht auf dem San Joaquin River nach San Francisco und weiter auf einem Schnellsegler um Kap Hoorn an die Ostküste nach New York. In einer Ausstellungshalle wurden die Rindenstücke zu einer seelenlosen, hohlen Baumattrappe zusammengefügt, welche die großartigen Dimensionen der »Mother of the Forest« vortäuschen sollte. Die Reaktionen auf die Ausstellung waren ablehnend bis feindselig; die einen meinten enttäuscht, die Rinde sei eine Imitation, andere waren überraschenderweise darüber erzürnt, daß ein Baum, von dem man behauptet hatte, er sei der größte der Erde, sterben mußte. Für Gale und seine Partner bedeutete es den finanziellen Ruin. Horace Greeley, der Gründer und Herausgeber der *New York Tribune*, der einige Jahre später, durch Bayard Taylor angeregt, Calaveras Grove besuchte, schrieb: »It is a comfort to know that the vandals who bored down with pump augers the largest of the Calaveras trees, in order to make their fortunes by exhibiting a section of its bark at the East, have been heavy losers by their villainous speculation.«*

1857 übersiedelte der traurige Abglanz des Riesen nach London, wo er im Kristallpalast von Sydenham mehrere Jahre zur Schau gestellt wurde. Pathetisch verkündete die Ausstellungsbroschüre: »What a stupendous monument raised by the hand of Almighty God is this? The oldest and largest living thing upon the earth; a tree that had beheld the glory and fall of Greece and Rome; the destruction of Jerusalem, of Babylon, and Palmyra; that saw the flight of Paris and Helen; that knew of the wanderings and trials of Ulysses; that had witnessed the incarnation, miraculous mission, crucifixion, and ascension of the Messiah – could it not tell

* »Es ist tröstlich zu wissen, daß die Vandalen, die den größten der Calaveras-Bäume mit Drillbohrern durchlöcherten, um sich zu bereichern, indem sie einen Teil seiner Rinde zur Schau stellten, bei ihrer schurkischen Spekulation schwere Verluste erlitten.«

us of many mighty events now lost to the history of the world which can never be known?«*

Die Nachricht von der Entdeckung der großen Bäume verbreitete sich wie ein Lauffeuer über Kalifornien zu den großen Städten im Land und bis London und Paris. Der erste Bericht erschien im lokalen *Sonora Herald* und wurde von der in London erscheinenden naturwissenschaftlichen Zeitschrift *The Athenaeum* übernommen. *Harper's Weekly*, damals eines der wichtigsten Wochenjournale, das in New York erschien, brachte einen ausführlichen Artikel mit der Überschrift »The Big Trees of California«, dazu eine Zeichnung der entrindeten »Mother of the Forest«.

Durch die zahlreichen Berichte und Reportagen, die vor allem in den Zeitungen und Magazinen der östlichen Bundesstaaten erschienen waren, nahm das Interesse an den Großen Bäumen, die als echte, lebende Denkmäler des uralten Amerikas empfunden wurden, immer mehr zu. Der Frevel an der »Mother of the Forest« hatte ebenfalls Staub aufgewirbelt und dazu geführt, daß man über die Pflicht und Notwendigkeit, die Natur zu bewahren, nachzudenken begann. Viele bedeutende Autoren, Künstler, Philosophen, Journalisten und Politiker ergriffen Partei und riefen die Gesellschaft auf, die Bäume zu verteidigen. Der angesehene Dichter und Havardprofessor James Russell Lowell ließ in einem Zeitungsartikel seine Landsleute wissen: »The American seems to have an hereditary antipathy to Indians and trees both having been the foes he had to first encounter in conquering himself a home

* »Welch erhabenes Monument ist dies, aufgerichtet von der Hand des Allmächtigen? Das älteste und größte Lebewesen der Erde; ein Baum, der des Glanzes und Niedergangs von Griechenland und Rom ansichtig wurde; der Zerstörung von Jerusalem, von Babylon und Palmyra; er sah die Flucht von Paris und Helena; er wußte von den Irrfahrten und Prüfungen des Odysseus; er war Zeuge der Empfängnis, der wundersamen Berufung, der Kreuzigung und Auferstehung des Messias – vermöchte er uns nicht von großen Ereignissen zu erzählen, verloren für die Geschichte, von denen keiner jemals Kenntnis haben wird?«

here in the West.«[*] Ein anderer, der leidenschaftlich um den Schutz des »Allerheiligsten« von Yosemite stritt, hieß John Muir. Der gebürtige Schotte war Naturforscher, ein kühner Abenteurer, Gründungsmitglied und Präsident des Sierra Clubs (einer Organisation, die sich die Erhaltung der amerikanischen Wildnis zur Aufgabe machte) und Autor unzähliger Bücher. In »The Mountains of California« schrieb er besorgt: »In studying the fate of our forest king, we have thus far considered the action of purely natural causes only; but, unfortunately, *man* is in the woods, and waste and pure destruction are making rapid headway. If the importance of forests were at all understood, even from an economic standpoint, their preservation would call forth the most watchful attention of government. Only of late years by means of forest reservations has the simplest groundwork for available legislation been laid, while in many of the finest groves every species of destruction is still moving on with accelerated speed.«[**]

Die Aufregung über die großen Bäume lockte auch die ersten Touristen (oder, wie sie sich gern nannten, »Pilger«) nach Calaveras Grove. Unweit der entrindeten »Mother of the Forest« und dem gefällten »Discovery Tree« eröffnete William Lapham ein kleines Hotel aus Holz, das »Mammoth Tree Cottage«, das der erwähnte Bayard Taylor zwar einfach, aber recht gemütlich fand. Auch der umtriebige Zeitungsverleger James Mason Hutchings ließ sich

* »Der Amerikaner scheint eine ererbte Abneigung gegen Indianer und Baume zu haben; waren doch beide die Feinde, auf die er zuerst traf, als er sich hier im Westen eine Heimstatt eroberte.«

** »Als wir das Schicksal unseres Königs des Waldes studierten, haben wir uns bis jetzt nur den natürlichen Ursachen zugewandt; doch unglückseligerweise hat der Mensch den Wald betreten, und so greifen Vergeudung und schiere Zerstörung rasch um sich. Hätte man nur einen Begriff von der Bedeutung der Wälder, auch bloß vom rein wirtschaftlichen Standpunkt, dann müßte die Regierung deren Schutz ihr höchstes Augenmerk schenken. Erst jüngst ist durch Waldschutzgebiete die einfachste Grundlage für eine gesetzliche Regelung gelegt worden, doch in vielen der schönsten Haine gehen alle Arten von Zerstörung immer schneller vor sich.«

1864 endgültig im Yosemite Valley nieder und baute gemeinsam mit seiner Frau ein Blockhaus, das auch als Unterkunft für Gäste diente. Um den Landschaftstourismus in Schwung zu bringen, engagierte er den bekannten Lithographen Thomas A. Ayres und beauftragte ihn, vor allem von den Riesenbäumen Zeichnungen anzufertigen, die dann in *Hutchins' California Magazine* abgebildet wurden. Der bedeutsamste Maler der Sierra und ihrer Giganten (aber auch der Rocky Mountains) jedoch war der Amerikaner deutscher Abstammung Albert Bierstadt. Er malte die Großen Bäume als einen Gegenstand, der nationale Größe und spirituelle Erlösung verkörperte, wobei seine Gemälde an jene des Romantikers Caspar David Friedrich erinnern.

Zu Beginn des 20. Jahrhunderts besuchte eine Geistesgröße aus Europa auf einer Weltreise den Mariposa-Hain, den Bierstadt 1876 in Öl festgehalten hatte: der Kulturphilosoph und Gründer der »Schule der Weisheit« Graf Hermann Keyserling. 1919 erschien sein zweibändiges »Reisetagebuch eines Philosophen« (Motto: »Der kürzeste Weg zu sich selbst führt um die Welt herum«), ein Werk, das meditative und theoretische Betrachtungen mit einprägsamen Naturschilderungen verbindet. Über Mariposa notierte er: »Hier stehen die gewaltigsten Bäume der Welt. Gegen sechshundert Exemplare der *Sequoia gigantea* bilden zusammen einen heiligen Hain, wie ihn ehrfurchtgebietender keine Romantik erdichten könnte. Es ist düster drinnen und kühl, trotz der Augustsonne, die im Mittag steht, ihre Strahlen finden den Weg durch die buschigen Kronen kaum hindurch; wie in ewiger Abendbeleuchtung glänzt das Rot der Stämme durch die Dämmerung. Die Giganten stehen da, aufrecht und frisch, als wären seit dem Tage ihres Aufkommens nicht Jahrtausende dahingestrichen. [...]

Mich überquillt eine Welle tiefsten Glücksgefühls. Die Erde ist doch noch nicht altersschwach! Noch mag sie Gewaltiges zu erhalten, Gewaltiges zu schaffen! Zum ersten Male schaue ich ohne

Wehmut zu Großem auf. Nie habe ich in paläontologischen Sammlungen ohne Bitternis die Reste vorsintflutlicher Herrlichkeit betrachtet, nie ohne Schmerz der Riesen gedacht, die unsere Zeit noch hie und da, aus Atavismus oder Zufall, hervorbringt: denn nur zu sicher dünkte es mir, daß die Schöpferkraft unseres Planeten abstirbt, daß bald nur mehr Zwerge und Kümmerer auf ihm werden dauern können. Nun sehe ich, daß der jüngste der Erdteile noch die Urkraft der Urzeit besitzt. Dankbar begrüße ich ihn als den Hort unserer Zukunft.«

Nach der Entdeckung der Sierra-Mammutbäume und den Berichten darüber fanden vor der Royal Society in London und der Société Botanique in Paris gelehrte Vorträge über diese neue Gattung statt, und es blieb nicht aus, daß britische, französische und amerikanische Botaniker um die Nomenklatur, also um die Benennung, zu wetteifern begannen. Der englische Botaniker John Lindley beeilte sich, die Spezies zu Ehren des Feldherrn und Staatsmanns Arthur Wellesley, Herzog von Wellington, der 1852 gestorben war, *Wellingtonia gigantea* zu nennen. Das löste stürmische Proteste bei den amerikanischen Kollegen aus, die sich entrüsteten, daß der Welt größter und interessantester Baum nach einem englischen Kriegshelden benannt worden war, noch dazu von einem Mann, der diese Baumart nie zu Gesicht bekommen hatte. Daraufhin veröffentlichten die Amerikaner eine Reihe anderer Namen, die jedoch verworfen werden mußten, weil sie den aktuellen Regeln der Taxonomie widersprachen. Nun waren die Franzosen am Zug, immer aufgelegt, die Engländer zu ärgern. Joseph Decaisne, ein namhafter Botaniker aus Paris, gab 1854 den Riesen der Sierra den Namen *Sequoia gigantea*, weil er eine Verwandtschaft mit dem an der kalifornischen Küste wachsenden und schon früher datierten Küstenmammutbaum (*Sequoia sempervirens*) annahm, ein Argument, das letzten Endes auch die Zustimmung der britischen und amerikanischen Kollegen fand. Doch der von

Decaisne festgelegte Name hielt nur so lange, bis der Amerikaner John T. Buchholz 1939 herausfand, daß die Verwandtschaft der beiden Arten doch nicht so eng war, wie Decaisne angenommen hatte. Buchholz führte den Namen *Sequoiadendron giganteum* ein, der bis heute seine Gültigkeit behielt.

Bevor ich auf die andere in Kalifornien vorkommende Gattung, den Küstenmammutbaum, zu sprechen komme, noch ein paar eindrucksvolle Daten aus der »Gymnosperm Database« über die beiden mächtigsten Sequoias der Sierra Nevada Mountains. Das massigste Einzelexemplar mit einem Stammvolumen von 1473,4 Kubikmeter befindet sich in dem 1890 eingerichteten Sequoia National Park, Tulare County, und trägt den Namen des Generals William Tecumseh Sherman, der im amerikanischen Bürgerkrieg auf Seiten der Unionsarmee besonders brutal gegen seine Gegner vorging. Die Höhe des Baumes beträgt 83,6 Meter, sein Gewicht eintausendneunhundertfünfzig Tonnen. Der größte Durchmesser wurde mit 8,85 Metern bei einem Baum gemessen, der ebenfalls nach einem Bürgerkriegsgeneral (und späteren Präsidenten der Vereinigten Staaten) benannt ist, nach Ulysses Simpson Grant. Der General-Grant-Baum, entdeckt 1862, steht im Kings Canyon National Park, Fresno County, und ist 81,1 Meter hoch.

Entlang der Pazifikküste Kaliforniens, von Monterey nordwärts bis über die Grenze von Oregon, erstreckten sich einst unberührte immergrüne Koniferenwälder. Unter den verschiedenen Arten ragt eine besonders heraus: der Küstenmammutbaum oder Coast Redwood (*Sequoia sempervirens*), ein Baum, der ausgewachsen höher ist als der Sierra-Mammutbaum, aber einen geringeren Stammdurchmesser hat. Die Besiedlung der Küste begann im 18. Jahrhundert und mit ihr das hemmungslose Abholzen der Kolosse. Aus einem Stamm konnte eine Menge Holz gewonnen werden, es war billig, schön gemasert, gut zu bearbeiten und scheinbar unverwüstlich. San Francisco, 1776 von den Spaniern gegründet, wurde mit dem Holz der Redwoods erbaut. Heute existieren leider nur mehr etwa drei Prozent der ursprünglich bewaldeten Fläche, wovon Teile zu Naturschutzparks erklärt wurden. Die Bäume, die den Raubbau überlebten, rufen nach wie vor eine Atmosphäre von unerschütterlicher Kraft und Ruhe hervor. Wenn sich ihre Kronen in den Wolken oder in dichten Nebelbänken, die häufig vom Pazifik hereinströmen, verlieren, dann hat es den Anschein, als wäre der Stamm unermeßlich lang. Nicht ohne Grund trägt der wahrscheinlich höchste Baum der Erde den Namen »Stratosphere Giant«, ein Küsten-Redwood, der in den 1990er Jahren im Humboldt Redwoods State Park entdeckt wurde. Seine mit Laser gemessene Höhe beträgt 112,83 Meter; das ist beinahe so hoch wie der Südturm von St. Stephan in Wien.

Vor Jahren gab sich jemand dem Guinness Buch der Rekorde gegenüber als Experte aus und behauptete, einen Küstenmammutbaum gefunden zu haben, der zwölftausend Jahre alt sei. Guinness nahm gutgläubig die Sensation auf und nannte den Baum großspurig »Eternal God Tree«. Unsinn, dachte der Forstökologe Christopher J. Earle aus Seattle, und da er den Standort aus der Publikation kannte, war es für ihn nicht schwer, den Baum zu finden. Er entnahm mit dem sogenannten Zuwachsbohrer eine Probe und stellte fest, daß der Baum nicht älter als fünfhundertfünfzehn Jahre war. 1999 untersuchte Earle einen umgestürzten Mammutbaum im Humboldt Redwoods State Park und zählte zweitausendsechsundzwanzig Ringe. Da die Ringe aber nicht gleichmäßig waren und viele fehlten, schloß der Wissenschaftler, daß das tatsächliche Alter zwischen zweitausendsechsundzwanzig und zweitausendzweihundertachtundzwanzig Jahren liegen müßte. Es wäre der älteste bekannte Küstenmammutbaum – abgesehen von der Tatsache, daß er tot ist.

Die Dendrochronologie ist eine Wissenschaft, die sich mit der

Altersbestimmung von Bäumen beschäftigt. Jedes Jahr bilden Bäume während der Vegetationsperiode einen charakteristischen Wachstumsring, dessen Stärke von der Witterung des betreffenden Jahres abhängt. Das Dickenwachstum wird durch das zwischen Bast und Holz liegende Kambium bewirkt, ein teilungsfähiges, hauchdünnes Gewebe, das nach innen Holzzellen, nach außen Bastzellen abgibt. Anhand der Jahresringe kann das Alter bestimmt werden; entweder, indem dem lebenden Stamm ein bleistiftstarker Bohrkern entnommen oder, was einfacher ist, von einem gefällten oder umgestürzten Baum eine Scheibe abgeschnitten und unter dem Mikroskop untersucht wird.

Als botanischer Entdecker des Küstenmammutbaums gilt der Tscheche Thaddeus Haenke, der als Botaniker an der Alejandro-Malaspina-Expedition teilnahm und 1791 in der Nähe von Monterey auf die Bäume stieß, sie beschrieb und Samenzapfen sammelte. Benannt wurde die Gattung, von der es nur eine Art gibt, von Stephan Ladislaus Endlicher, einem in Preßburg geborenen und in Wien als Professor wirkenden Botaniker, der 1847 eine Monographie der Nadelhölzer, »Synopsis Coniferarum«, veröffentlichte. Viele Fachleute meinten, Endlicher habe die Gattung *Sequoia* nach Sequoyah benannt, einem Cherokee, der in seinem Volk großes Ansehen genoß und der für die Cherokeesprache (die zur irokesischen Sprachfamilie gehört) ein spezielles Schriftsystem entwickelte, um die Abhängigkeit von der Kultur der Weißen zu mindern. Sequoyah, 1760 geboren, war ein Halbblut, sein Vater ein britischer Händler aus North Carolina namens George Gist (manchmal Guest oder Guess geschrieben). Endlicher war auch Philologe und deshalb ist es denkbar, daß er von Sequoyahs Alphabet erfahren hatte. In seinem Werk indes findet sich kein Hinweis auf die Etymologie von *Sequoia*. Namhafte Botaniker haben andere einleuchtende Erklärungen vorgeschlagen. Zum Beispiel Asa Gray, Amerikas führender Botaniker des 19. Jahrhunderts und Vertrauter von Charles Darwin; er dachte, der Name komme vom lateinischen *sequi*, »folgend«, weil die Redwoods die einzigen noch lebenden Repräsentanten einer längst ausgestorbenen Gruppe von Pflanzen sind, die, wie fossile Funde vermuten lassen, in der erdgeschichtlichen Epoche der Dinosaurier auf der ganzen nördlichen Erdhälfte verbreitet waren.

Erinnern Sie sich noch an jene dreiundzwanzigjährige Amerikanerin, die ohne Unterbrechung siebenhundertachtunddreißig Tage hoch oben in der Krone eines Küstenmammutbaums ausharrte, um ihn vor dem Fällen zu bewahren? Es war 1997. Die wegen Mißachtung von Umweltschutzgesetzen berüchtigte Maxxam / Pacific Lumber Company begann in der Nähe von Stafford, Humboldt County, einen Sequoiawald zu roden. (Dazu sei angemerkt, daß ehrwürdige Redwoods, die nicht auf dem Boden von State Parks stehen, durch das kalifornische Gesetz nicht geschützt sind.) Als nun ein tausend Jahre altes Exemplar den Kettensägen zum Opfer fallen sollte, kletterte Julia Butterfly Hill, Aktivistin von »Earth First!«, am 10. Dezember 1997 auf den Baum, taufte ihn »Luna« und trotzte auf einer schmalen Plattform dem rabiaten Holzunternehmen, das versuchte, ihre Lebensmittelversorgung zu verhindern oder ihren Schlaf mit grellen Scheinwerfern zu stören. Julia Hill gab nicht auf, rettete den Baum und wurde weltweit zu einer Medienattraktion. Ihren zweijährigen, oft dramatischen Aufenthalt sechzig Meter über dem Erdboden dokumentierte sie in dem Buch »The Legacy of Luna« (das auf deutsch mit dem törichten Titel »Die Botschaft der Baumfrau« erschien). Ihr Credo: »When you see someone in a tree trying to protect it, you know that every level of our society has failed.«*

* »Wenn jemand auf einem Baum sitzen muß, um ihn zu beschützen, dann weiß man, daß alle Schichten unserer Gesellschaft versagt haben.«

Seid, Bäume ihr, Pfeile gewesen,
die aus dem Blauen fallen?
Wer sind die furchtbaren Krieger,
die von der Sehne euch schnellten?
Sind es die Sterne gewesen?

Tief aus der Seele der Vögel,
tief aus den Augen des Herrn,
tief aus vollendetem Leid
erstehen eure Gesänge.

Kennt euer knorriges Wurzelwerk,
ihr Bäume!, mein Herz in der Erde?

Federico García Lorca, 1919

Der weinende Baum

Unvorstellbar groß seien die Schätze an Gold und Silber. Ein sagenhafter Häuptling, ein *El dorado*, trage eine funkelnde Glasur von Goldstaub auf seinem balsamierten nackten Körper und an heiligen Stätten begrabe man Opfergaben aus purem Gold. Seit Kolumbus aus der Neuen Welt zurückgekehrt war, hatten solche und andere Gerüchte die Runde gemacht, die Phantasie spanischer Adeliger und Abenteurer erhitzt, die sich, getrieben von Habgier, Ruhmsucht, Ehrgeiz und Missionseifer, als Konquistadoren aufmachten und über den unbekannten Kontinent herfielen. Hernán Cortés drang in Mexiko ein und zerstörte mordgierig das Reich der Azteken; sein Landsmann Francisco Pizarro, ein analphabetischer Schweinezüchter, fing mit List den Inka Atahualpa, ließ ihn erwürgen und unterwarf das Inka-Reich in Peru. Kurz bevor er von einem Rivalen selbst ermordet wurde, ernannte Pizarro seinen Bruder Gonzalo zum Gouverneur von Quito. Gonzalo, besessen von der Idee, das verheißungsvolle Land des *El dorado* zu finden und die sagenhaften Reichtümer der Indianer zu plündern, brach im März 1541 von Quito mit einem Heer von (angeblich) dreihundert spanischen Soldaten und viertausend Indianern als Lastträger auf und überwand zunächst die nördliche Kette der Anden. Nach dem Abstieg tauchte der groteske Troß in das undurchdringliche Dickicht des regennassen Tropenwaldes ein, nicht ahnend, daß sich dieser von den Anden bis zum Atlantik erstreckt. Monatelang kämpften sie sich durch knietiefen Morast und eisenhartes Unterholz, oft keine zwanzig Meter am Tag. Als man endlich das Ufer eines Flusses (einen Seitenarm des Rio Napo) erreichte, war die Hälfte des Trecks bereits aufgerieben, waren Tausende der mitgeführten Schweine und Lasttiere aus Hunger geschlachtet und selbst das geweihte Mehl für Hostien verzehrt. Am anderen Ufer entdeckte die von Francisco de Orellana, Gonzalos Stellvertreter, geführte Vorhut eine Siedlung der Omagua-Indianer. Dem Übersetzer Felipillo, einem Sohn aus hohem Inkaadel, gaben die Waldmenschen, welche die Spanier als »Sonnensöhne« ansahen, bereitwillig Auskunft. Der große Strom sei noch viele Tagesmärsche entfernt, aber es gebe dort reiche Dörfer und Gold. Der anmaßende Eroberer und seine Horde beantworteten die Gastfreundschaft der Indianer mit gewalttätigen Ausbrüchen. Eine sträfliche Dummheit, denn jene Indianer, die bereit gewesen waren, als Führer mitzugehen, machten sich verängstigt aus dem Staub. Auf der Suche nach Nahrung entdeckte die Expedition nach Wochen ein weiteres Dorf der Omagua. Und dort, mitten im Urwald, beschloß Pizarro, ein Schiff zu bauen, um zu Wasser endlich schneller voranzukommen. Ein wahnwitziges Unterfangen, wollte man doch mit den einfachsten Mitteln einen Zweimaster bauen. Francisco de Orellana übernahm mit einem Zimmermann die Bauleitung, und dank seines Verhandlungsgeschicks und Geschenken konnte er die Indianer zur Mitarbeit gewinnen. In aufreibender Arbeit wurden aus gefällten Bäumen Spanten und Planken gesägt, aus den Hufeisen geschlachteter Pferde Nägel geschmiedet, die Indianer flochten Seile aus Lianen und Segel aus Gräsern, Farnen und Blattfasern. Sorge bereitete Orellana indes, womit die Planken kalfatert werden sollten, weil das dazu erforderliche Pech fehlte. Zu seiner großen Überraschung verstopften die Indianer die Fugen des Rumpfes mit einer sonderbaren schwarzen Masse, die klebrig war und sich mühelos formen ließ. Den Stoff, den Orellana verblüfft in Händen hielt und dem er als einer der ersten Europäer begegnete, nannten die Indianer »Cahuchu«.

Im Dezember 1541 war das Unglaubliche geschafft, das Schiff fertig und vom Stapel gelassen. Der Chronist der Reise, Dominikanerpater Gaspar de Carvajal, taufte es auf den Namen »Victoria«. Mit einundfünfzig Mann schickte der fieberkranke Pizarro Orellana los, um den Flußlauf zu erkunden und nach Proviant zu suchen. Eine starke Strömung trug das Schiff fort, zwischen Pflanzenvorhängen, die einen stickigen, heißen Dunst ausatmeten, über Stromschnellen und Strudel, immer in Gefahr, auf eine verborgene Sandbank zu laufen oder von einem im Wasser treibenden Baumstamm leckgeschlagen zu werden. Erschöpft und entnervt erreichte die Mannschaft endlich den Rio Napo. Was Orellana längst geahnt hatte, wurde hier zur Gewißheit: Eine Rückkehr stromaufwärts war, ebenso wie auf dem Landweg, unmöglich. Gedrängt von seinen Offizieren, faßte er den Entschluß, die »Victoria« der Strömung zu überlassen, gleichviel wohin, und so gelangten die Spanier aus dem Napo in den Amazonas, der sie immer weiter in eine grünstarrende Terra incognita hineinzog. Sintflutartige Regenfälle, brütende Hitze, Hunger, Durst und Todesangst setzten den Männern zu. Mehrmals wurden die Eindringlinge von Indianern angegriffen, einmal sogar von kriegerischen Frauen, wie Pater Carvajal berichtete, der sie nach dem griechischen Mythos Amazonen nannte.

Nach acht trostlosen Monaten hatte Francisco de Orellana das größte Abenteuer seiner Zeit bestanden: Als erste Europäer hatten er und seine überlebende Mannschaft mit einem Schiff den Amazonas von seinen Quellen in den Anden bis zur Mündung in den Atlantischen Ozean befahren – und er konnte daheim in Spanien von dem schwarzen, plastischen Stoff berichten, mit dem der Rumpf der »Victoria« abgedichtet worden war.

Es dauerte aber noch zweihundert Jahre, bis Europas Interesse an diesem Stoff geweckt wurde. Das hatte mit einer Forschungsreise zu tun, die von der Pariser Académie Royale des Sciences initiiert wurde. 1735 entsandte sie den Mathematiker Charles Marie de La Condamine (gemeinsam mit zwei anderen Gelehrten, Luis Godin und Pierre Bougner) nach Ecuador, um einen Meridiangrad unter dem Äquator zu messen. (Die Messung sollte die Frage klären, ob der Erdumfang am Äquator oder über den Polen größer sei.) Nach Abschluß der Arbeiten trennten sich die drei Wissenschaftler (uneinig über die Ergebnisse), und La Condamine, angetan von dem Land, blieb in Ecuador; er begann naturwissenschaftliche Beobachtungen anzustellen, seltene Pflanzen zu sammeln und Teile der Andenkette zu kartieren. Wie Francisco de Orellana begegnete auch er der »harzartigen, dunklen Masse«, die ihn faszinierte. Er sammelte eine größere Menge des »Zauberstoffs« und sandte ihn an die Akademie in Paris. Sein beigefügter Bericht (»Relation abrégée d'un voyage fait dans l'intérieur de l'Amérique méridionale«) enthielt die ersten zuverlässigen Auskünfte darüber. »In den Wäldern der Provinz Esmeraldas«, erläuterte er, »wächst in großer Zahl ein Baum, den die Eingeborenen *Hévé* nennen. Verletzt man seine Rinde durch einfache Kerben, so fließt ein weißer Saft heraus, der wie Milch aussieht und an der Luft langsam hart und schwarz wird. Die Einwohner machen daraus Fackeln mit einem Durchmesser von ein und einem halben Finger und einer Länge von zwei Fuß; diese Fackeln brennen sehr gut ohne Docht und geben ein ganz schönes Licht; sie verbreiten beim Brennen einen Geruch, der nicht unangenehm ist: eine einzige dieser Fackeln kann vierundzwanzig Stunden brennen.

In der Provinz Quito bestreicht man mit diesem Harz Gewebe und verwendet sie zu dem gleichen Zweck wie bei uns das Wachstuch.

Der gleiche Baum wächst auch an den Ufern des Amazonenstromes. Dort nennen die Indianer das gewonnene Harz Caoutchouc [La Condamine transkribierte die indianische Bezeichnung »Caa-utschu« oder »Cahu-chu«, was so viel wie »weinender Baum« bedeutet, ins Französische, woraus im Deutschen Kautschuk wurde]; sie machen daraus Stiefel aus einem einzigen Stück, die kein Wasser durchlassen und das Aussehen eines echten Leders annehmen, wenn sie mit Rauch behandelt werden; sie umkleiden mit dem Harz auch irdene Gefäße von der Form einer Flasche, und wenn das Harz hart geworden ist, zerschlagen sie die Form, entfernen die Scherben durch die Öffnung, und es bleibt ihnen eine unzerbrechliche Flasche, die leicht ist und alle Arten von Flüssigkeiten aufnehmen kann.«

Nach acht Jahren Aufenthalt in den Wäldern Amazoniens verließ La Condamine Ecuador und gelangte wie einst Orellana über den Amazonas an die Ostküste Brasiliens und von dort nach Paris, wo er im Februar 1745 eintraf.

Der Baum, dessen Rinde den Milchsaft (Latex) enthält, aus dem der Kautschuk gewonnen wird, jene Masse, die La Condamine beschrieben hatte, ist der Parakautschukbaum (*Hevea brasiliensis*), eine tropische Pflanze, die zu den Wolfsmilchgewächsen gehört und fast nur im Regenwaldgebiet fünfzehn Grad beiderseits des Äquators heimisch ist. Der kautschukhaltige Milchsaft befindet sich unter einem Druck von zwölf bis fünfzehn Atmosphären in einem kapillaren Gefäßsystem (Milchröhren) im Rindenteil des Stammes und der Zweige. Zur Gewinnung wird die glatte Rinde mit einem speziellen Messer (früher mit Machete oder Hacke) eingeschnitten und der ausfließende Saft in Bechern aufgefangen. Der gesammelte Latex muß rasch verarbeitet werden; er wird filtriert, mit Wasser verdünnt und dann mit Essig- oder Ameisensäure behandelt, wodurch die im Milchsaft schwebenden Kautschukteilchen zu einer plastischen Masse (Koagulat) gerinnen.

Kein natürlicher Rohstoff hat eine so wechselvolle, zum Teil grauenvolle Geschichte wie der Kautschuk. In der zweiten Hälfte des 18. Jahrhunderts entdeckte ein englischer Mechaniker namens Nairne, daß sich mit Kautschukwürfeln Bleistift- und Kohlestriche vom Papier entfernen ließen. Diese Eigenschaft veranlaßte den Theologen Joseph Priestley, der sich zeitweise auch der Chemie widmete und den Sauerstoff und andere Gase entdeckte, den Kautschuk »Rubber« (von *to rub out*) zu nennen. Damit begann, so könnte man sagen, die kommerzielle Nutzung von Kautschuk in Europa und Amerika; allerdings hatten die Produkte – Regenmäntel, Schuhe, Schläuche, Rettungswesten, wasserdichte Planen – den Nachteil, daß sie rasch alterten, bei Kälte spröde und brüchig, bei Hitze weich und klebrig wurden. Konnte es jedoch gelingen, Kautschuk von seinen nachteiligen Eigenschaften zu befreien, so war ein Werkstoff gefunden, der die Welt verändern könnte.

Von dieser Idee war ein Mann erfüllt, der am 29. Dezember 1800 in New Haven, Connecticut, geboren wurde: Charles Nelson Goodyear. Mit sechsundzwanzig Jahren gründete er sein erstes Geschäft, einen Eisenwarenhandel; er expandierte, nahm Kredite auf, investierte erfolglos in diverse Erfindungen und machte schließlich Bankrott. Verzweifelt suchte er nach anderen Erwerbsmöglichkeiten und begegnete dabei dem Kautschuk, der seinen Erfindergeist bis zur Besessenheit anstachelte. Auf der Suche nach Geldgebern übersiedelte Goodyear nach New York, wo er bald als kauzige Erscheinung bekannt wurde. »Wenn ihr einen Mann seht«, schrieb eine Zeitung, »mit einem Hut, Mantel und Schuhen aus Kautschuk ohne einen Cent in der Tasche, dann habt ihr Charles Goodyear vor euch.« In einer winzigen Dachkammer, die zugleich Wohnraum und Labor war, stellte er seine Experimente an und investierte jeden Cent in Kautschuk und Chemikalien, während seine Frau mit den Kindern auf dem Land große Not litt. Sein Biograph Charles Slack schreibt: »Es gelang ihm immer wieder, Leute zu überzeugen, ihm Geld zu geben. Ich glaube, das schaffte er nur, weil er ein aufrichtiger Mann war. Er hat nie versucht, den Leuten etwas vorzumachen. Er lebte wirklich in dem Glauben, der große Durchbruch würde jeden Moment passieren.« Und das Wunder geschah tatsächlich. Im Winter 1839 hantierte Goodyear, so wird es jedenfalls überliefert, mit einem Gemisch aus Kautschuk, Schwefel, Bleiweiß und Terpentin als Lösungsmittel. Die breiige Masse strich er mit einer Spachtel auf Gewebestücke, und um die Verdampfung des Terpentinöls zu beschleunigen, hing er die gummierten Gewebe nahe dem heißen Ofen auf. Durch Zufall kam ein Gewebeteil mit dem Ofen in Berührung und der aufgetragene Kautschuk wurde schwarz, während die anderen Teile eine grauweiße Färbung zeigten. Als er die schwarze Schicht abriß, fiel ihm die merkwürdige Beschaffenheit auf: Der Kautschuk fühlte sich an wie Leder, war elastisch geworden und ließ sich nicht zerreißen. Goodyear ahnte, daß er seinem Ziel sehr nahe war, daß die Umwandlung des plastischen Zustands in einen elastischen nur durch die beiden Faktoren Schwefel und Hitze bewirkt werden konnte. Im Juni 1844 wurde ihm dafür das Patent Nr. 3633 erteilt, und was der Erfinder »Gum Elastic Composition« nannte, wurde etwas später unter dem wirkungsvolleren Begriff »Vulkanisation« eine Sensation.

Von giftigen Substanzen, die er jahrelang eingeatmet hatte, schwer krank, von einem aufsehenerregenden Rechtsstreit mit Horace Day, einem skrupellosen Konkurrenten, der ihm das Patent streitig machen wollte, erschöpft, starb Charles Goodyear am 1. Juli 1860; seiner Familie hinterließ er einen Schuldenberg von zweihunderttausend Dollar und der Welt eine bahnbrechende Erfindung.

Das Zeitalter des Gummis war angebrochen. Der neue Werkstoff, dessen Verwendbarkeit nahezu unbegrenzt schien, erlebte in den nun folgenden Jahren einen ungeahnten Aufschwung. Damit stieg naturgemäß der Bedarf an Rohkautschuk, der fast ausschließlich in Amazonien aus dem Milchsaft des Parakautschukbaums gewonnen wurde. Aber wie? Die unersättliche Gier der neuen Klasse der Kautschukbarone, in möglichst kurzer Zeit, mit möglichst geringen Mitteln einen möglichst hohen Ertrag zu erzielen, führte dazu, daß die Seringueiros, wie die versklavten indianischen Kautschukzapfer hießen, unter den unmenschlichsten Bedingungen ausgepreßt wurden. Konnten sie die von den Agenten und Aufsehern festgesetzte Menge nicht abliefern, wurden sie brutal mißhandelt, verstümmelt oder gleich totgeschlagen. Mit dem Geld, das Abertausende von halbverhungerten, gepeinigten Indianern erwirtschafteten, füllten sich Vermittler und Kaufleute die Taschen. Die Zentren des Kautschukhandels, Iquitos, Santarém, vor allem aber Belém und Manaus, verwandelten sich im Lauf der Jahre von kleinen Siedlungen in prosperierende Städte, geprägt von Luxus und Überfluß, mit protzigen Prachtbauten, die mit Baumaterial aus Europa aus dem Urwaldboden gewachsen waren. In Belém pflasterte man die Straßen mit Kopfsteinen aus Granit, die dreitausend Kilometer über den Atlantik zurückgelegt hatten. Gipfel des Größenwahns und gleichsam Sinnbild des zusammengerafften Vermögens war das Teatro Amazonas, das die Stadtverwaltung in Manaus nach dem Vorbild der Pariser Oper mit reichlich Plüsch und Gold errichten ließ. Zur Eröffnung am Silvesterabend 1896 gab man die Oper »La Gioconda« von Amilcare Ponchielli, wofür eigens ein Ensemble aus Italien herübergeholt wurde, das dann allerdings die Stadt fluchtartig verließ, nachdem einige Mitglieder dem Gelbfieber zum Opfer gefallen waren.

In dem Jahr, als Ponchielli seine in Manaus aufgeführte Oper komponiert hatte, 1876, kam Konrad Adenauer, der spätere erste deutsche Bundeskanzler, zur Welt, aber auch der Abenteurer und Schriftsteller Jack London, Königin Victoria von Großbritannien nahm den Titel »Kaiserin von Indien« an, und Robert Koch, Mediziner und Nobelpreisträger, entdeckte den Milzbrand-Bazillus. Auch drei andere Ereignisse von besonderer Tragweite fielen in dieses Jahr. Der Maschinenbauer Nikolaus August Otto stellte seinen sogenannten Ottomotor vor, einen Viertakter, der Grundlage für alle weiteren Entwicklungen war und rasch zum Bau von Automobilen führte. Die Erfindung des Luftreifens aus Gummi sollte nicht lange auf sich warten lassen: 1888 erhielt der schottische Tierarzt John Boyd Dunlop darauf das Patent Nr. 10607 (»A hollow tyre or tube made of india-rubber and cloth, to contain air under pressure ...«)*. Durch die enorme Nachfrage war der Rohstoff Kautschuk in den Gummimanufakturen knapp geworden. Brasilien nützte seine Monopolstellung und diktierte die Preise. Das führte zu den beiden anderen Ereignissen, die 1876 ihren Anfang nahmen und dazu beitragen sollten, das Monopol zu brechen und den steigenden Bedarf zu sichern.

Henry Wickham war einer jener Glücksritter, die den Verlockungen des tropischen Südamerika verfallen waren. Er war am Orinoco gewesen, hatte das riesige Regenwaldgebiet zwischen den Flüssen Madeira und Tapajós durchstreift, exotische Vögel gejagt und deren Federn als Hutschmuck nach England verkauft, sich dann in Santarém als Pflanzer niedergelassen, wo er erfolglos versuchte, eine Kautschuk-Plantage hochzuziehen. Seine Aufzeichnungen über den Kautschukbaum, in denen er auf die Gefahr hinwies, daß durch Raubbau die Reserven an Kautschuk vermutlich bald erschöpft sein würden, sandte Wickham an Sir Joseph Hooker, den einflußreichen Direktor der Königlichen Botanischen Gärten in Kew. Die Vorstellung, Plantagen mit kautschukliefernden Bäumen außerhalb Brasiliens anzulegen, um die Rohstoffversorgung langfristig sicherzustellen, beschäftigte schon seit einiger

* »Ein hohler Reifen oder Schlauch aus Gummi und Textilgewebe, der komprimierte Luft enthält.«

Zeit Politiker, Kolonialbeamte und Botaniker in London. Als Beispiel diente der *Cinchona*-Baum, der das damals einzige Mittel gegen Malaria, Chinin, lieferte und erfolgreich von den Osthängen der Anden nach Britisch-Indien »verpflanzt« worden war. Sir Joseph entschloß sich zu einem riskanten und diplomatisch heiklen Unternehmen, das nur unter Mißachtung der strengen Handels- und Zollbestimmungen geheim durchzuführen war. Er beauftragte Wickham, Samenkapseln von *Hevea brasiliensis* (aus dessen Milch Kautschuk bester Qualität gewonnen wird) zu sammeln und nach London zu bringen. Getarnt als Orchideensammler, gelang es Wickham tatsächlich, siebzigtausend *Hevea*-Samenkörner auf dem Dampfer »Amazonas«, sorgfältig zwischen Bananenblättern versteckt, außer Landes zu schmuggeln. Über die genaue Anzahl der Samen, welche die Überfahrt überlebt hatten und in den Glashäusern von Kew Gardens keimten, gibt es unterschiedliche Angaben, es dürften aber nicht mehr als dreitausend gewesen sein. Diese Sämlinge waren der Grundstock für die Kautschukplantagen, die in den britischen Kolonien Ceylon, Malaysia und Singapur angelegt wurden. Es vergingen noch dreißig Jahre, bis die ersten sechstausend Tonnen Plantagenkautschuk auf dem Weltmarkt erschienen. Damit war das Schicksal Amazoniens und seiner »Gummistädte« besiegelt, der Zusammenbruch des auf Raubbau und unmenschlicher Ausbeutung beruhenden Kautschukgeschäfts unabwendbar.

Das dritte Ereignis fand im September 1876 in Brüssel statt. Leopold II. von Belgien schlug auf einem von ihm finanzierten internationalen Kongreß, an dem Forschungsreisende und Geographen teilnahmen, die Gründung einer »Association Internationale Africaine« zur »Verbreitung der Zivilisation unter den Völkern der Kongoregion durch wissenschaftliche Untersuchung, legalen Handel und Kampf gegen arabische Sklavenhändler« vor. Zwei Jahre später wurde daraus das »Comité d'Études du Haut-Congo«, das es sich zur Aufgabe machte, den Oberlauf des Kongo-Flusses zu erforschen. Mit der Mission betraut wurde Henry Morton Stanley (bekannt geworden dadurch, daß er den verschollenen David Livingstone gefunden hatte, und durch die angeblich dabei geäußerte Begrüßung: »Dr. Livingstone, I presume?«); seine Reiseberichte, die im *New York Herald* und im Londoner *Daily Telegraph* veröffentlicht worden waren, hatten das Interesse des Königs geweckt. Offiziell sollte die Mission wissenschaftliche und philanthropische Ziele verfolgen, insgeheim aber lautete Stanleys Auftrag, Land und Elfenbein zu erwerben. Auf der von Reichskanzler Bismarck einberufenen Berliner Kongo-Konferenz (1884/85) erreichte Leopold durch geschicktes Taktieren, daß die gewaltige Region in seinen Privatbesitz überging. Nun verfügte der räuberische König, den ein englischer Historiker als »an Attila in modern dress« bezeichnete, über eine Domäne mit rund 2,34 Millionen Quadratkilometern, über siebzigmal größer als Belgien, und er begann sie mit Hilfe seiner Vasallen und Söldner auszuplündern. Durch Dunlops Erfindung und die allmählich entstehende Fahrrad- und Automobilindustrie griff der Kautschukrausch auch auf den Kongo über. Es gab zwar keine *Hevea*-Bäume wie in Amazonien, dafür aber mehrere Arten von Lianen der Gattung *Landolphia*, die ebenfalls Latex, allerdings in schlechterer Qualität, liefern. Und wie am Amazonas, Tapajós oder Putumayo geschah auch hier das Unfaßbare: beispiellose Ausbeutung, grausamste Behandlung der Eingeborenen und Massenmord. Zur berüchtigten Spezialität der Kongoherren gehörte, daß sie von ihren schwarzen Milizen verlangten, für jede verschossene Gewehrkugel als Beweis, daß sie getroffen hatten, die abgehackte Hand des Opfers vorzulegen. Das führte unweigerlich dazu, daß auch Lebende, die aufbegehrten oder zu flüchten versuchten, zur Strafe ihre Hände verloren.

Fotos von verstümmelten Menschen und eine Beschreibung

der Greuel legte Arthur Conan Doyle (Schöpfer des Meisterdetektivs Sherlock Holmes) 1909 in seinem Buch »The Crime of the Congo« vor. Zu seiner Anklageschrift inspiriert hatte ihn der britische Diplomat und Afrikakenner Roger Casement, der in seinem »White Book Africa« (1904) gräßliche Einzelheiten über den Genozid ans Licht gebracht und gemeinsam mit Edmund Dene Morel die »Congo Reform Association« gegründet hatte. Casement, gebürtiger Ire, war im Frühjahr 1890 in Matadi dem aus der Ukraine stammenden englischen Kapitän Konrad Korzeniowski begegnet, der für Leopolds Handelsgesellschaft in den Kongo gekommen war. Aus einer Tagebucheintragung Korzeniowskis geht hervor, daß die Bekanntschaft mit Casement zu »einem ausgesprochenen Glückszufall« wurde. Etwa zehn Tage lang, während Korzeniowski darauf wartete, seine Reise ins Innere des Landes antreten zu können, teilten sie ein Zimmer und besuchten gemeinsam nahegelegene Dörfer. Korzeniowski, der sich später Joseph Conrad nannte, verarbeitete die Gespräche mit Casement und seine eigenen Kongoerlebnisse in der suggestiven Erzählung »Herz der Finsternis«, die 1899 erschien und ein gespenstisches Bild der kolonialen Herrschaft zeichnete. Für die Barbareien, die Conrad mit seiner Imagination bildhaft gemacht hatte, lieferte Casement nachträglich die Fakten. Die beiden Männer wechselten nach Abdruck von Conrads Erzählung (in *Blackwood's Magazine*) mehrere Briefe; in einem der letzten (vom 21. Dezember 1903) schrieb Conrad: »Es ist doch außergewöhnlich, daß das Gewissen Europas, das vor siebzig Jahren aus Gründen der Menschlichkeit den Sklavenhandel unterdrückt hat, heute den Kongo-Staat toleriert. Es ist, als wäre die Uhr der sittlichen Entwicklung um viele Stunden zurückgestellt worden. Und doch würde ich heute, sollte ich mein Pferd derart malträtieren, daß sein Glück oder sein physisches Wohlbefinden dahin sind, vor einen Richter zitiert werden. Mir will scheinen, daß der Schwarze – sagen wir, aus Upoto –

ebensoviel humanitäre Rücksichtnahme verdient wie jedes Tier, da er Nerven besitzt, Schmerz fühlt und man ihm körperliches Elend bereiten kann. Doch genaugenommen sind sein Glück und sein Elend viel komplexer als das Elend oder Glück von Tieren und verdienen größere Rücksichtnahme. Er teilt mit uns das Bewußtsein des Universums, in dem wir leben – keine geringe Bürde.«

Die Konzessionäre und ihr König verdienten mit dem Export von Kautschuk, Elfenbein und Palmöl Unsummen, die es Leopold ermöglichten, Brüssel imperialen Glanz zu verleihen, während die Kolonie, wie Missionare klagten, »in Blut schwamm«. Die Bevölkerungszahl des sogenannten Kongo-Freistaats sank unter dem Regime Leopolds von geschätzten zwanzig Millionen auf achteinhalb Millionen; von Hunger und Krankheit dahingerafft, erschossen, erschlagen, verbrannt, gekreuzigt, erlitten die Menschen in Zentralafrika das gleiche Schicksal wie die indianischen Zapfer in Amazonien.

Der Baum ist jene Macht, die sich langsam dem Himmel vermählt.

Antoine de Saint-Exupéry

Der Baum des Himmels

Im *Journal of the Washington Academy of Sciences* erschien 1916 ein Beitrag mit dem Titel »The early European history and the botanical name of the Tree of Heaven«, verfaßt von dem amerikanischen Pflanzenpathologen Walter Tennyson Swingle, der für das US Department of Agriculture forschte. Swingle war es auch, der für den »Baum des Himmels« endgültig einen botanischen Namen kreierte, indem er einen alten Gattungsnamen, *Ailanthus*, mit einem noch älteren Epitheton, *altissima*, zusammenführte und damit ein wirres Durcheinander beendete. Die Benennung *Ailanthus* stammte von dem Franzosen René Louiche Desfontaines, seit 1785 Professor der Botanik am Jardin des Plantes in Paris. Dort befand sich ein aus Samen gezogener Baum aus China, von dem man annahm, es handle sich um einen Talgbaum, also um ein Sumachgewächs. Bei einer Untersuchung der geflügelten Früchte des Baumes stellte Desfontaines jedoch fest, daß der Baum der Familie der Bittereschengewächse zuzuordnen sei, ähnlich einer tropischen, immergrünen *Ailanthus*-Art von der indonesischen Molukkeninsel Ambon. Im Malaiischen bedeutet »ailanto« sinngemäß »Baum des Himmels«, woraus im Deutschen der Name Götterbaum entstand.

Dieser Götterbaum, den Desfontaines im Jardin des Plantes untersuchte und in einem Aufsatz (»Memoire sur un nouveau genre

Ailanthus glandulosa aus: Henri-Louis Duhamel du Monceau, »Traité des arbres et arbustes«, Band 1 (1804)

d'arbre *Ailanthus glandulosa*«) beschrieb, war übrigens der erste dieser Art in Europa. Die Samen stammten, wie schon erwähnt, aus dem damals noch geheimnisvollen, abgeschotteten Reich der Mitte, der Heimat des sommergrünen Baumes. Absender war der Jesuitenpater Pierre-Nicholas de Chevron d'Incarville, ein ausgebildeter Botaniker, dem es neben seinem missionarischen Auftrag gelang, auf Streifzügen, die ihm von der kaiserlichen Bürokratie gestattet wurden, Samen bisher unbekannter Pflanzen zu sammeln; deren Ausfuhr war allerdings streng untersagt. In Peking vertraute Pater d'Incarville das kostbare Sammelgut der Obhut des Führers einer russischen Handelskarawane an, und so gelangten die Samen über Sibirien schließlich nach Paris, wo sie um 1750 eintrafen. Von Paris wurde ein Teil der Götterbaum-Samen nach England zu Philip Miller, dem Direktor von Chelsea Physic Garden, weitergegeben, wo sie, wie zuvor in Paris, erfolgreich keimten und Wurzeln schlugen. Die schnell wachsenden exotischen Bäume, die durch ihre eleganten, gefiederten Blätter auffielen, stiegen alsbald zu beliebten und begehrten städtischen Park- und Straßenbäumen auf.

In Wien wurde der Götterbaum Ende des 18. Jahrhunderts eingebürgert, und er sollte eine besondere Rolle in jenem gewaltigen städtebaulichen Vorhaben spielen, das in die Stadtgeschichte einging.

Längst waren die Basteien um die alte Stadt und das vorgelagerte Gelände militärisch wertlos geworden, als Kaiser Franz Joseph, als Resultat eines jahrzehntelangen Ringens, endlich am 20. Dezember 1857 mit einem »allerhöchsten Handbillet«, adressiert an den Minister des Inneren, Freiherrn von Bach, verfügte: »Es ist Mein Wille, daß die Erweiterung der inneren Stadt Wien mit Rücksicht auf eine entsprechende Verbindung derselben mit den Vorstädten ehemöglichst in Angriff genommen und hiebei auch auf die Regulierung und Verschönerung Meiner Residenz- und

Reichshauptstadt Bedacht genommen werde. Zu diesem Ende bewillige Ich die Auflassung der Umwallung und Fortifikationen der inneren Stadt, so wie der Gräben um dieselbe.« Damit war der Anstoß für eine der bedeutendsten Kunstschöpfungen des 19. Jahrhunderts in Europa gegeben: Planung und Bau der Ringstraße und der sie flankierenden Repräsentations- und Monumentalbauten, Wohnpaläste und Parkanlagen.

Nach einem international ausgeschriebenen Wettbewerb, an dem sich fünfundachtzig prominente Baumeister beteiligt hatten, wurde der erste Preis zwischen drei Entwürfen (von Ludwig von Förster, Friedrich von Stache sowie Eduard van der Nüll und August Sicard von Sicardsburg) aufgeteilt; die Entwürfe wurden in den »Grundplan« der Stadterweiterung einbezogen. Noch während mit Hochdruck geplant wurde, gingen die Demolierung der Festungsbauten und das Planieren der Ringtrasse zügig voran. Doch erst Ende 1862 konnte man sich auf das endgültige Straßenprofil einigen: auf eine polygone, meist vierreihige Allee um den historischen Stadtkern, siebenundfünfzig Meter breit und 4,4 Kilometer lang, mit einer mittleren Hauptfahrbahn, zwei Seitenfahrbahnen, Reitweg und Trottoirs. Der Bau der »Via triumphalis« konnte beginnen. Aber noch war eine so wichtige wie schwierige Entscheidung zu treffen: die Artenwahl der Alleebäume. »Ihr erster und für geraume Zeit schönster Schmuck«, schrieb die *Neue Freie Presse* am 25. September 1859, »wird auf beiden Seiten eine Doppelreihe von Bäumen sein, welche man noch im kommenden Winter dem Glacis entnehmen will.« Gemeint waren schon ältere Kastanienbäume, die vom Glacis auf den Parkring, der zum »Nobelsektor« zählte, verpflanzt wurden. Gegen die Roßkastanie bestanden allerdings von verschiedenen Seiten heftige Einwände, da sie als derber, unschöner Baum angesehen wurde, der zur Bepflanzung einer Prachtstraße nicht repräsentabel genug erschien. Die *Presse*, das Organ des Bürgertums, die noch kurz zuvor vom

»schönsten Schmuck« gesprochen hatte, schmähte in ihrem Feuilleton vom 9. November 1859 die Roßkastanie als »Baumproletarier«, deren »Rinde grobschuppig, plump, rauh, ohne Kraft« sei, ihre »Rinnen und Risse weder von energischer Tiefe, noch von organischer Regelmäßigkeit. Der Stamm, häufig zu dick gebaut, ein schwammiger wassersüchtiger Anblick. Die Gemeinheit des Baumes gipfele indes im Blatte. Wie grob geflochten sei das Gerippe, wie dünn und schütter die Pflanzenzelle dazwischen gewebt!« Für die *Presse* kamen als einzige Baumarten, die der »angestrebten eleganten Erscheinung von Neu-Wien gerecht werden«, nur Platanen und Linden in Frage.

Rudolf Siebeck, Gartenarchitekt und von 1859 bis zu seiner Pensionierung 1877 Stadtgartendirektor von Wien, war für die Ringstraßenbepflanzung verantwortlich. Er vertrat die Ansicht, daß die ästhetisch reizvollsten Bäume Linden seien, diese aber nur in besonders gutem Boden gediehen. Trotzdem schlug er zunächst vor, eine gemischte Allee aus Linden, Ulmen, Ahorn, Eschen, Kastanien und Robinien anzulegen. Ringstraßenarchitekt Ludwig von Förster hingegen sprach sich für Baumarten mit hohem, schlankem Erscheinungsbild aus, welche die architektonische Wirkung der Gebäude nicht beeinträchtigen sollten. In einer Sitzung des Stadterweiterungsfonds einigte man sich schließlich darauf, die Alleen mit Götterbäumen und Platanen zu bepflanzen. Ausschlaggebend für die überraschende Wahl waren in erster Linie ästhetische Überlegungen, aber gewiß auch eine Vorliebe für das Exotische, was besonders für den Götterbaum zutraf, dessen »luxuriöses« Laubwerk dem Repräsentationsbedürfnis entgegenkam.

Nach einer Ausschreibung beauftragte der Wiener Magistrat, dem die Bepflanzung oblag, bei Baumschulen in Ungarn, Italien und Südtirol die Lieferung von eintausenddreihundertdreiundfünfzig Götterbäumen und eintausenddreihundertvierundfünfzig Platanen, deren Stammhöhe nach Vorschrift des Stadtgärtners Siebeck etwa fünf Schuh (hundertachtundfünfzig Zentimeter), bei zweieinhalb Zoll (6,6 Zentimeter) Durchmesser betragen sollte.

Die Eröffnung des ersten Abschnitts zwischen der neugebauten Aspernbrücke und dem Burgtor war für den 1. Mai 1864 mit Kaiser und großem Pomp geplant, mußte aber um ein Jahr verschoben werden, weil erst ein Teil der Strecke gepflastert und die Lieferung der Jungbäume ins Stocken geraten war. Ferner verzögerte sich das Ausheben der Setzgruben, weil der private Unternehmer vertragsbrüchig geworden war und das angelieferte Erdmaterial zum Füllen der Setzgruben auch nicht der vereinbarten Qualität entsprach. Die Schwierigkeiten gerieten endgültig zur Misere, als die gesetzten Bäume nicht so gediehen, wie man es erwartet hatte, ja zahlreiche Exemplare laufend abstarben, wovon vor allem die Götterbäume betroffen waren. Im Februar 1871 berief der Gemeinderat eine Sitzung ein, um die Ursachen des skandalösen Mißerfolgs zu erörtern. Dabei wurde insbesondere die Wahl der Baumarten kritisiert, welche die örtliche Witterung nicht vertrügen; heftige Winde und frostreiche Winter hatten den Bäumen arg zugesetzt. Die meisten Götterbäume kamen aus Ungarn, von der Donauinsel Csepel, wo das Klima milder und die Erde, in der sie wurzelten, hochwertiger war. Beklagt wurden auch der lange und unsachgemäße Transport der Pflanzen, das rücksichtslose Vorgehen bei den auf Hochtouren laufenden Bauarbeiten, Vergiftungserscheinungen durch undichte Leuchtgasleitungen, die zu nahe an den Baumgruben verlegt wurden und nicht zuletzt mutwillige Beschädigungen durch die Bevölkerung (während einer einzigen Nacht wurden die Stämme von zweihundert Bäumchen rundherum eingeschnitten). Die in der Sitzung vorgeschlagenen Maßnahmen zur Verbesserung der Situation verliefen mehr oder weniger im Sand. Eine Wiener Zeitung schrieb voll Häme: »Wir haben zwar auf unserer Ringstraße eine große Anzahl von Alleebäumen: aber wie sehen sie aus? Es sind elende und verkrüppelte Bäume, die uns entgegenstarren; wahre Jammergestalten, die nur den Wienern als Zielscheibe des Spottes dienen. Als wären wir von einem ewigen, eiskalten Winter heimgesucht, stehen sie fortwährend öde und kahl, ohne Blütenschmuck, ohne Aussicht, jemals solchen zu bekommen, das Erbarmen der Spaziergänger anrufend.«

In den folgenden Jahren fanden Enqueten statt, wurden Expertengutachten eingeholt von Hofgarten-Inspektoren, Hof- und Stadtgärtnern, Kunst- und Ziergärtnern, von Botanik- und Chemieprofessoren und Baumschulbesitzern; es fanden Begehungen statt, und es wurde fleißig untersucht, um endlich herauszufinden, welche Baumarten am besten geeignet und welche Maßnahmen für ihre Pflanzung und Pflege erforderlich seien. Bis zur Jahrhundertwende verbesserte sich zwar die Situation, Bäume starben aber weiterhin ab und wurden großteils durch Berg- und Silberahorn sowie Linden ersetzt, die in städtischen Baumschulen gezogen wurden.

Überlebt hat ein einziger Götterbaum, dessen mächtiger Stamm sich am Fahrbahnrand vor dem Radisson SAS Palais Hotel am Parkring Nr. 14–16, zwischen Himmelpfortgasse und Weihburggasse, erhob und der 1995 als Naturdenkmal unter Schutz gestellt wurde. Leider aber war es im August 2005 erforderlich, den Baum zu entfernen, da er keine Blätter mehr hervorbrachte und verdorrte Äste, die abzubrechen drohten, eine Gefahr darstellten.

Der Götterbaum hat sich im Lauf der Zeit den Bedingungen des urbanen Lebensraumes hervorragend angepaßt. Dank seiner geflügelten Früchte, die sich wie winzige Propeller langsam zu Boden schrauben, haben die Samen Gelegenheit, vom Wind weit verbreitet zu werden und an allen möglichen und unmöglichen Stellen zu keimen. Zum Beispiel mitten im Pflastersteincanyon der Wiener Innenstadt am Stephansplatz. Am Fuß des Südturms des Stephansdoms eroberte sich der Wildwuchs eines Götterbaumes seinen ungewöhnlichen Standort und wuchs dicht an der Sand-

Götterbaum am Parkring, Wien

steinmauer zu einem ansehnlichen Exemplar heran, das überdies ein kleines Wunder in sich birgt. Unbemerkt von den zahllosen Passanten überwintern in seinem Geäst Puppen eines exotischen Nachtfalters, die Mitte Juni als schön gezeichnete, handtellergroße Ailanthusspinner (*Philosamia cynthia*) aus ihren Kokons schlüpfen. Die Raupen der Spinner ernähren sich von den Blättern des Götterbaumes, häuten sich vier- bis fünfmal und spinnen sich danach zum Verpuppen in Blätter ein. Den Ailanthusspinner, steht in »Meyers Lexikon« von 1929, brachte 1856 ein italienischer Missionar namens Fantoni aus der chinesischen Provinz Shantung nach Europa, wo er für die Seidengewinnung vor allem in Italien und Frankreich gezüchtet wurde. Die Seide dieses Spinners durfte in Japan früher nur der Mikado tragen, und die Ausfuhr der Eier wurde mit dem Tod bestraft.

Was ich bin, bin ich geworden. Wic cin Baum bin ich gewachsen: der Keim war da; aber Luft, Erde und alle Elemente, die ich nicht um mich satzte, mußten beitragen, den Keim, die Frucht, den Baum zu bilden.

Johann Gottfried Herder, »Vom Erkennen und Empfinden der menschlichen Seele«, 1778

Fürsten des Pflanzenreiches

Als »majestätisch« empfand Alexander von Humboldt die Palmen und das nicht nur, weil sie der Begründer der biologischen Systematik, Carl von Linné, *Principes* nannte. Für Humboldt waren sie die »höchsten und edelsten aller Pflanzengestalten«, denn, so schrieb er, »ihr haben stets die Völker den Preis der Schönheit zuerkannt«.

Mich verbindet mit Palmen ein lang zurückliegendes, doch unvergeßliches Ereignis. Es war in Wien kurz nach Kriegsende, ich ein bombenverschrecktes Kind, dessen Kleidung hauptsächlich aus umgearbeiteten feldgrauen Uniformteilen bestand. Von einer Cousine meines Vaters, die seit den dreißiger Jahren in New York lebte, bekamen meine Eltern in den Hungerjahren immer wieder Pakete geschickt, die Lebensmittel, Schokolade, Nylonstrümpfe und – sonderbarerweise – auch illustrierte Zeitschriften enthielten. Eine dieser von uns allen herbeigesehnten Hilfssendungen enthielt ein Hemd für mich, kein gewöhnliches, sondern ein, wie man es damals nannte, Hawaiihemd. Vorne war eine Palme abgebildet, die bis zum Kragen reichte, darunter zwei Hulamädchen mit Baströckchen und Blumengirlanden um den Hals. Über ihnen schwebten Möwen und im Hintergrund rauchte ein Vulkan. Dieses farbenfrohe Hemd war im tristen Grau der Nachkriegszeit zumindest für eine Weile mein ganzer Stolz, und die Palme darauf nährte meine Phantasievorstellungen von einer fernen Welt, in der immer die Sonne schien.

Das Bild aus meinen Kindertagen deckt sich ziemlich genau mit jener stillen Sehnsucht, die Palmen stets in uns zu wecken vermögen. Ihre exotisch anmutende Gestalt hat nicht nur Naturforscher wie Humboldt beeindruckt, sondern auch Dichter zu Gefühlsäußerungen hingerissen. In dem Gedicht »Palme« von Paul Valéry, blumig übersetzt von Rainer Maria Rilke, klingt das so: »Bewundere ihr schwebendes Beben / und wie in ihren Geweben / eine langsame Faser entspricht, / um offen und oft zu entscheiden, / ob Schwerkraft der Erde zu leiden / sei, oder Himmelsgewicht!« Und vielleicht dachte der junge Heinrich Heine an einem eisigen Wintertag an eine Palme, wenn er wehmütig schrieb: »Ein Fichtenbaum steht einsam / Im Norden auf kahler Höh'. / Ihn schläfert; mit weißer Decke / Umhüllen ihn Eis und Schnee. / Er träumt von einer Palme, / Die, fern im Morgenland, / Einsam und schweigend trauert / Auf brennender Felsenwand.«

Palmen zählen gewiß zu den auffallendsten baumartige Pflanzen. Aus einem hohen, schlanken Stamm, der keine Äste hat, wächst an der Spitze ein Strauß gefächerter oder gefiederter Blätter (oder Wedel). Palmen bilden die umfangreichste Gruppe der einkeimblättrigen Bäume (darunter versteht man, daß der Keimling nur ein einziges Keimblatt hat) mit über zweihundert Gattungen und fast dreitausend Arten. Die meisten kommen in den Tropen vor, einzelne Arten finden sich auch in den Subtropen und gemäßigten Zonen, besonders im Mittelmeerraum. Der Stamm der Palmen unterscheidet sich grundsätzlich von dem unserer (zweikeimblättrigen) Laub- und Nadelhölzer. Bei ihnen wächst er von innen nach außen, wobei das älteste, härteste Holz im Kern liegt. Anders bei den Palmen, deren Stammanatomie röhrenförmig ist, mit großer Festigkeit an der Peripherie und relativ weichem Gewebe im Inneren, was dem Stamm hohe Elastizität und Bruch-

Cocos nucifera aus: Carl-Friedrich-Philipp Martius, »Historia naturalis palmarum« (1823)

festigkeit verleiht. Palmen stehen immer aufrecht, und möglicherweise war das der Grund, warum ihre Erscheinung als »majestätisch«, also würdevoll, betrachtet wurde.

Palmen sind aber nicht nur eine Augenweide, sondern auch ein großzügiges Geschenk der Natur; sie liefern dem Menschen viele lebenswichtige Dinge, wie Bauholz, Früchte, Öl, Fett, Wachs, Stärke, Zucker, Wein, Harze, Fasern, Stroh und Brennstoff.

Die vertrauteste aller Palmen ist wahrscheinlich die Kokospalme (*Cocos nucifera*), eine immergrüne Fiederpalme, die einen dichten Schopf großer Blätter trägt. Es heißt, sie zähle zu den zehn bedeutendsten Bäumen für die Menschheit. Den Bewohnern tropischer Küsten bietet sie Früchte als Nahrung, Holz als Bau- und Brennmaterial und Blätter zum Abdecken der Hütten. Aus Kokosfasern, die aus der Faserhülle (Mesokarp) unreifer Früchte gewonnen und zu Garnen versponnen werden, stellt man Matten, Seile und grobe Gewebe her. Das sehr fettreiche Fruchtfleisch (Endosperm) der Kokosnüsse (die botanisch gesehen keine Nüsse, sondern Steinfrüchte sind) nennt man Kopra; daraus wird in Ölmühlen Kokosöl gepreßt, das bei etwa zwanzig Grad Celsius fest wird. Gereinigt kommt Kokosfett (Palmin) als bekömmliches Koch- und Bratfett weltweit auf den Markt; außerdem dient es als Grundsubstanz für die Herstellung von Margarine. Aus dem Saft angezapfter Blütenstände wird durch Gärung Palmwein (»Toddy«) gewonnen; destilliert man diesen, erhält man Arrak, eine Art Branntwein.

Über die Heimat der Kokospalme gibt es unterschiedliche Auffassungen; wahrscheinlich stammt sie aus der Inselwelt Melanesiens. Meeresströmungen haben die Früchte, da sie schwimmen und, wie aus den Quellen hervorgeht, gegen Salzwasser unempfindlich sind, an fernere Küsten getrieben, wo sie keimten. Sicherlich ist die wertvolle Ölpflanze auch durch den Menschen absichtlich oder zufällig verbreitet worden. In Thor Heyerdahls berühmtem Buch »Kon-Tiki« findet sich dazu eine interessante Bemerkung. Auf dem Balsafloß, mit dem Heyerdahl und seine Begleiter den Pazifik von Peru nach Polynesien überquerten, befanden sich als Proviant auch zweihundert Kokosnüsse. Jene Nüsse, die auf Deck in Körben verstaut waren, hielten sich »eßbar und keimkräftig« bis nach Polynesien. Die anderen aber, die unter Deck der salzigen Gischt und dem Seewasser ausgesetzt waren, verdarben. Heyerdahl zog daraus den Schluß, daß »sogar die Kokosnuß in ihrer berühmten Schale« ein Weltmeer nicht ohne menschliche Hilfe überwinden könne.

Bereits vor etwa dreitausend Jahren kultivierte man die Art in Indien und Südostasien, wo heute auch – neben Malaysia, Sri Lanka, den Philippinen und Indonesien – die größten Plantagen liegen. Geerntet werden die reifen, kopfgroßen Kokosnüsse wie eh und je, indem Menschen in die Palmenkronen klettern und die Früchte abschneiden. Eine Arbeit, die körperliche Gewandtheit erfordert, bedenkt man, daß Kokospalmen eine Höhe von dreißig Metern erreichen können. In manchen Gegenden werden auch Affen abgerichtet, die Nüsse zu pflücken. Bei kleineren Pflanzen wird vom Boden aus mit Messern an langen Stangen geerntet.

Der Gattungsname *Cocos* leitet sich von dem spanischen und portugiesischen Wort *coco*, »Nuß oder Samen«, ab; das wiederum ist aus dem Lateinischen *coccum*, »Kern, Kugel«, entstanden. *Cocos nucifera* ist die einzige Art dieser Gattung, und sie kann hundert Jahre alt werden.

Eine andere Geschichte: Im April 1975 übernahmen die radikal maoistisch orientierten Roten Khmer unter Führung von Pol Pot die Macht in Kambodscha, mit dem ideologischen Vorsatz, im Land einen »Steinzeit«- und Agrarkommunismus durchzusetzen. Das Volk sollte in große, militärisch organisierte Produktionseinheiten zusammengefaßt werden, um den Bedarf an Nahrungsmitteln zu decken. Städter, Intellektuelle, Künstler, das sogenannte

»neue Volk«, sollte zum »alten Volk« umerzogen werden; wer sich auflehnte, wurde umgebracht, oft auf bestialische Art, wie wir heute wissen. Die systematische, gewaltsame Umsiedlung der Bevölkerung und die fehlende Organisation in der Landwirtschaft stürzten das Land binnen kurzer Zeit in ein unbeschreibliches Wirtschafts- und Ernährungschaos. Um beispielsweise die Produktion von Speiseöl zu steigern, hatte das absurde Regime angeordnet, wo immer möglich Kokospalmen zu pflanzen. Damit diese besser und schneller gediehen, wandte man eine besonders abgefeimte Methode an. So hatte man beobachtet, daß über Massengräbern besonders fettes und hohes Gras wuchs. Also düngte man den Boden mit den Körpern von Exekutierten. Einfache Zeichnungen wurden ausgehängt: Sie zeigten ein Loch in der Erde, in dem die Leiche eines Ermordeten versenkt war, der man, sozusagen als Grabbeigabe, eine Kokosnuß auf die Brust gelegt hatte, bevor man die Grube zuschaufelte. Als im Jänner 1979 das Terrorregime der Roten Khmer gestürzt wurde, lag das Land in Trümmern; das unsagbare Leid der Menschen hatte indes die Kokospalmen nicht schneller wachsen lassen.

Von größerer wirtschaftlicher Bedeutung als die Kokospalme ist die Ölpalme, weil ihr Ölertrag weitaus höher ist. Das Hauptanbaugebiet befindet sich in den Regionen des tropischen Regenwaldes beiderseits des Äquators. Anders als bei der Kokospalme sind die Steinfrüchte der Ölpalme wesentlich kleiner und wachsen in Fruchtbündeln heran. Aus den Früchten werden zwei verschiedene Arten von Öl gewonnen: aus dem Fruchtfleisch das Palmöl und aus den Samen das fast farblose Palmkernöl, das zu den besten Ölen zählt und für die Speisefett- und Margarineerzeugung verwendet wird.

Bereits im Jahre 1466 berichteten portugiesische Seefahrer vom Gebrauch des Palmöls in Westafrika. Aber erst dreihundert Jahre später beschrieb Nikolaus Freiherr von Jacquin, Begründer des Botanischen Gartens in Wien, die Ölpalme ausführlich und gab ihr den botanischen Namen *Elaeis guineensis.*

Einige Palmen sind auf Wüstenränder und Oasen beschränkt. Die berühmteste ist die Dattelpalme (*Phoenix dactylifera*), eine uralte Kulturpflanze mit einem Schopf ungemein kräftiger, bis zu sechs Meter langer gefiederter Blätter. Wahrscheinlich war die Dattelpalme der allererste fruchttragende Baum; er wurde vor fünf- bis sechstausend Jahren von den Sumerern in Mesopotamien systematisch kultiviert. Die ersten Schöpfräder, berichtet der Baumkundler Jacques Brosse, dienten dazu, die Wurzeln der Dattelpalmen ausreichend mit Wasser zu versorgen. Noch heute stehen die meisten Dattelpalmen in den Tälern von Euphrat und Tigris, geschätzte zweiundzwanzig Millionen mit einem jährlichen Ertrag von etwa sechshunderttausend Tonnen Datteln. In Wüstengebieten, wie zum Beispiel in den Oasen der Sahara, ist die zuckerreiche Dattel als Grundnahrungsmittel und Futter für Kamele nach wie vor unersetzlich.

Als Quelle des Lebens und als Lieferant von »Dattelbrot« (aus getrockneten und gepreßten Früchten), »Dattelhonig« (aus dem Fruchtsaft) und sogar, wie Plinius erwähnt, einer Art Wein wurde die Palme als Inbegriff unerschöpflicher Fruchtbarkeit verehrt; sie sei, so die mythologische Überlieferung, aus der Verbindung des himmlischen Feuers, also der Sonne, mit den unterirdischen Wassern entsprungen. Palmzweige waren Symbol der Siegesfreude, so bei den Festspielen in Olympia, und ein Zeichen des Friedens. Im Evangelium nach Johannes (12,13) heißt es, als Jesus zum Passahfest nach Jerusalem kam, habe die Volksmenge ihn mit Palmzweigen empfangen und Hosianna gerufen. Als Erinnerung daran wurde der Sonntag vor Ostern Palmsonntag genannt. Er wird durch Palmenprozessionen begangen, bei denen die Teilnehmer geweihte Palmzweige (auch Weidenkätzchen, Buchsbaum, Lorbeer- oder Ölzweige) tragen, die gegen Ungemach schützen sollen.

Der Gattungsname *Phoenix* ist griechischen Ursprungs und bezieht sich zunächst auf »Phönizier« (und den von ihnen betriebenen Handel mit Datteln) sowie auf die Farbbezeichnung »purpurrot, fuchsrot, blutrot« (zumal die Früchte der weiblichen Bäume durch ihre rötlich- bis gelblichbraune Farbe auffallen). Die Bezeichnung der Art, *dactylifera*, leitet sich von griechisch *dactylos*, »Finger«, ab, denn die Datteln werden im Griechischen wie im Lateinischen »Finger« genannt. Das Wort Palme beruht nämlich auf dem lateinischen *palma* und bedeutet eigentlich »flache Hand«. Die übertragene Bedeutung bezieht sich auf das fächerförmige Palmenblatt, das an eine Hand mit ausgestreckten Fingern erinnert.

In den siebziger Jahren verbrachte ich einige Monate in Nepal, zuerst in der Hauptstadt Kathmandu und dann in Dörfern am Fuß des Dhaulagiri, um an einem Dokumentarfilm über Schamanismus mitzuarbeiten. Mit den Gewohnheiten der Bevölkerung anfangs noch nicht vertraut, machte ich eine ungewöhnliche Beobachtung, die mich annehmen ließ, sehr viele Menschen, vor allem Männer, würden an schwerer Parodontose leiden. »Das Zahnfleisch blutet so stark«, notierte ich in mein Tagebuch, »daß Mund und Zähne ständig rot sind, ja manchmal rinnt ein dünner Faden Blut die Mundwinkel hinunter.« Der himbeerrote Saft, den ich als Zahnfleischbluten gedeutet hatte, war durch das ständige Kauen von Betelnüssen entstanden. Ein echter Volksgenuß, wie ich später feststellte, dem sich die Menschen nicht nur in Nepal und Indien, sondern im ganzen süd- und südostasiatischen Raum hingeben. Betelnüsse sind die Samen der Arecapalme (*Areca catechu*), einer schlanken, anmutigen Art mit breitgefiederten Blättern, die eine Höhe von fünfzehn Metern und mehr erreichen kann.

In den Städten und Dörfern Indiens findet man an allen Ecken Kioske, die Paan, so der Name einer stimulierenden Mixtur, feilbieten. Diese besteht aus Betelnüssen, die mit einer speziellen

Schere in dünne Scheiben geschnitten werden. Je nach Geschmack rollt man sie mit Kardamom, Anis oder Gewürznelken in die herzförmigen Blätter von *Piper betel*, einer Kletterpflanze, ein. Die Innenseiten der Blätter werden vorher mit dem Saft der Katechu-Akazie bestrichen, der den Atem frisch hält und den Mund desinfizieren soll. Die leicht narkotische Wirkung von Paan wird durch ein Alkaloid in der Nuß verursacht, das durch die Zugabe einer Kalkpaste frei wird. Die Spuren des Betelnußkauens sind nicht zu übersehen: Hauswände, Gehsteige, Warteräume und Marktplätze sind mit roter Spucke bekleckst.

In Ecuador, an der Pazifikküste westlich der feuchtheißen Hafenstadt Guayaquil, wächst die Toquillapalme (*Carloduvica palmata*), aus deren Blättern die legendären luftigen Panamahüte geflochten werden. Den Namen verdankt die berühmte Kopfbedekkung einem Mißverständnis, denn sie stammt nicht aus Panama, sondern wurde nur über diesen mittelamerikanischen Hafen exportiert. Auf der Pariser Weltausstellung von 1855 wurde der »Hut aus Strohstoff« als Modesensation gefeiert und war fortan aus den vornehmen Hutgeschäften in London, Paris oder New York nicht mehr wegzudenken.

Hergestellt werden die Hüte in mehreren aufwendigen Arbeitsschritten. Zunächst zerteilt man die Palmblätter und entfernt die Blattadern. Dann kocht man die Fasern in Wasser aus, um sie geschmeidig zu machen, und bleicht sie anschließend mit Schwefel. Das so behandelte Stroh wird in Bündeln zu den Flechterinnen gebracht, Indio-Frauen, die in Andendörfern und in der heißen Küstenprovinz Manabí meist in ärmlichen Verhältnissen leben. Als Werkzeug dienen lange und spitz zulaufende Fingernägel, die das mühevolle Weben erleichtern. Ein echter *Sombrero Fino de Panamá* ist ein handwerkliches Kunststück. Die feinsten sind so dicht geflochten, daß die Struktur des Gewebes kaum erkennbar ist, sie fühlen sich leichter an als ein Blatt Papier und können durch einen Fingerring gezogen werden, ohne daß sie aus der Fasson geraten. Die schönsten und teuersten Hüte aus Toquilla-Stroh sind der »Montecristi fino« und der »Montecristi superfino«, woran eine Flechterin drei Monate zu schuften hat. In den internationalen Metropolen können diese Modelle, verpackt in Balsaholz-Schachteln, tausend Dollar und mehr kosten.

In der Kunstkammer des Kunsthistorischen Museums in Wien wird unter der Inventarnummer 6872 eine Kanne aufbewahrt, die aus der glanzvollen Exotica-Sammlung Kaiser Rudolfs II. stammt. Das Gefäß wurde im Jahr 1602 aus einer halbierten Riesennuß, deren Herkunft damals unbekannt war, verfertigt. Die Arbeit führte der Augsburger Goldschmied Anton Schweinberger aus, der seit 1587 am Prager Hof tätig war. Mit exquisiter Kunstfertigkeit faßte er die kostbare exotische Kernschale in Gold, indem er sie mit einem Fuß, Henkel, Schnabel und Deckelaufsatz versah. In die äußere Schale ließ der Meister vom Elfenbeinschnitzer Nikolaus Pfaff überaus feine Reliefs schneiden, die erotische Szenen der Meeresgötterpaare zeigen. Schweinberger wollte mit seinem Kunstwerk den Triumph des Wassers ausdrücken und Neptun, der als Figurine den Deckel ziert, preisen. Die Kanne gehört, wie einem Museumskatalog zu entnehmen ist, zu den bedeutendsten Kunstkammerstücken, die sich erhalten haben.

Die exotische Riesennuß war eine Seychellennuß; ihre enormen Früchte, die man als Schwemmgut an den Stränden des Indischen Ozeans fand, gelangten durch Seefahrer nach Europa, wo sie zu heißbegehrten Objekten der fürstlichen Kunst- und Wunderkammern wurden. Über die Herkunft der seltsamen Nuß, die durch ihre herzförmige und doppelwangige Form an das menschliche Gesäß erinnert, wurde bis zur Mitte des 18. Jahrhunderts gerätselt. Man hielt sie für eine Meeresfrucht, die auf kokosähnlichen Pflanzen in den Tiefen des Ozeans wachse und nur zur Blütezeit

Kanne aus Seychellennuß,
Kunsthistorisches Museum, Wien

aus dem Wasser auftauche, weshalb man sie »Coco de Mer« nannte. Der portugiesische Nationaldichter des 16. Jahrhunderts, Luis de Camões, der in königlicher Mission viele Jahre in Afrika, Indien und Südostasien verbrachte, beschrieb sie in seinem Epos »Lusiadas« mit folgendem Vers: »Maldivas Inseln ist der Strauch gegeben,/der tief im Meeresgrunde sich verzweigt/und dessen Frucht, wenn Gift im Körper wütet,/als bestes Gegengift den Tod verhütet.« Offenbar schrieb man den Nüssen also auch Zauber- und Heilkräfte zu.

Es war der französische Navigator und Entdeckungsreisende Marc-Joseph Marion-Dufresne, der 1768 auf der Seychelleninsel

Praslin endlich jene Palme entdeckte, auf der die größte Baumfrucht der Welt, die bis zu fünfundzwanzig Kilo schwer werden kann, reift: die Seychellennußpalme (*Lodoicea maldivica*); sie wächst wild nur auf Praslin und vereinzelt auch auf der kleinen Nachbarinsel Curieuse. Warum sich die Palme nicht auf andere Inseln verbreiten konnte, hat damit zu tun, daß nur unreife Früchte leichter als Wasser sind und schwimmen können und daß deren keimfähige Samen durch das Salzwasser geschädigt werden. Der Gattungsname *Lodoicea* ist von dem latinisierten Lodoicus für Ludwig (vermutlich von Ludwig XV. von Frankreich) abgeleitet, der Artname bezieht sich irrigerweise auf die Inselgruppe der Malediven, da man ursprünglich die Pflanze dort vermutete. Die weibliche Palme braucht etwa dreißig Jahre bis zur ersten Blüte, weitere sieben vergehen von der Bestäubung der nach Vanille duftenden Blüten bis zur Reife der Frucht.

Die bis zu dreißig Meter hohe Fächerpalme ist sowohl Nationalheiligtum der Seychellen als auch eine der berühmtesten Pflanzen der Welt; kein Wunder, daß sie Motiv für Legenden und Geschichten war. Die Palmen seien verhext, heißt es in einer Fabel, männliche und weibliche Palmen würden einander in stürmischen Nächten treffen, um sich zu vermählen, während die riesigen Blätter im Sturm wild aneinanderschlügen und ein unheimliches, furchteinflößendes Rascheln ertöne. Wenn jemand dieses seltene Schauspiel zu Gesicht bekomme, falle er vor Schreck tot um oder verwandle sich in eine Coco de Mer.

1881 landete der britische General Charles Gordon, ein Kolonialoffizier und Nationalheld, der sich in China und im Sudan seine Sporen verdient hatte, auf Praslin. Nach einer Wanderung durch das Vallée de Mai notierte er beeindruckt: »Wenn die Neugier von einem Baum angestachelt werden kann, dann von diesem.« Dann orakelte er sogar, der biblische Garten Eden habe sich auf den Seychellen befunden, die Seychellennußpalme sei der

Baum der Erkenntnis von Gut und Böse gewesen und demzufolge die Seychellennuß die verbotene Frucht. Ein Zeitgenosse entgegnete dem General spöttisch, daß Eva sich mit Sicherheit an der knochenharten Schale die Zähne ausgebissen hätte.

Heute ist das Vallée de Mai mit seinen noch erhalten gebliebenen etwa viertausend Palmen, von denen die höchsten Exemplare vermutlich mehrere hundert Jahre alt sind, Nationalpark; es steht seit 1983 auf der Liste der UNESCO als Weltkulturerbe.

Im Kapitel »Die Entdeckung der Bäume« erwähnte ich, daß Marco Polo in seinem Reisewerk von Bäumen im »Königreich Fansur« (an der Südwestküste von Sumatra) berichtete, aus denen die Eingeborenen Mehl gewannen, das zum Backen von Fladen verwendet wurde, welche nach Polo »sehr gut mundeten«. Bei dem Baum, den Marco Polo als erster Europäer vorfand, handelte es sich um die Sagopalme (*Metroxylon sagu*), eine auf den Molukken und in Neuguinea heimische Fiederpalme, die fast überall in den östlichen Tropen kultiviert wurde. Ihr botanischer Name *Metroxylon* kommt von griechisch *metra*, »Mark«, und *xylon*, »Holz«. Sago, ein papuanisches Wort, das so viel wie Brot bedeutet, wird aus dem stärkereichen Mark des Stammes gewonnen und ist ein wichtiges Grundnahrungsmittel im südostasiatischen Raum. Die mittelhohe Palme gedeiht in sumpfigem Gelände, besonders im Küstenbereich und landeinwärts an Flußläufen. Außergewöhnlich ist, daß sie nur einmal in ihrem Leben blüht, wozu sie etwa fünfzehn Jahre braucht; dabei verausgabt sie sich so, daß der Stamm danach abstirbt. Kurz bevor sich die Blütenstände bilden, enthält der Stamm das meiste Mark, spätestens dann muß die Palme gefällt werden. Der Stamm wird in kleinere Blöcke zerlegt, danach spaltet man die Rinde längs auf und hebt sie vom weißen Zentralmark ab. Mit einer Art Raspel, einem mit Nägeln dicht beschlagenen Brett, werden die Markfasern zu grobem Mehl zerkleinert und mit Wasser auf Sieben ausgewaschen. Dabei fließt die Stärke als Schwebstoff in milchiger Flüssigkeit in große kahnartige Rindenwannen und setzt sich ab. Aus einem Palmenstamm lassen sich ungefähr zweihundert Kilogramm Rohsago gewinnen, der etwa fünfzig Prozent Stärke enthält. Für den Export wird der Rohsago durch wiederholtes Waschen gereinigt, an der Sonne getrocknet, dann zerkleinert und zu runden Sagokörnern verarbeitet.

Sago wurde durch den Kolonialhandel auch in die europäischen Küchen eingeführt. Im England des 17. Jahrhunderts begann der Aufstieg des Puddings in überaus vielen Variationen als Beilage zu Fleischgerichten. Ein französischer Reisender, Henry Misson de Valbourg, der England 1690 besuchte, schrieb in seinen Reiseerinnerungen: »Blessed be he that invented pudding, for it is a Manna that hits the palates of all sorts of people.«* Für die Zubereitung der wabbeligen »Mehlspeise« wurde gern Sago verwendet. In einem berühmten viktorianischen Kochbuch, »Mrs. Beeton's Every-Day Cookery«, fand ich folgendes Rezept für vier Personen: Zwei Eßlöffel Sago werden in einem halben Liter Milch aufgekocht; dann einen Eßlöffel Zucker und eine Prise Salz in die Masse einrühren. In die etwas abgekühlte Masse werden zwei Eier geschlagen und mit einer Messerspitze geriebener Muskatnuß verrührt. Die Masse in eine gefettete Puddingform (*pie-dish*) füllen und im Rohr bei mittlerer Hitze eine halbe Stunde backen.

Zum Abschluß möchte ich noch auf eines der wahrscheinlich prachtvollsten Werke über Palmen hinweisen: »Historia naturalis palmarum« des Münchner Botanikers Carl-Friedrich-Philipp Martius, erschienen in drei Bänden von 1823 bis 1850.

* »Gesegnet sei, der den Pudding erfand; er ist Manna für den Gaumen der verschiedenartigsten Menschen.«

Vom Brotbaum

Seit mehr als drittehalb hundert Jahren zieht Europa durch seinen alles verschlingenden Handel die asiatischen Naturgeschenke und die des vierten und fünften Welttheils an sich, und giebt ihnen durch neue Arten der Anwendung einen Werth, den sie in ihrem Vaterlande nicht hatten. Was dort in die Augen fiel, oder irgend einen anderen Sinn durch Seltenheit und auserlesene Eigenschaften rührte, ward solchergestalt frühzeitig unter unseren Vorfahren bekannt. Eine zahllose Menge von Neuigkeiten empfahlen sich dem Beobachter durch ein schimmerndes Aeußere, und unser Welttheil wiederhallte von ihrem Lobe, indeß der minder glänzende Brodbaum, wie eine sittsame Schöne, seiner wesentlichen Vorzüge ungeachtet, lange noch unbekannt blieb. Einzelne Seefahrer, die seine nahrhafte Frucht gekostet, oder gar durch den Genuß derselben ihr vom Scharbock [Skorbut] untergrabenes Leben gerettet hatten, fingen an in ihren Tagebüchern seiner zu erwähnen; doch waren ihre Beschreibungen so unvollständig, und der Ruhm, den sie ihm zuerkannten, so dürftig, daß keines von beiden Eindrücke auf den Leser machte.«

Mit diesen Zeilen leitete Georg Forster seine Monographie »Vom Brodbaum« ein, die er 1783 zu verfassen begann. Neun Jahre waren vergangen, seit er und sein Vater Johann Reinhold am 30. Juli 1775 von Bord der »Resolution« gegangen waren, die auf

Brotfrucht von Sydney Parkinson (ca. 1769),
Natural History Museum, London

der Reede von Spithead außerhalb des Hafen von Portsmouth geankert hatte. Drei Jahre und achtzehn Tage waren sie mit Kapitän James Cook auf dessen zweiter Reise, der erfolglosen Suche nach der sagenhaften *Terra australis*, als wissenschaftliche Begleiter rund um den Erdball gesegelt und hatten dabei bisher unbekannte Pflanzen und Tiere gesammelt und beschrieben; viele davon hatte Georg auch gezeichnet und aquarelliert.

Auf Tahiti hatten die Forsters Gelegenheit gehabt, den Brotfruchtbaum, der allerdings schon bekannt, aber bis dahin nur mangelhaft dokumentiert gewesen war, zu studieren, woraus die erwähnte ausführliche Beschreibung entstand. In seinen Reiseerinnerungen, die 1778 auf deutsch unter dem Titel »Reise um die Welt« in Berlin verlegt wurden, schilderte Georg Forster euphorisch, wie glücklich und ruhig die Menschen auf Tahiti lebten, im Gegensatz zur täglichen Plackerei der Bauern, Kaufleute und Handwerker in unseren Breiten.

»Zwey oder drey Brodfruchtbäume, die beynahe ohne alle Handanlegung fortkommen, und fast eben so lange tragen, als der, welcher sie gepflanzt hat, leben kann; drey solche Bäume sind hinreichend, ihm drey Viertheile des Jahres hindurch, Brod und Unterhalt zu geben!« Der Tagesablauf der Insulaner offenbarte sich Forster als eine »durchgehende, glückliche Einförmigkeit«: »Bei Sonnenaufgang standen sie auf, wuschen sich in den Quellen und Bächen, dann arbeiteten sie oder gingen umher, bis sie die Hitze zwang auszuruhen. In diesen Erholungsstunden brachten sie ihren Kopfputz in Ordnung, bliesen Flöte oder ergötzten sich am Gesang der Vögel, aßen und kehrten dann zur Tätigkeit zurück. Muntrer Scherz ohne Bitterkeit, ungekünstelte Erzählungen, fröhlicher Tanz und ein mäßiges Abendessen bringen die Nacht heran; und dann wird der Tag durch abermaliges Baden im Flusse beschlossen. Zufrieden mit dieser einfachen Art zu leben, wissen diese Bewohner eines so glücklichen Clima nichts von Kummer und Sorgen, und sind bey aller ihrer übrigen Unwissenheit glücklich zu preisen.«

Die Forsters benannten den immergrünen, breitkronigen Baum nach seinen fast kugeligen, warzigen Fruchtständen, den sogenannten Brotfrüchten, *Artocarpus*, zu griechisch *artos,* »Brot«, und *karpos,* »Frucht«; Carl von Linné, der die Forsters überaus schätzte, übernahm in seiner Systematik diesen Gattungsnamen, der mit dem Beiwort *altilis* noch heute Gültigkeit hat.

Noch war ein großer Teil der Erdoberfläche unerforscht. In der unendlichen Weite des Pazifischen Ozeans vermuteten Geographen die Existenz eines riesigen Gebietes, eines »Südkontinents«, gewissermaßen ein Gegengewicht und Spiegelbild der Landmassen auf der nördlichen Halbkugel: die legendäre *Terra australis*. Im Wettlauf mit den Franzosen sandte die britische Admiralität bereits 1766 eine Südsee-Expedition aus, um den sagenhaften Kontinent zu suchen und neue Kolonialgebiete zu entdecken. Zwei Jahre war Kapitän Samuel Wallis, damals einer der erfahrensten Marineoffiziere, mit dem Schiff »Dolphin« unterwegs gewesen, ohne den mythischen Kontinent gefunden zu haben, aber er hatte am 18. Juni 1767 Tahiti entdeckt, jene Insel, die sich den Engländern als himmlische Vorstellung unvergeßlich einprägen sollte. Dazu beigetragen hatte unbestritten Joseph Banks, ein reicher junger Mann aus besten Kreisen mit einem leidenschaftlichen Interesse an Naturgeschichte und vor allem an Botanik. Er hatte bereits an den Küsten Labradors und Neufundlands einen Sommer lang botanisiert, war schon mit dreiundzwanzig Jahren Mitglied der elitären Royal Society gewesen, als er sich im August 1768 (gemeinsam mit seinem Botanikerfreund, dem Linné-Schüler Daniel Carl Solander) in ein Unternehmen einkaufte, das von der Royal Society initiiert worden war, unter dem Kommando von Kapitän James Cook mit der »Endeavour« durchgeführt und nach dessen Rückkehr hoch gelobt wurde. Ziel der Expedition war es gewesen, von Tahiti aus den Durchgang der Venus vor der Sonne zu beobachten, neue Territorien für die Krone zu entdecken und zu kartieren (was schließlich zur Kolonisierung Australiens führte) – und insgeheim die Suche nach *Terra australis* fortzusetzen.

Joseph Banks kehrte von dieser Reise nicht nur mit Tausenden von unbekannten, fachkundig konservierten Pflanzenarten, mit Zeichnungen und Aquarellen, die Sydney Parkinson angefertigt hatte, zurück, sondern auch als Held und Botschafter pikanter Geschichten, die sich in der Londoner Gesellschaft rasch herumsprachen. Jung und wißbegierig, hatte sich Banks vom Leben auf Tahiti begeistern lassen; er hatte an kultischen Feiern und Tanzfesten der Insulaner teilgenommen, die Sprache erlernt und sich sogar an unauffälliger Stelle tätowieren lassen. Schon aus den Berichten von Kapitän Samuel Wallis war die unbefangene Promiskuität der Tahitianerinnen bekannt geworden. Banks verschwieg seine amourösen Abenteuer durchaus nicht. Amüsiert lachte man über die Geschichte vom Diebstahl seiner seidenen Weste, seiner Schuhe und Pistole, als er mit seiner »alten Freundin, Königin Oberea« (Tagebucheintrag vom 28. Mai 1769), schlafend in deren Kanu lag. Banks brauchte nicht, wie der Cook-Biograph John Cawte Beaglehole schrieb, mit einem Löwen oder Tiger nach London zurückzukommen – er *war* der Löwe von London; und dementsprechend verlief seine Karriere: Er wurde zum botanischen Ratgeber von König Georg III. ernannt, zum Präsidenten der Royal Society gewählt (ein Amt, das er einundvierzig Jahre bis zu seinem Tod bekleidete), 1775 zum Direktor der Botanischen Gärten in Kew bestellt und vier Jahre später als »Sir Joseph« in den Rang eines Baronet erhoben.

Die von Samuel Wallis, James Cook und Joseph Banks geschilderten Vorzüge des Brotfruchtbaumes (dem Banks und Solander den Namen *Sitodium*, »Götterspeise«, gaben) und seiner Früchte blieben dem Westindien-Komitee, dem Kaufleute und

Grundbesitzer angehörten, welche naturgemäß wirtschaftliche Interessen verfolgten, nicht verborgen. Die Komiteemitglieder sowie Pflanzer von Jamaika, St. Vincent und anderen karibischen Inseln baten Banks um Unterstützung bei der Beschaffung von Schößlingen des raschwüchsigen Brotfruchtbaumes, von dessen Früchten sie sich eine billige Nahrungsquelle für ihre Sklaven auf den Zuckerrohrplantagen erhofften. Der geschmeidige Banks intervenierte, und im Februar 1787 kündigte Premierminister William Pitt die Entsendung einer Brotfrucht-Expedition an. Einige Monate später teilte Innenminister Lord Sydney, zuständig auch für die Kolonien, Banks mit, die Admiralität habe »ein Schiff für den Zweck gekauft, Brotfruchtbäume von Tahiti nach den westindischen Besitzungen Seiner Majestät zu bringen«.

Die bis zu drei Kilogramm schweren Brotfrüchte enthalten ein kreidig-weißes, stärkehaltiges Fruchtfleisch, das entweder roh verzehrt, gekocht oder gebraten wird. In getrocknetem Zustand liefert es ein Mehl mit hohem Nährwert, das wie Brot gebacken wird. Aus Georg Forsters Monographie erfahren wir, wie der »wollüstige Südländer« auf Tahiti mit der Frucht umging: »In großer Menge pflückte man sie jetzt [im April] vor ihrer vollen Reife, und beschleunigte diese dadurch, daß man sie haufenweise aufschüttete und sich innerlich erhitzen ließ. In diesem Zustande, wo sie nicht zu genießen waren, schnitt man den Strunk oder Fruchtboden und die Rinde weg, füllte mit der fleischigen Pulpe eine tiefe mit Steinen gepflasterte Grube, bedeckte diese mit Haufen von Blättern und Steinen, und ließ den ganzen Vorrath in die saure Gährung übergehen. Der Teig, der auf solche Art entsteht, ist vollkommen durchgesäuert und schmeckt wie das schwarze westphälische Brod (Pumpernickel), wenn es nicht ganz ausgebacken ist. Aus dem Vorrath in der Grube nimmt man jedesmal nur soviel als zu einem Gebäcke hinreichend ist, macht faustgroße Klumpen daraus, rollt sie in Blätter und bäckt sie auf erhitzten

Steinen. Solche Klumpen halten sich einige Wochen lang, und sind besonders auf Reisen über See der gewöhnliche Proviant, womit sich die O-Taheitier versehen. Uebrigens aber ist dieses saure Brod bey ihnen so beliebt, daß ihre Vornehmen selten eine Mahlzeit ohne dasselbe thun; und während der drey bis vier Monate, wo die frische Brodfrucht fast gar nicht zu haben ist, genießt das ganze Volk beynah keine andere Speise.«

Das Schiff, das die Admiralität für den Transport der wertvollen Nahrungspflanzen angeschafft und das Joseph Banks für geeignet befunden hatte, war ein Dreimaster mit stumpfer Nase und breitem Heck; unter dem Bugspriet hing eine bemalte Galionsfigur, die eine Dame im Reitkostüm darstellte. Das Handelsschiff, sechsundzwanzig Meter lang und siebeneinhalb Meter breit, hieß »Bethia«, wurde aber auf den Namen »The Bounty« umbenannt; zu seinem Kommandanten ernannte die Admiralität Leutnant William Bligh, der als Navigator an James Cooks dritter Reise teilgenommen hatte und dabei gewesen war, als Cook am 14. Februar 1779 in der Kealakekua-Bucht auf Hawaii von einem Eingeborenen hinterrücks erstochen wurde. Vermutlich erhielt der dreiunddreißigjährige Bligh auf Empfehlung von Banks den Befehl über die »Bounty«, denn er schrieb am 6. August 1787 an Banks: »Sir, ich vernahm die schmeichelhafte Kunde von Eurer großen Güte mir gegenüber, daß Ihr mir den Befehl über das Schiff anzuvertrauen gedenkt, das Ihr in die Südsee entsenden wollt, wofür ich Euch meinen ergebenen Dank ausspreche und Euch nur versichern kann, daß ich bestrebt sein werde – und ich hoffe, es wird mir gelingen –, ein solches Vertrauen zu verdienen.«

Die »Bounty« wurde nun nach den Vorstellungen von Banks und dem für die Expedition ausersehenen Gärtner David Nelson umgerüstet, sehr zum Nachteil für Kapitän und Besatzung, deren Räumlichkeiten ziemlich beschränkt wurden. Die große Kajüte, die sonst dem Kapitän vorbehalten war, wurde in eine regelrechte

Baumschule verwandelt, mit Oberlichten, Belüftungsluken und einem doppelten Boden, in dem Löcher für sechshundertneunundzwanzig Tontöpfe ausgeschnitten waren. Da die »Bounty« mit zweihundertzwanzig Tonnen ein relativ kleines Schiff war, gab es an Bord außer Bligh keinen Offizier; ihm zur Seite standen die Unteroffiziere John Fryer (Steuermann), William Cole (Bootsmann), William Peckover (Geschützmeister), William Purcell (Zimmermann) und Thomas Huggan (Schiffsarzt). Als Steuermannsmaat heuerte der dreiundzwanzigjährige Fletcher Christian an, der schon unter Bligh als Matrose gesegelt und, wie es schien, zu seinem Protegé geworden war. Bligh hatte dem ehrgeizigen jungen Mann Kenntnisse im Navigieren vermittelt und ihn gelegentlich eingeladen, an seiner Tafel mit den Offizieren zu speisen. Fletcher Christian sollte zur Schlüsselfigur jener waghalsigen Meuterei werden, die wie keine andere in der Geschichte der Seefahrt die Menschen bis heute fasziniert – und dem Brotfruchtbaum ein Maß an Bekanntheit bescherte, die er sonst gewiß nicht erlangt hätte.

Ein aschgrauer Himmel hing tief über dem Ärmelkanal, als die »Bounty« am 23. Dezember 1787 die Anker lichtete und, begleitet von heftigen Böen, gegen schwere See ankämpfend, Kurs auf Teneriffa nahm. Bligh wollte so rasch wie möglich nach Kap Hoorn gelangen, weil er wußte, daß die Chancen, die gefürchtete Landspitze um diese Jahreszeit zu umrunden, mit jedem Tag geringer wurden. Am 8. Februar 1788 überquerte die »Bounty« den Äquator; zwei Monate später trug Bligh ins Logbuch ein: »Um 6 am Morgen übertraf der Sturm alles, was mir bisher begegnet war, und die See ging höher, als ich es je zuvor gesehen hatte.« Mit gerefften Segeln versuchten Bligh und seine erschöpfte, durchnäßte Mannschaft das Schiff durch Schnee- und Hagelschauer, »dunkle nasse Nächte«, durch Nebel und kabbelige See, so hoch »wie eine Mauer«, um Kap Hoorn vom Atlantik in den Pazifik zu steuern; doch nach fünfundzwanzig Tagen gab sich Bligh geschlagen und befahl: »Ruder nach Luv!« Die »Bounty« drehte in die entgegengesetzte Richtung ab und segelte über das Kap der Guten Hoffnung in den Indischen Ozean, vorbei an der Südküste Tasmaniens und Neuseelands in die Südsee, ein Umweg von mehr als zehntausend Meilen.

Am 27. Oktober 1788 erreichte die »Bounty« die palmengesäumte Küste von Tahiti, und Bligh ließ sie in der Matavai-Bucht vor Anker legen, umringt von unzähligen Kanus, deren jubelnde Insassen der Besatzung Bananen, Brotfrüchte, Kokosnüsse und Schweine darboten. Bereits einige Tage später ließ Bligh auf einer Landzunge, Kap Venus genannt, von einem Arbeitskommando unter Fletcher Christian, der mittlerweile von Bligh in den Rang eines Zweiten Leutnants erhoben worden war, zwei Zelte und einen Schuppen aus Bambusrohr und Palmblättern errichten, der für die Unterbringung der Brotfruchtbäume gedacht war. Die Wochen vergingen, und allmählich füllte sich der Schuppen mit eingetopften jungen Pflanzen. Viele der Männer pflegten in ihrer Freizeit freundschaftlichen Umgang mit Familien, in deren Hütten sie bewirtet wurden, und naturgemäß mit Frauen, von deren Schönheit und sexueller Freizügigkeit sie sich betören ließen. Der stets auf strenge Disziplin bedachte Bligh gestattete sogar, daß weibliche Gäste sowohl an Bord als auch im Pflanzenlager übernachten durften, ließ sich aber regelmäßig vom Schiffsarztgehilfen Ledward über »venerische Leiden«, die seit dem Besuch der »Dolphin« auf der Insel grassierten, berichten. Auch Joseph Banks' »alte Freundin«, Königin Oberea, stattete der »Bounty« im Kanu einen Besuch ab, Bligh notierte: »Ich begleitete sie mit ihrem Gefolge und einer Lieblingskatze, die sie aus der, die sie von Kpt. Cook geschenkt bekam, gezüchtet hatte, unter Deck.«

Dieses scheinbar harmonische Inselleben wurde allerdings durch Ereignisse erschüttert, die möglicherweise der Keim für das spätere tragische Geschehen waren. Drei Männer desertierten, wurden wieder eingefangen und mit Peitschenhieben bestraft; Diebstähle nahmen zu, sogar der Handpeilkompaß wurde entwendet; Ersatzsegel ließ man im Laderaum schimmelig werden und den für die Navigation wichtigen Chronometer ablaufen. Blighs Zornausbrüche gegen seine Unteroffiziere und Seekadetten, denen er Nachlässigkeit und Mißachtung seiner Befehle vorwarf, häuften sich, und als kurz vor der Abreise in einer regnerischen Nacht das Tau des Bugankers gekappt wurde, um die »Bounty«, wie sich später herausstellte, auf ein Riff treiben zu lassen, in der Hoffnung, damit die Heimreise zu vereiteln oder hinauszuzögern, reagierte der Kommandant mit einem letzten ohnmächtigen Wutanfall.

Vollgestopft mit Proviant und tausendfünfzehn Töpfen und Kübeln voll Brotfruchtschößlingen, mehr als ursprünglich vorgesehen, wie Bligh zufrieden vermerkte, ging die »Bounty« am 5. April 1789 unter Segel und verließ das Eiland, von dem Bligh sagte, es beherberge das Glück »in höchster Vollendung«, in westlicher Richtung. Man kann sich gut vorstellen, daß einige der Seeleute beim Verlassen der Insel Wehmut empfanden, ließen sie doch ein behagliches Leben »im Garten Eden«, ihre Freunde und Geliebten, ja in manchen Fällen ihre ungeborenen Kinder zurück.

Im Verlauf der nächsten Wochen kam es zwischen Bligh und seinem Zweiten Leutnant Fletcher Christian wiederholt zu hitzigen Wortwechseln. Christian soll, so wurde es von Steuermann Fryer berichtet, während einer Auseinandersetzung zu Bligh gesagt haben: »Sir, Ihr behandelt mich so schändlich, daß ich meine Pflicht nicht mehr mit Freude erfüllen kann. Seit Wochen macht Ihr mir das Leben zur Hölle.«

Die »Bounty« segelte südlich der Insel Tofua (die zur Tonga-Gruppe gehört) mit Kurs auf die Endeavour-Straße (heute Torres-Straße), der gefahrvollen, mit Riffen gespickten Meerenge zwischen Australien und Neu-Guinea, als im Morgengrauen des 28. April

1789 Fletcher Christian und seine bewaffneten Helfer den schlafenden Bligh überrumpelten und das Schiff in ihre Gewalt brachten. Leutnant Bligh und achtzehn seiner Männer wurden in der Barkasse, die nur siebeneinhalb Meter lang und heillos überladen war, ausgesetzt und, wie es schien, in der immensen Weite des Pazifischen Ozeans dem sicheren Tod überlassen.

Und trotzdem erfuhr man in England von der Meuterei auf *His Majesty's Ship* »Bounty« ausgerechnet von jenem Mann, der ihr Kommandant gewesen war: von Leutnant William Bligh. Ihm war es gelungen, sich und seine nahezu verhungerten und zu Tode erschöpften Männer in einem achtundvierzig Tage währenden Martyrium, in dessen Verlauf die Barkasse über dreitausendsechshundert Seemeilen gesegelt war, nach Coupang (Kupang) auf Timor in Niederländisch-Ostindien zu retten. Von dort kehrte er über Batavia auf dem holländischen Ostindienfahrer »Vlijt« nach England zurück, wo er am 13. März 1790 eintraf, und eine Reise »von der außergewöhnlichsten Natur, die sich je in der Welt ereignet hat«, wie Bligh selbstgewiß verkündete, ihr Ende fand. Zeitungen im ganzen Land priesen Blighs Persönlichkeit und seine navigatorische Meisterleistung; so schrieb der *English Chronicle*: »Daß er sein kleines Schiff durch ein so gefährliches Meer gesteuert hat, beweist ein seemännisches Können, das so unvergleichlich ist, wie das Unternehmen selbst jenseits des Vorstellbaren zu liegen scheint.«

Die Meuterer segelten zunächst nach Tubuai, einer rund 350 Seemeilen südlich von Tahiti gelegenen Insel. Dort kam es schon bald zu Spannungen und Feindseligkeiten, die schließlich zu blutigen Auseinandersetzungen zwischen den rivalisierenden Gruppen, aber auch mit Inselbewohnern führten. Daraufhin faßten die Männer den Entschluß, nach Tahiti zurückzukehren und sich zu trennen. Einige blieben auf der Insel zurück, die anderen stachen mit ihren tahitischen Frauen und Dienern unter Christians Führung auf der »Bounty« wieder in See. Ihr Ziel und Glück war die unbewohnte Insel Pitcairn, auf 25° südlicher Breite und 130° westlicher Länge gelegen, deren Lage in den Seekarten falsch angegeben war; erst einundzwanzig Jahre nach der Meuterei entdeckte ein amerikanischer Walfänger Pitcairn, die kleine Kolonie und den einzigen noch lebenden Meuterer, den Matrosen Alexander Smith. Jene Männer, die sich für ein Leben auf Tahiti entschieden hatten, wurden von einer eigens ausgesandten Expedition eingefangen und vor ein Kriegsgericht gestellt; vier der Angeklagten wurden freigesprochen, zwei begnadigt und drei an den Rahen der »Brunswick« vor Portsmouth gehängt.

Im Frühjahr 1790 reisten Georg Forster, den wir zu Beginn des Kapitels kennengelernt haben, und Alexander von Humboldt nach England. Die kurze Seereise hatte Forsters Gesundheit zugesetzt, und der Empfang bei den englischen Bekannten war nicht dazu angetan, sein Befinden zu verbessern. Eine von seinem Vater verfaßte Schmähschrift, »Tableau d'Angleterre«, hatte die alten Vorurteile gegen den Namen Forster, die aus Streitigkeiten mit James Cook und der Admiralität wegen der Herausgabe des offiziellen Reiseberichts resultierten, wieder aufleben lassen. Sir Joseph Banks, dem Vater Forster schmeichlerisch seine »Novae Species insectorum« gewidmet hatte, empfing Georg höflich, aber kühl. Alexander von Humboldt hatte dagegen mehr Glück. Banks behandelte ihn mit »auszeichnender Nachsicht«, er durfte in seinen Sammlungen, der »indianischen Sach- und Menschenwelt«, studieren und mit dem frischgebackenen Vollkapitän William Bligh spazierengehen. Viele Jahre später sollten Humboldt diese Londoner Begegnungen im fernen Ecuador in den Sinn kommen, als er aus dem heißen Magdalenental bei Huangamarca in die kalte Zone der hohen Kordilleren aufgestiegen war und den Pazifik erblickte: »Welche Freude!« notierte er in sein Reisetagebuch. »Man glaubt einen alten Freund zu sehen beim Anblick des Meeres, das Herz öffnet sich, die Vorstellungskraft erfüllt sich mit tausend Gedanken. Auf dem Rücken der Anden, umgeben von den Überresten eines klugen und fleißigen Volkes, suchten unsere Augen jene glücklichen Inseln, wo noch diese Unschuld der Sitten besteht, diese Charakterstärke, welche die Europäer hier zerstört haben. Völker von Tahiti, seid ihr nicht Brüder der alten Peruaner! --- Forster, Bougainville, Banks ... teure Namen.«

Pappeln, belaubte Phallen
am Weg Napoleons.
Gloire im Blätterschatten,
im Winde das Umsonst.

Die Pappelstraßen zielen
geheim nach Helena;
den Rausch wie einst zu fühlen,
blieb ihre Zeugung da.

Verweht das Blätterschauern,
der Ruhm des Vogellieds, –
was war, will nimmer dauern
und immerdar geschiehts.

Günter Eich

Belaubte Phallen

Mit Günter Eichs »belaubten Phallen« ist die Pyramidenpappel (*Populus nigra* var. *italica*) gemeint, eine wahrscheinlich aus dem Iran oder aus Afghanistan stammende Mutation der Schwarzpappel, die sich in der zweiten Hälfte des 18. Jahrhunderts von der Lombardei gegen Norden ausbreitete. In Deutschland wuchsen die ersten Exemplare dieser unverwechselbaren Art mit den senkrecht aufstrebenden Ästen, die so gar nicht an Pyramiden erinnern, sondern eher an das Haarbüschel eines riesigen Aquarellpinsels, im Landschaftsgarten von Wörlitz, den Leopold Friedrich Franz von Anhalt-Dessau im englischen Stil anlegen ließ (vollendet 1798). Für Landschaftsgestalter nördlich der Alpen erfüllte der hoch aufstrebende Habitus der Pappel den gleichen ästhetischen Zweck wie im Süden die Zypresse: ein weithin erkennbares Zeichen in der Landschaft, das die Vertikale betont. Die auffallend rasche Verbreitung der Pyramidenpappel in weiten Teilen Europas wird mit Napoleon Bonaparte in Verbindung gebracht, von dem bekannt ist, daß er die schnell wachsenden Bäume entlang der staubigen Landstraßen, auf denen seine Armeen von einem Kriegsschauplatz zum anderen marschierten, pflanzen ließ, als Landmarken, die im Sommer wie bei Schnee von ferne zu sehen waren. Möglicherweise auch als eine symbolische Hinterlassenschaft, die den Machtanspruch des Kaisers und Feldherrn auf die eroberten

Gebiete demonstrieren sollte. Lange vor Napoleon verfolgte König Heinrich II. von Valois ebenso militärische Absichten, als er seinen Untertanen befahl, an den Straßen seines Reiches Ulmen zu pflanzen, nicht nur als Markierung, sondern auch mit dem Zweck, Holz für Transportmittel und Artillerielafetten verfügbar zu haben. Verkehrswege mit Bäumen zu kennzeichnen entspricht einer uralten Gepflogenheit. Marco Polo berichtete, daß der Großkhan der Mongolen, Kublai, ein Enkel Dschingis Khans, angeordnet hatte, »entlang der Hauptstraßen, wo Gesandte, Händler und andere Leute reisen«, Bäume im Abstand von zwei Schritten zu pflanzen, »damit jedermann seinen Weg finde und sich nicht verirre«.

Sie waren nicht immer und überall beliebt, die »belaubten Phallen«, nein, Schöngeister (und vielleicht auch jene, die Napoleon verachteten) empfanden regelrecht Abneigung gegen sie. Mit Soldaten, die stramm und dumpf in Reih und Glied stehen, verglich man sie. »Zum Militarismus, dem poesie- und gemütlosesten Ding auf Erden paßt der prosaische Pappelbaum vortrefflich«, bemerkte spitz Heinrich Hansjakob, ein Pfarrer und Chronist aus dem Schwarzwald. Andere wieder meinten, sie verhunzten die Landschaft, ihr trister Anblick schlage sich aufs Gemüt, und überhaupt seien sie mehr Kultur als Natur. Friedrich Rückert, ein gebildeter Orientalist und Dichter, betrachtete sie als ungeschlachte Müßiggänger, die nicht tragen und nicht schatten »und rauben, wo wir wallen, / uns nur der Landschaft Angesicht. / Wem könnten sie gefallen?« Dem Klassiker Friedrich Schiller gefielen die Pappeln auch nicht, seinem Unmut machte er Luft in dem Gedicht »Der Spaziergang«, wo es an einer Stelle heißt: »Aber wer raubt mir auf einmal den lieblichen Anblick? Ein fremder / Geist verbreitet sich schnell über die fremdere Flur! / Spröde sondert sich ab, was kaum noch liebend sich mischte, / Und das Gleiche nur ist's, was an das Gleiche sich reiht. / Stände seh' ich gebildet, der Pappeln stolze Geschlechter / Ziehn in geordnetem Pomp vornehm und prächtig daher. / Regel wird alles, und alles wird Wahl und alles Bedeutung; / Dieses Dienergefolg meldet den Herrscher mir an.«

Von einer ganz anderen Seite dieses Baums erfahren wir in einer Begebenheit, die ich in »LTI«, Victor Klemperers scharfsinnigem Dokument über die Sprache des Dritten Reiches, fand. Sie handelt von einer Pappel in Babisnau bei Dresden, die, wie Klemperer schreibt, damals, 1942, während des Krieges »Arier und Nichtarier gläubig im Legendarischen« zusammengeführt habe: »Sie steht, merkwürdig isoliert, überragend und bedeutend, von merkwürdig vielen Punkten aus sichtbar, auf dem Höhenzug im Südosten der Stadt. Anfang Mai berichtete meine Frau das erstemal, in den Trambahnen habe sie schon wiederholt die Babisnauer Pappel nennen hören; sie wisse nicht, was es mit ihr auf sich habe. Ein paar Tage darauf hieß es auch bei mir in der Fabrik: Die Babisnauer Pappel! Ich fragte, weshalb man sie nenne. Ich bekam zur Antwort: weil sie blühe. Das kommt selten vor; 1918 sei es der Fall gewesen, und 1918 sei dann der Friede geschlossen worden. Sofort verbesserte eine Arbeiterin: ›Nicht nur 1918, ebenso sei es 1871 eingetreten.‹ ›Und in den anderen Kriegen des Jahrhunderts auch‹, setzte eine Vorarbeiterin hinzu, und der Hausdiener verallgemeinerte: ›Immer wenn sie geblüht hat, ist Friede geschlossen worden.‹« Tage danach sagte ein Bekannter (»der mit dem Judenstern«) zu Klemperer: »Das war gestern eine wahre Völkerwanderung zur Babisnauer Pappel hinaus. Sie blüht wirklich aufs prächtigste. Vielleicht wird doch Friede ganz von der Hand zu weisen ist Volksglaube nie.« Doch der Friede sollte noch drei grauenvolle Jahre auf sich warten lassen, und als endlich das Morden und Verwüsten ein Ende hatte, schrieb Bertolt Brecht: »Eine Pappel steht am Karlsplatz / Mitten in der Trümmerstadt Berlin / Und wenn Leute gehn übern Karlsplatz / Sehen sie ihr freundlich Grün.«

Wie die Pappeln nach der Entstehung des Kosmos aus dem Chaos in die Welt der Götter kamen, davon erzählt Publius Ovidius Naso in einer Episode seiner »Metamorphosen« (II/19ff.). Phaëthon, Sohn des Sonnengottes Helios, wurde mit der Behauptung geneckt, Helios sei gar nicht sein Vater. Seine Mutter Clymene schickte ihn deshalb zu Helios' Palast im Osten, wo er nach langer Reise hingelangte. Helios versprach, um seine väterliche Liebe zu beweisen, Phaëthon jeden Wunsch zu erfüllen; und dieser begehrte den Sonnenwagen und das Recht, einen Tag die geflügelten Rosse zu lenken. Der Vater war über die vorwitzige Forderung entsetzt, fügte sich aber und warnte den Sohn, seine Kräfte würden nicht ausreichen, doch dieser beharrte auf seinem Vorsatz. Phaëthon bestieg das leichte Gespann, ergriff die Zügel und mit flammendem Wiehern stürmten die Rosse vorwärts durch den unermeßlichen himmlischen Raum. Doch der Jüngling verlor den Kopf, die Rosse gingen durch, rissen zuerst eine große Wunde in den Himmel, dann tauchten sie hinab und verbrannten die Erde, verursachten eine Dürre und schwärzten die Haut der Äquatorbewohner. Von der Zerstörung alarmiert, schleuderte Jupiter einen dreizackigen Blitz gegen Phaëthon, der ihn aus dem Wagen warf. Wie ein Stern vom heiteren Himmel stürzte sein brennender Körper in den Fluß Eridanos. Dort standen seine Schwestern, die Heliaden, die seinen Sturz beobachtet hatten, am Ufer und beweinten den toten Bruder. Klagend warf sich die Älteste, Phaëthusa, auf die Erde und ihre Füße erstarrten. Lampetië eilte ihr zu Hilfe, doch hemmte sie eine Wurzel, die aus ihren Füßen schlug. Die dritte wollte sich mit den Händen die Haare raufen, griff aber nur in dichtes Laub. Eine andere jammerte, ihre Arme würden sich in Zweige verwandeln. Und während sie noch über das Ungemach erschraken, überdeckte schon Rinde ihre Körper; nur noch die Münder blickten hervor, die nach der Mutter schrieen. Zurück blieben Pappeln, die das Ufer des Flusses säumten (den Po), wo diese Baumart noch heute häufig anzutreffen ist.

Die Verwandlungsmythen des verbannten Dichters Ovid hat

Christoph Ransmayr zum Stoff seines Romans »Die letzte Welt« gemacht. In Kapitel II kommt, wie in allen Jahren zuvor, Cyparis, der zwergwüchsige Filmvorführer, nach Tomi, dem Kaff an der Schwarzmeerküste. »Cyparis liebte sein Publikum. Wenn der Projektor nach langwierigen Vorbereitungen das Antlitz eines Helden ins Riesenhafte vergrößerte und die Schlachthausmauer zum Fenster in Urwälder und Wüsten wurde, dann saß der Liliputaner geborgen in der Dunkelheit und betrachtete die Gesichter der Zuschauer im blauen Widerschein. In ihrem Mienenspiel meinte er manchmal die Macht und die Unerfüllbarkeit seiner eigenen Sehnsüchte wiederzuerkennen. Cyparis, der selbst aufgerichtet nur den Gebeugten, den Krüppeln und auf die Knie Gezwungenen von Angesicht zu Angesicht gegenüberstand und dem ein Hofhund groß wie ein Kalb war, sehnte sich in diesem Dunkel nach Schlankheit, nach Größe und Erhabenheit. Aufragen wollte er. Und Cyparis, der sein Gespann durch mehr Städte und durch die Hochmoore und Einöden tiefer in die Fremde geführt hatte, als sich ein Erzkocher in Tomi auch nur vorzustellen vermochte, sehnte sich dann nach der Tiefe der Erde und gleichzeitig nach der Höhe der Wolken, nach einem unverrückbaren Ort unter einem unverrückbaren Himmel. Manchmal schlief er während der Vorführung über solchen Sehnsüchten ein und träumte von Bäumen, von Zedern, Pappeln, Zypressen, träumte, daß er Moos auf seiner harten, rissigen Haut trug. Dann sprangen ihm an den Füßen die Nägel auf, und aus seinen krummen Beinen krochen Wurzeln, die rasch stark wurden und zäh und ihn tiefer und tiefer mit seinem Ort zu verbinden begannen. Schützend legten sich die Ringe seiner Jahre um sein Herz. Er wuchs.«

Zur Gattung *Populus* gehören, neben der Pyramidenpappel und anderen Arten und Varietäten, die Schwarzpappel (*P. nigra*), die Silberpappel (*P. alba*) und die Zitterpappel oder Espe (*P. tremula*). Pappeln sind zweihäusige Bäume aus der Familie der Weidengewächse. Im Unterschied zu einhäusigen Bäumen, wie beispielsweise die Erle oder Kastanie, die zugleich männliche und weibliche Blüten tragen, sind bei Pappeln die Geschlechter getrennt, so daß man von männlichen und weiblichen Individuen sprechen kann. Die Blätter der Pappeln sitzen auf langen Stielen, die seitlich zusammengedrückt sind, weshalb sie sich beim sanftesten Windhauch hin und her bewegen (»wie Espenlaub zittern«) und ihr unverkennbares Gesäusel von sich geben. Daß die Blätter auf Luftbewegungen so sensibel reagieren, hat zur Folge, daß die Transpiration, also die Abgabe von Wasserdampf, gefördert und dadurch der Stoffwechsel beschleunigt wird, was das rasche Wachstum der Pappeln erklärt. Wie dieser Kreislauf im »Kraftwerk« Baum funktioniert, möchte ich hier kurz erklären. Die Wurzeln verankern den Baum im Boden und nehmen mit ihren Haaren und Spitzen Wasser und darin gelöste Nährsalze auf. Für einen großen Baum können das während der Vegetationsperiode mehrere tausend Liter sein, die über röhrenförmige Zellen des Xylems, des eigentlichen Holzkörpers, nach oben in die Blätter geleitet werden. Der größere Teil des Wassers verdunstet (transpiriert) über Poren (Spaltöffnungen), die an der Blattunterseite liegen und auch den Eintritt von Luft und damit von Kohlendioxid ermöglichen; der andere, kleinere Teil wird mit Hilfe von Chlorophyll und Kohlendioxid, die im Blattgewebe eingebettet sind, durch Sonnenlicht in Zucker, also in Energie umgewandelt, ein verblüffender Trick, den man Fotosynthese nennt. Über das Gefäßsystem Phloem, das außen zwischen Kambium und Korkkambium liegt, wird der Zuckersaft von den Blättern abwärts zu Ästen, Stamm und Wurzeln befördert und dort verbraucht oder gespeichert, wodurch Wachstum entsteht. Wie aber gelangt das Wasser von den Wurzeln in das Laubwerk, bedenkt man, daß es die Gravitation überwinden und in Höhen von dreißig, sechzig oder mehr Metern aufsteigen muß? Es ist ein physiologisches Phänomen, das ähnlich funktioniert, wie wenn wir mit einem Trinkhalm Flüssigkeit aufsaugen. Die Verdunstung an den Blättern verursacht einen Wasserverlust und dieser eine Saugwirkung, die das Wasser nach oben zieht, wobei die Saugkraft so groß ist, daß während des Tages (wenn der Baum transpiriert) Höhe und Umfang des Baumes meßbar schrumpfen.

Ein anderes Thema, nicht minder aufschlußreich, das die Pappel wie alle anderen Nutzhölzer betrifft, ist die Mär vom »Mondholz«, worunter man Holz versteht, das zu bestimmten Mondphasen geschlagen wird und dem besonders gute Eigenschaften nachgesagt werden. Es sei dichter und dadurch härter, faule und schwinde nicht, sagen die lunaren Schwärmer und berufen sich auf alte Volksweisheiten und Fällregeln. Ein mondsüchtiges Autorenpaar stellte sogar die kühne Behauptung auf, Holz, das am 1. März nach Sonnenuntergang geschlagen werde, brenne nicht. Was das mit dem Mond zu tun haben soll, weiß ich nicht, handelt es sich doch um einen fixen Kalendertermin, der auf den zyklischen Wechsel der Mondphasen nicht eingeht. In den diversen Regelwerken, die auf »uralte Quellen« verweisen, wird dem abnehmenden Mond ein positiver Einfluß auf die Holzeigenschaften nachgesagt. Zwischen den »Wissenden« und den »Glaubenden«, die sich auf eine hintergründige, metaphysische Wahrheit berufen, tobt ein heftiger Meinungsstreit. Eine große Zahl von Untersuchungen, die an der Universität Freiburg, an der Technischen Universität Dresden und an Schweizer und österreichischen Instituten angestellt wurden, haben allerdings ergeben, daß es keinen Zusammenhang zwischen dem Stand des Mondes zum Zeitpunkt des Fällens und der Qualität des Holzes gibt. In der *Schweizerischen Zeitung für das Forstwesen* (Nr. 151, 2000) wiesen die Autoren Jens Triebel und Claus-Thomas Bues darauf hin, daß es zwar sehr viele »Mondregeln« für das Holzfällen gebe, daß diese aber sehr unterschiedlich seien und sich im Detail sogar widersprächen. Früher fällte man die Bäume vorwiegend bei absteigendem Mond; das ist die Winterzeit, wenn die Bahn des Mondes immer flacher wird. Und das war auch sinnvoll, weil das Holz dann nicht »im Saft« steht und daher schneller trocknet. Daß immer mehr Holzhändler mit dem »Mondholz« werben, das natürlich wesentlich teurer verkauft wird, nennt Pedro Gerstberger, Waldbiologe an der Universität Bayreuth, reine Geschäftemacherei.

»Denn es ist zu allen Zeiten so gewesen und wird auch wohl künftighin so bleiben«, schrieb Immanuel Kant 1766 in »Träume eines Geistersehers«, »daß gewisse widersinnige Dinge, selbst bei Vernünftigen Eingang finden, bloß darum, weil allgemein davon gesprochen wird. Dahin gehören die Sympathie, die Wünschelrute, die Ahndungen, die Wirkung der Einbildungskraft schwangerer Frauen, die Einflüsse der Mondwechsel auf Tiere und Pflanzen u. dgl.«

Die Jagd nach dem Chaulmoogra-Baum

Die Karawane, die über einen Bergpfad zog, bestand aus sechsundzwanzig Maultieren und siebzehn Männern, eskortiert von hundertneunzig mit Gewehren bewaffneten Soldaten. Im Unterschied zu den abgerissenen Soldaten war der Anführer elegant angezogen, mit Stiefeln, Reithose und Tropenhelm. Joseph Rock, Forschungsreisender, Schriftsteller und Fotograf, war unterwegs durch die unerforschten Bergmassive und Königreiche des westlichen China. Der Trupp Soldaten sollte ihn und seine Ausrüstung vor Räubern schützen. Zu seinem Reisegepäck gehörten Zelte, ein Klappbett, Tisch und Sessel, Tischtücher und Porzellangeschirr, ja sogar ein batteriebetriebenes Grammophon und eine tragbare Badewanne aus Kautschuk vom New Yorker Ausstatter Abercrombie & Fitch.

Rock, so beschrieben ihn Kollegen, war ein schwieriger Einzelgänger mit herrischem Benehmen, der sich gern den Anschein von Wichtigkeit gab. »You've got to make people believe you're someone of importance if you want to live in these wilds«, sagte er einmal. In Wien als Sohn eines Kammerdieners geboren, wanderte Joseph Rock 1905 im Alter von einundzwanzig Jahren in die USA aus und wurde später amerikanischer Staatsbürger. Er übersiedelte nach Hawaii, eignete sich ein umfangreiches botanisches Wissen an und lehrte als Professor am College von Hawaii. Von 1923 bis

Joseph Rock, »Agricultural Explorer«

1935 berichtete er aus China für *The National Geographic Magazine*. Seine Fotografien, aufgenommen mit einer schweren Plattenkamera und an Ort und Stelle in einem eigens dafür adaptierten Zelt entwickelt, waren die ersten, die Einblick in diesen noch unbekannten Teil der Welt gaben: vom gebirgigen Yunnan im Süden, entlang der Grenze zu Burma und Tibet, nordwärts bis an den Rand der Wüste Gobi. »No white man, since time began, ever stood here«, schrieb er beim Anblick der Schluchten des Jangtse in der Provinz Qinghai, eine Behauptung, die er gern und oft in seinen Berichten wiederholte.

Der erste Kontakt zwischen Rock und dem angesehenen Magazin der National Geographic Society hatte 1921 stattgefunden. Der damalige Herausgeber, Gilbert Grosvenor, schrieb in einem Memo: »Mr. Joseph F. Rock called here today regarding an article on ›Hunting the Chaulmoogra Tree‹. I offered him, for an article on the above subject, and a selection of 40 of his photographs, $ 400.« Für die damalige Zeit eine beträchtliche Summe.

Der Artikel erschien in der Märzausgabe 1922 und beginnt mit der Feststellung, Chaulmoogra sei nicht länger ein exotisch klingender Name; gerade in letzter Zeit sei er häufig in Verbindung mit der Behandlung von Leprakranken erwähnt worden. Gemeint war Chaulmoogra-Öl, dessen heilende Wirkung bei Hautkrankheiten und speziell bei Lepra in Asien, vor allem in China, Burma und in der ayurvedischen Medizin Indiens, seit vielen Jahrhunderten bekannt war. Das Öl wurde aus den reifen Samen gepreßt, die in einer runden, braunen Frucht enthalten sind. Der Baum, der diese Früchte trägt, gehört zur Spezies *Taraktogenos kurzii*, benannt nach Wilhelm Sulpiz Kurz, dem Autor von »Forest Flora of British Burma« (1877). In den USA war das Öl sehr teuer und außerdem drohte es knapp zu werden, weil es in Hawaii gelungen war, Leprakranke damit erfolgreich zu behandeln. Das Ministerium für Landwirtschaft erwog deshalb, im tropischen Hawaii

Chaulmoogra-Plantagen anzulegen. 1920 wurde Joseph Rock vom Bureau of Plant Industry mit der Aufgabe betraut, nach Siam (Thailand), Burma (Myanmar) und Indien zu reisen und Samen vom Chaulmoogra-Baum zu sammeln.

Rock, nun offiziell mit dem Titel »Agricultural Explorer« ausgestattet, ging in Singapur an Land und fuhr zunächst mit der Eisenbahn nach Bangkok, was fünf Tage dauerte, weil der Zug nur bei Tag unterwegs sein konnte. Von Bangkok führte die Reise weiter in nördlicher Richtung nach Chiang Mai, einer Stadt an den Ufern des Nam Ping, wo der Forschungsreisende vom Vizekönig der Lao, einem Thaivolk, freundlich empfangen wurde. »Entertainment followed entertainment«, schrieb er begeistert. Den Höhepunkt dieser Vergnügungen bildete eine Gartenparty in der Residenz des Vizekönigs am Ufer des Nam Ping. Der Vollmond spiegelte sich auf der Wasserfläche, seidene Fahnen und bunte Lampions hingen in den Bäumen und in das leise Rauschen des Flusses mischten sich seltsame Lauten- und Flötenklänge, zu denen sich Speer- und Schwerttänzer in märchenhaften Kostümen mit großer Anmut bewegten. Lange nach Mitternacht ging dieses, wie Rock es ausdrückte, »really royal entertainment« schließlich zu Ende.

Neben den extravaganten Vergnügungen in Chiang Mai machte Rock eine Reihe Fotos – von Tempeln, Pagoden, Buddhas, Drachen, Priestern –, und er unternahm Ausflüge in die Umgebung. Eine Wanderung zum heiligen Berg Doi Suthep scheint ihn besonders beeindruckt zu haben. Es wäre ein Buch mit vielen Seiten notwendig, schrieb er, um die Flora dieses wunderbaren Berges zu beschreiben. Myrten mit weißen Blütentrauben säumten den steilen, felsigen Weg, während weiter oben Sal- und Yang-Bäume mit mächtigen Stämmen und breiten Kronendächern der Landschaft ein erhabenes Aussehen gaben. Entlang des Gipfelpfades, der zu einer eindrucksvollen Tempelanlage führte, standen Pinien wie lebende Säulen, behängt mit Girlanden von süßduftenden Orchideen und armdicken Lianen. Rock schlug sein Lager in der Nähe der heiligen Stätte unter Eichen und Kastanienbäumen auf, sammelte eifrig ihre Samen und genoß den herrlichen Ausblick in das gewundene Tal des Nam Ping. (Rock sammelte auf seiner Reise Unmengen von Samen verschiedenster Bäume, die er an das US-Department of Agriculture sandte. Um die Samen vor dem Austrocknen zu schützen, verpackte er sie sorgfältig in pulverfeiner Holzkohle und Ölpapier.)

Chiang Mai war der Ausgangspunkt für die Suche nach den Chaulmoogra-Bäumen. Rock charterte ein geräumiges Hausboot mit Mannschaft, engagierte einen Dolmetsch, einen, wie er schreibt, »would-be cook« sowie einen Diener und fuhr den Nam Ping flußabwärts. Unterwegs befahl der Reisende häufig, das Boot am Ufer festzumachen, damit er in die dichten Monsunwälder eindringen und nach Samen suchen konnte. Der Fluß führte zu dieser Jahreszeit, es war Dezember, wenig Wasser, und es geschah öfters, daß das Boot auf eine Sandbank lief, was Rock zur Verzweiflung brachte. Einmal verlor er die Geduld und sprang, nur mit einem »Negligé« bekleidet, ins Wasser, in der heimlichen Hoffnung, das Boot würde ihm folgen. Aufgeregt rief ihn der Bootsführer an Bord zurück und machte ihm klar, daß der Fluß mit Krokodilen verseucht sei.

Nach einigen Tagen änderte sich die Landschaft. Steile Schluchten aus rotem Fels verwandelten den bisher ruhigen Fluß in eine reißende Strömung. Brodelnde Stromschnellen wurden zu gefahrvollen Hindernissen, die oft nur mit Hilfe von Seilen überwunden werden konnten. Doch Rock und seine Mannschaft erreichten heil das Ziel der Flußfahrt, den Ort Rahaeng. Nun stand der Expedition der beschwerlichste Teil bevor: der Fußmarsch an die burmesische Grenze durch unwegsames, bergiges Gelände und dichten Dschungel, in dem Teak- und Strychninbäume, Cassia-Arten,

Eichen und Bambus wuchsen. Dazu kam die ständige Bedrohung durch Tiger, Leoparden und Giftschlangen.

In Burma, an der Mündung des Salwin, begegnete Rock endlich dem ersten Chaulmoogra-Baum. Enttäuscht mußte er feststellen, daß dieser noch keine Früchte trug. Tage später versuchte er sein Glück stromaufwärts in den Wäldern um das kleine Dorf Oktada. Er fand wieder nur einen Baum, diesmal mit reifen Früchten, jedoch der Gattung *Hydnocarpus*; dessen Samen enthalten zwar ein ähnliches Öl, doch dessen Eigenschaften und Wirkung waren nicht bekannt. Da von den Einheimischen keine klaren Auskünfte über Standorte von Chaulmoogra-Bäumen zu bekommen waren, entschloß sich Rock, nach der Hauptstadt Rangun zu reisen. Dort suchte er Forstfachleute auf und erfuhr, daß die eigentliche Heimat des gesuchten Baums am Oberlauf des Chindwinn liege. Also machte er sich wieder auf den Weg, begleitet von einem Madrassi-Koch und einem moslemischen Diener, diesmal mit dem Zug bis Amarapura nahe Mandalay. Sie überquerten den Irrawaddy nach Sagaing und dann ging es mit dem Zug weiter nach Monywa. »Monywa, what a dreadful place!« mokierte sich Rock; nichts als Staub, Dreck und Schwärme von Fliegen. Gleich am nächsten Tag verließen sie Monywa mit dem Dampfer »Shillong«, der sie den Chindwinn aufwärts nach Mawlaik brachte. Rock schien seinem Ziel nahe: Nur einige Tagesmärsche von hier, erfuhr er, würden sich Chaulmoogra-Wälder befinden. Ausgestattet mit einem Empfehlungsschreiben an die Vorsteher jener Dörfer, die er auf dem Weg durch den Dschungel passieren würde, ging er los, gefolgt von einer Schar Trägern, meist Frauen mit nackten Kindern an den Hüften und auf dem Rücken, die seine Ausrüstung auf ihren Köpfen balancierten. Gelegentlich kreuzten Herden wilder Elefanten den Weg der Karawane, die schließlich in dem Dorf Kyokta haltmachte, wo Rock sein Lager aufschlug. Hier war seine strapaziöse Suche endlich erfolgreich. Dichte Chaulmoogra-Wälder bedeckten die steilen Berghänge rund um das Dorf. Mit Hilfe der Bewohner sammelte Rock große Mengen an echten *Taraktogenos*-Samen, die er nach den Vereinigten Staaten verschiffte. Die Samen wurden dazu verwendet, auf der Insel Oahu, Hawaii, eine Plantage mit zweitausendneunhundertachtzig Chaulmoogra-Bäumen anzulegen.

Jahre später traten unter Ärzten, die Erfahrungen in Leprasspitälern gesammelt hatten, Zweifel auf, ob das Chaulmoogra-Öl, oder genauer der Ester aus seiner Fettsäure, tatsächlich so effektiv in der Behandlung von Lepra sei, wie zahlreiche Berichte glauben machen wollten. In den 1940er Jahren wurde schließlich das Heilmittel durch den erfolgreichen Einsatz von Sulfonamiden in der Lepratherapie verdrängt.

Joseph Rock, der viele Jahre seines Lebens in China verbrachte, flüchtete 1949 vor den Roten Garden Mao Tse-tungs (die er als »bandits« bezeichnete) und kehrte nach Hawaii zurück. Er starb am 5. Dezember 1963, kurz vor seinem neunundsiebzigsten Geburtstag, an Herzschlag.

Nachts hat man manchmal schlimme Träume,
doch man vergißt sie alle.
Am Tag schenkt man dem hellen Vogelschalle
Aufmerksamkeit, und dann sind ja die Bäume
vorhanden, um uns zu erquicken,
ermuntert auf sie hinzublicken.

Robert Walser

Der Eukalyptus

Wir könnten mit dem *Eucalyptus desertorum* anfangen, gemeinhin als Hakenblättriger Zwerggummibaum bekannt. Seine Blätter verjüngen sich zu schlanken Haken, und gewöhnlich wächst er in den halbtrockenen Regionen des Landesinneren.

Doch der *desertorum* (um damit anzufangen) ist nur einer von Hunderten von Eukalyptusbäumen; eine genaue Zahl gibt es nicht. Und außerdem beschwört schon der Name *desert-or-um* eine schale Version der typischen australischen Landschaft herauf, von der man auf mehr oder weniger geradem Weg zum Nationalcharakter und den Beschichtungen der Seele und des Kehlkopfes gelangt, die, wie es heißt, ihren Ursprung im Busch haben, und zu der poetischen Tugend (man glaubt es kaum), die angeblich darin besteht, daß die Menschen sich mit Dürreperioden, Buschfeuern, stinkenden Schafen und so weiter herumschlagen müssen; vergessen wir auch nicht die Abgeschiedenheit, die ausgelaugten, formlosen Frauen, die krude Sprache, die allzeit weiten Horizonte und die Fliegen.«

So beginnt der Roman »Eukalyptus« des australischen Autors Murray Bail, der auf deutsch 1998 im Berlin-Verlag erschien. Eine ungewöhnliche Geschichte, die Bail vor uns ausbreitet, schon deshalb, weil Eukalyptusbäume das Gerüst der Handlung bilden, die in neununddreißig Kapiteln (jedes überschrieben mit einem Artnamen) verwoben wird mit anekdotischen Bildern, wundersamen Einfällen und vielen botanischen Details.

»Genausogut könnten wir uns dem seltenen *Eucalyptus pulverulenta* zuwenden«, heißt es im ersten Kapitel weiter, »der einen kraftvollen Namen und merkwürdig herzförmige Blätter hat und nur auf zwei schmalen Felsbänken in den Blue Mountains wächst. Und wie steht es mit dem *diversifolia* oder dem *transcontinentalis*? Wenigstens lassen sie ausladende Formen und vielseitige Verwendungszwecke vermuten. Desgleichen der *E. globulus*, der normalerweise als Windbrecher gepflanzt wird.

Jeder einzelne Eukalyptusbaum ist aus ganz eigenen Gründen interessant. Manche von ihnen weisen auf eine eindeutig weibliche Welt hin (Gelbmantel, Rose des Westens, Trauereukalyptus). Der *E. maidenii* hat Hollywood-Stars seinen photogenen Schatten gespendet. Der Dscharrahbaum liefert das Holz, das alle zu lieben beteuern. *Eucalyptus camaldulensis*? Wir nennen ihn Rotgummibaum. Viel zu männlich, viel zu aufdringlich-männlich, bedeckt mit Alterswarzen und roten Flecken. Und was den Geistergummibaum angeht (*E. papuana*), so gibt es Menschen, die mit tränenerstickter Stimme behaupten, es sei der schönste Baum auf Erden, was erklärt, warum er bis zum Erbrechen auf unseren Kalendern, Briefmarken und Geschirrtüchern abgebildet wird.

Wir könnten immer so weitermachen, könnten unsere Lieblinge vorstellen oder die botanischen Namen angeben, die fast den richtigen Klang haben oder gewissermaßen eine Zusammenfassung liefern, wenn so etwas überhaupt möglich ist, oder aber weit davon entfernt sind, den Baum zu beschreiben, jedoch aufgrund ihrer linguistischen Besonderheit ins Auge fallen, wie *platypodos*; dabei würde es doch reichen – abgesehen davon, daß man einen Anfang braucht –, einen Eukalyptusbaum zu nehmen, der einzigartig ist, und dennoch ... na, ist auch nicht so wichtig.«

Dann stellt uns der Autor seine Hauptfiguren vor: einen Mann namens Holland, verwitwet, der mit seiner Tochter Ellen, seinem einzigen Kind, auf einem großen Anwesen in New South Wales lebt, ein paar Autostunden westlich von Sydney entfernt. »Rundherum hatte das Land geologisch gesehen ein kamelartiges Aussehen: träge Erhebungen in Braun, mit Flecken und Klecksen von Schatten, die in der Hitze zu zittern schienen, und dazu eine überwältigende Atmosphäre von Geduld.«

Holland hat eine besondere Vorliebe für Eukalyptusbäume, nicht nur weil sie sogenannte einheimische Bäume sind, sondern weil er ihre blasse, zottige Schönheit liebt; die hängenden Blätter, die ein lichtdurchlässiges Laubdach bilden, das einen zart gemusterten Schatten wirft, die Klarheit und fehlende Dunkelheit. Er hatte begonnen, auf seinem Land Eukalyptusbäume zu pflanzen. Die ersten Setzlinge des frostempfindlichen Gelben Blutholzbaumes (*E. eximia*), der nur in der Küstenregion gedeiht, gingen sofort ein. »Mit der ihm eigenen Hartnäckigkeit pflanzte er weiter, und als nur noch einer übrig war, ein kümmerliches Ding, pflegte er ihn mit Hingabe. Jeden Tag lockerte er die Erde und gab dem Baum aus einer Tasse zu trinken, er verteilte Schafdung und baute für die Nächte eine Frostbarrikade aus Blech und Sackleinen. Der Baum wuchs und gedieh.« Es folgten andere Arten: ein Fieberbaum (*E. cladocalyx*), ein Schwarzer Pfefferminzbaum (*E. australiana*), ein Grauer Eisenrindenbaum (*E. paniculata*), Blaugummibäume (*E. globolus*) und Lachsgummibäume (*E. salmonophloia*). Mit einem hartgekochten Ei und den Standardwerken der Botanik im Rucksack streifte Holland kreuz und quer über sein Land, pflanzte ohne erkennbaren Plan Bäume, und es dauerte nicht lange, da kamen sie in seinen »zeitlupenartigen« Träumen vor. Aus einer Vorliebe wurde Leidenschaft und aus Leidenschaft Besessenheit. Jedes Mal, wenn er ein besonders seltenes Exemplar ergattern konnte, fühlte er sich »wie ein Perlenfischer, der, den Schatz in der Hand, wieder an die Wasseroberfläche kommt«.

Während Holland Jahr für Jahr die Landschaft mit Bäumen ausfüllte, wuchs seine Tochter Ellen zu einer Schönheit heran. »Aus dem kleinen herumtollenden Mädchen war eine gleitende, schwebende, vollere Gestalt geworden, über und über mit kleinen schwarzbraunen Muttermalen übersät. Die Männer fühlten sich berechtigt, ihren Blick über die blasse Haut gleiten zu lassen und zurück zu den schwarzbraunen Malen – so wie ein Punkt einen ausschweifenden Satz beendet.« Die Kunde von Ellens Schönheit verbreitete sich allmählich, erreichte andere Ortschaften und sogar die Vororte von Sydney. Aus allen erdenklichen Richtungen kamen Freier. Holland war sich nicht mehr sicher, ob Besucher sich für die Bäume oder für seine Tochter interessierten. Er wurde reizbar, konnte oft nicht schlafen und hing quälenden Gedanken nach. »Du bist eine Prinzessin«, sagte er zu Ellen, »und viel zu gut für die meisten Männer, zumindest für die, denen ich begegnet bin.« Kurz danach traf er eine eigenwillige und unerwartete Entscheidung: Er würde *dem* Mann seine Tochter zur Frau geben, der jeden Eukalyptusbaum auf seinem Land richtig benennen könne.

Ein Lehrer, ein zahnloser Schafscherer, der einzige Klempner der Ortschaft, der junge Kevin, der einen Arm in der Sägemühle verloren hatte, ein Bankdirektorssohn, ein windiger Handelsreisender, ein Jockey, ein lächelnder Chinese aus Darwin, ja sogar Spezialisten der Botanik und Forstwirtschaft unterwarfen sich der Eukalyptus-Prüfung und scheiterten. Nachdem mehr als zwei Jahre vergangen waren, stellte sich ein Mister Roy Cave aus Adelaide der Herausforderung. Ein trockener Experte, fast so alt wie Ellens Vater, von dem es hieß, er habe sich einen Namen in der Eukalyptuswelt gemacht, sei gewissermaßen mit Eukalyptusbäumen aufgewachsen. Mr. Cave schritt beharrlich voran, ohne Hast benannte er Baum für Baum, erwarb sich Hollands Respekt, während in Ellens Kopf alles durcheinanderging und ihre Verzweiflung wuchs. Dann allerdings passierte etwas Ungewöhnliches.

Auf ihrem Anwesen begegnete Ellen (in Kapitel 13, überschrieben mit *Microtheca*) einem fremden jungen Mann, unrasiert, mit sonnengebräunter Haut, der im Schatten eines Baumes schlief. Immer wieder tauchte der junge Mann mit den ockergrünen Augen auf und erzählte ihr Geschichten von den rätselhaften Dingen dieser Welt. Ellen ließ sich von ihnen umkreisen, saugte sie förmlich ein, ob wahr oder nicht, war ihr egal.

So unvermutet, wie er gekommen war, verschwand der fremde Geschichtenerzähler wieder. Und Mr. Cave trennten nur noch vierzig zu bestimmende Bäume von dem Ziel, Ellens Hand zu erringen. Das war zuviel für Ellen. »Alle ihre Gelenke wurden weich, die Knochen, das Blut, das Gewebe. Auch ihre Augen und ihr Hals waren befallen; eine müde Mattigkeit. Sie konnte nicht einmal mehr richtig hören.« Tag für Tag lag sie im Bett, wurde immer matter und verlor das Gefühl für die Zeit. »Es war eine von den Krankheiten, die keinen Namen haben.«

Ellen lag mit geöffneten Augen da und glaubte zu träumen. Da war sie wieder, die Stimme des Fremden. Blaß stand er da und streckte ihr einen Strauß gelber Blüten entgegen, die von einem *E. crebra* stammten. »Ich muß ihnen was erzählen«, sagte er, zog die Stiefel aus und schlüpfte in ihr Bett. »Ellen spürte in der Wärme Festigkeit, wie ein erstes Wiederkehren ihrer Gesundheit.«

Wie viele Spezies in Murray Bails Roman vorkommen, habe ich nicht gezählt. Es sind jedenfalls viele, aber gewiß nur ein Bruchteil der hauptsächlich in Australien heimischen Gattung *Eucalyptus*, die zur Familie der Myrtengewächse gehört. Beiläufig erwähnt Bail, daß sich Gelehrte immer noch über die genaue Anzahl der schnell wachsenden, immergrünen Baumarten streiten. Die einschlägige Literatur spricht von etwa fünfhundertfünfzig Arten, deren Größe von einem bis über hundert Meter reicht. Damit zählen manche Eukalypten zu den höchsten Bäumen der Erde, die nur von den Mammutbäumen Kaliforniens überragt werden. Die sogenannten »Skyscraper Trees« Australiens sind *E. regnans* in New South Wales und Tasmanien, *E. diversicolor* in Westaustralien, *E. obliqua* und *E. viminalis* in Süd- und Südostaustralien und Tasmanien. Wieder andere Arten sind unter der Bezeichnung »Eisenrindenbaum« bekannt; sie gehören zu den härtesten und dauerhaftesten Hölzern auf der Erde, wobei das spezifische Gewicht bei einigen schwerer als Wasser ist. Zum Beispiel hat man aus dem Holz von *E. paniculata* und *E. crebra* Schwellen gefertigt, die für den Schienenunterbau von Eisenbahnstrecken in China, Indien und den britischen Kolonien in Afrika verwendet wurden. Auch beim Bau der Transsibirischen Eisenbahn Ende des 19. Jahrhunderts verlegte man die Schienen auf Schwellen, die aus den Eukalyptuswäldern der Bunyah Mountains an der Ostküste Australiens kamen.

Der Name Eukalyptus ist eine Wortschöpfung aus dem griechischen Präfix *eu*, »wohl, gut«, und *kalyptein*, »verhüllen«. Sie beschreibt, was für die Gattung charakteristisch ist: Die Blütenknospen sind mit einer Art Haube bedeckt, die sich beim Öffnen der Blüten ablöst und den Stempel und zahlreiche Staubgefäße freigibt. Vorgeschlagen wurde der Gattungsname 1788 von dem französischen Botaniker Charles-Louis L'Héritier de Brutelle, der damals in London arbeitete. Im Auftrag von Joseph Banks, Direktor der Royal Botanic Gardens in Kew, wertete L'Héritier jene Pflanzenfunde aus, die auf James Cooks verhängnisvoller dritter Reise (er wurde am 14. Februar 1779 auf Hawaii von einem Eingeborenen erstochen) in Tasmanien (das damals Van Diemen's Land hieß) gesammelt wurden.

Der Eukalyptusbaum ist das Wahrzeichen Australiens, ein fester Bezugspunkt nicht nur in der Biologie, sondern auch (wie am Beispiel des Autors Murray Bail zu sehen) in der Literatur und Geschichte des Landes. In den achtziger Jahren des 20. Jahrhunderts jedoch fielen Millionen Bäume einer mysteriösen Krankheit zum Opfer, eine ökologische Katastrophe mit weitreichenden ökonomischen wie auch emotionalen Konsequenzen. Diese Information verdanke ich dem Buch »Life in the Treetops« (1999) der amerikanischen Biologin Margaret D. Lowman, deren Spezialgebiet die Erforschung von Baumkronen in verschiedenen Erdteilen ist. Als Stipendiatin kam die Feldbiologin damals nach Australien, gerade rechtzeitig, um an der Aufklärung der Ursachen dieses Baumsterbens im australischen Outback mitzuwirken. Das Phänomen Eukalyptussterben war nicht unbekannt, wie Lowman erwähnt. Schon im Jahre 1878 dokumentierte der Farmer A. Norton eine solche Katastrophe: »Ich habe Tausende Morgen Land gesehen – vorrangig im Distrikt New England in New South Wales –, bei denen eine Seuche anscheinend den gesamten Waldbestand befallen und vernichtet hatte.«

In den folgenden einhundert Jahren kam es in ganz Australien immer wieder zu Ausbrüchen der Krankheit, doch zum Zeitpunkt, als Lowman im Outback zu forschen begann, nahm das Eukalyptussterben den Grad einer Epidemie an, die mit einer dramatischen Zerstörung der Landschaft einherging. Vermutlich war nicht ein einzelner Faktor für das rätselhafte Baumsterben verantwortlich. Als Ursachen vermutete man pflanzenfressende Insekten, Pilzerkrankungen, Dürreperioden sowie Veränderungen des Grundwasserspiegels. Lowmans vordringliche Aufgabe bestand darin, in mehreren Untersuchungsgebieten regelmäßig auf die Bäume zu klettern und festzustellen, ob die Blätter tatsächlich von Insekten gefressen wurden oder aber durch eine andere starke Belastung abfielen. Die Ergebnisse waren erschütternd: Die Zahl der Pflanzenfresser in Eukalyptusbäumen war erheblich höher als bei allen anderen von Lowman untersuchten Gattungen und deutlich höher als bis dahin in der wissenschaftlichen Literatur angenommen. Nach drei Forschungssommern hatten Lowman und ihr Mitarbeiter genügend Daten gesammelt, um einen zwingenden

Zusammenhang zwischen Insekten und dem Baumsterben nachzuweisen. Dabei fiel eine Insektenart besonders auf: der sogenannte »Weihnachtskäfer« (*Anoplognathes sp.*), der im Sommer (wenn auf der nördlichen Hälfte der Erde Winter beziehungsweise Weihnachten ist) besonders aktiv ist und der sich gierig durch die Eukalyptusbestände fraß. Aber damit war das Problem, so die Biologin, nur zur Hälfte gelöst. Denn natürlich spielte auch der Mensch als Verursacher eine wichtige Rolle. Zahlreiche Eingriffe hatten die australische Landschaft nachhaltig verändert: die Rodung ausgedehnter Waldflächen; die von Schaf- und Rinderherden niedergetrampelten und verdichteten Böden; die Einführung europäischer Grassorten, die besseres Futter für die Wintermonate versprachen (aber einen Rückgang der Artenvielfalt einheimischer Gräser bewirkten) und der Einsatz von phosphathaltigem Kunstdünger zur Förderung des Wachstums der neueingeführten Gräser. Jeder dieser Faktoren hatte in hohem Maße Einfluß auf die natürliche Umgebung.

Margaret Lowmans Forschungsarbeit rund um das Eukalyptussterben war, wie sie schreibt, kein Happy-end beschieden. Zwar machten die Untersuchungen in den achtziger Jahren enorme Fortschritte, aber eine endgültige Lösung war nicht in Sicht, weil für Langzeitstudien (und nur die wären erfolgversprechend gewesen) nicht ausreichend Geld vorhanden war. »Aber wer soll für die Bäume zahlen?« fragte Lowman. »Die Landbesitzer, die Schafe halten und damit indirekt zur Degradierung der Landschaft beitragen? Oder die Regierung, die Steuern von den Landbesitzern erhebt, woraufhin diese wieder mehr Vieh züchten müssen, um ihren Lebensunterhalt zu verdienen? Und was ist mit den Touristen und der Stadtbevölkerung, die gesunde Eukalyptusbäume in einer pittoresken, idyllischen Landschaft sehen wollen statt verkrüppelte und absterbende graue Skelette? Jeden von uns trifft ein Teil der Schuld – und zwar dafür, daß wir unsere Umwelt vernachlässigt, mißbraucht und die ersten Anzeichen des Verfalls ignoriert haben.«

Zu Beginn des Jahres 2002 brach in den Blue Mountains westlich von Sydney ein verheerender Waldbrand aus, der sich rasch gegen Süden in Richtung der alpinen Region von Victoria ausbreitete. Ein halbes Jahr später schwärmten australische Medien von einem »grünen Wunder«: Ein Großteil der leicht brennbaren Eukalyptusbäume hatte den Feuersturm überlebt und wieder ausgetrieben. Die Erklärung für dieses Phänomen liegt in der natürlichen Fähigkeit der Eukalypten, sich dem Feuer, das durch die extreme Hitze in den Sommermonaten regelmäßig ausbricht, anzupassen.

Lange war unklar, wie sich die Bäume regenerieren. Botaniker haben herausgefunden, daß sich die Keimlinge nicht in der Rinde, sondern tief im hölzernen Herz entwickeln. Von der äußeren Rinde führen Stränge in den Baum, die zum Leben erwachen, wenn bestimmte Hormone durch die Hitze aktiviert und dadurch junge Knospen produziert werden. Ein großer Eukalyptusbaum kann bis zu zwei Zentimeter seiner Rinde verlieren, ohne daß seine Fortpflanzungsstruktur zerstört wird.

Zu den unschuldigen Opfern von Waldbränden, Baumsterben und Abholzungen allerdings zählen die australischen Ureinwohner mit den dicken Nasen und dem wolligen Fell, die Koalas. In nur einem Jahrhundert verringerte sich ihre Population von zwölf Millionen auf geschätzte hunderttausend Tiere heute. Sie werden oft als »Koalabären« bezeichnet, was unzutreffend ist, weil sie zur Ordnung der Beuteltiere (wie Känguruhs und Wallabys) gehören. Koalas sind die einzigen Säugetiere, die sich ausschließlich von Blättern ganz bestimmter Eukalyptusarten ernähren, von denen sie bis zu einem Kilogramm am Tag fressen. Allerdings sind die ledrigen Blätter nährstoffarm und giftig, sie enthalten Phenole, aber auch ätherische Öle (die den Eukalypten den charakteristischen

Geruch verleihen). Um aus dieser Nahrung die erforderliche Energie zu gewinnen und die giftigen Verbindungen abzubauen, verfügen Koalas über einen spezialisierten Verdauungsapparat. Der Magen ist im Vergleich zu anderen Pflanzenfressern relativ klein und einfach, verfügt aber über eine große Verdauungsdrüse (*digestive gland*), die für die Auflösung der zerkauten Blätter sorgt. Vom Magen wandert der Pflanzenbrei in den Dünndarm und weiter in den (für die Körpergröße) ungewöhnlich langen Blinddarm, der bis zu zweieinhalb Meter mißt und eine enorme Anzahl Mikroorganismen enthält, welche die Fermentation steuern. Während des langwierigen Verdauungsvorgangs werden aus der Blätternahrung Zellulose, Proteine und andere Nährstoffe resorbiert. Der verwickelte Stoffwechsel verbraucht natürlich wieder einen Teil der mühsam gewonnenen Energie, weshalb Koalas sparsam mit ihren Kräften umgehen müssen; das tun sie, indem sie etwa zwanzig Stunden am Tag hoch oben in den Bäumen schlafen. Das Wort Koala bedeutet in der Sprache der Aborigines so viel wie »trinkt nicht«. Koalas trinken nämlich vermutlich nie, sondern decken ihren täglichen Wasserbedarf durch die sehr wasserreichen Blätter.

Thomas Pakenham, dendrologischer Globetrotter und Vorsitzender der Irish Tree Society, hat in Australien außergewöhnliche Eukalyptusbäume aufgesucht und in dem Bildband »Remarkable Trees of the World« vorgestellt. Am Schluß seiner Begleittexte wirft er die Frage auf: »Do the loggers always win?« und beantwortet sie mit »wahrscheinlich ja«. Pakenham spielt dabei auf die traurige Tatsache an, daß in der Vergangenheit eine Vielzahl von »King-size«-Eukalypten den Kettensägen zum Opfer fielen oder durch Brände vernichtet wurden. Als Beispiel nennt er den schon erwähnten Rieseneukalyptus (*E. regnans*), kolossale Bäume, die nicht selten bis zu hundertzwanzig Meter in den Himmel ragten und einst die Landschaft von Victoria und Tasmanien beherrschten. Einzelne Giganten, die rücksichtslosen Raubbau und Feuer überlebten, wie in den Yarra Mountains oder in Black Spur, werden Touristen auf »Tall tree country«-Touren vorgeführt wie eine vom Aussterben bedrohte Tierart im Zoo.

singt, meine schwäne, singt,
die blätter treiben so sehr,
was liebend unter linden lag,
liebt lang schon nimmer mehr.

H. C. Artmann, aus:
»ein lilienweißer brief aus lincolnshire«,
21. 10. 1960

Der Baum mitten in der Welt

Die verlustreichen Feldzüge gegen Napoleon hatten Österreichs Staatsfinanzen längst erschöpft, als der Stern des Soldatenkaisers nach der verlorenen Völkerschlacht bei Leipzig im Begriff war unterzugehen. Als dann im März 1814 die Koalitionsmächte Paris einnahmen, mußte Napoleon abdanken und nach der Insel Elba emigrieren. Ein paar Monate danach begann mit großem Pomp das Spektakel des Wiener Kongresses. In der Haupt- und Residenzstadt versammelten sich die Staatsmänner fast aller europäischen Mächte, um die territoriale Neuordnung Europas festzulegen. Mehr als ein halbes Jahr lang wurde beratschlagt und um die Teilung der Beute gestritten. Zur Zerstreuung der versammelten durchlauchtigsten Gäste ließ Fürst Metternich einen berauschenden Reigen von Vergnügungen inszenieren, Hofbälle, Maskenredouten, Salonabende, Theater und Konzerte, was in Anbetracht des verschwenderischen Aufwands erneut Unsummen verschlang.

Die mißliche Finanzlage mag dazu beigetragen haben, daß die seit längerem angestrebte und vorbereitete Neuregelung der Grundsteuer für die ganze Monarchie nun entschlossen in Angriff genommen wurde, zählte doch diese Steuer schon immer zu den wichtigsten Einnahmequellen des Staates. Am 23. Dezember 1817 erließ Kaiser Franz I. ein »Grundsteuerpatent«, das die Grundlage für den sogenannten Stabilen Kataster schuf. Um einen solchen

Kataster erstellen zu können, war es notwendig, die Kronländer durch »wissenschaftlich gebildete und praktisch geübte Feldmesser aus dem Militär- und Civil-Stande«, wie es im kaiserlichen Patent hieß, vermessen zu lassen. Dazu bediente man sich der trigonometrischen Triangulierung, die so funktionierte, daß zunächst das ganze Territorium in Gebiete zerlegt wurde. Dann wählte man für jedes der Gebiete einen Koordinatenursprung, von dem aus das Vermessungswerk begann.

Für die Katastralvermessung der Kronländer Oberösterreich, Salzburg und Böhmen legte man als Ursprung einen Punkt auf dem Gusterberg bei Kremsmünster, vierhundertachtundachtzig Meter über der Adria, fest, dessen Koordinaten sich bei 14°08'15" östlicher Länge und 48°02'18" nördlicher Breite schneiden.

Als mit der Landvermessung (die einundzwanzig Jahre in Anspruch nehmen sollte) 1822 begonnen wurde, pflanzte man ein paar Meter vom Koordinatenursprung entfernt eine Linde (*Tilia sp.*). Das entsprach der Gepflogenheit, die einem althergebrachten Brauch entsprang, Linden als Gedenkbäume sprießen zu lassen. Noch heute werden Linden, die in unserem kulturellen Bewußtsein gemeinsam mit Eichen die ranghöchsten Bäume darstellen, zu verschiedenen Anlässen gepflanzt. Da hatte zum Beispiel ein Ingenieur aus Dresden nach der Wiedervereinigung Deutschlands 1990 behauptet, das Dorf Niederdorla in Thüringen sei dessen topographischer Mittelpunkt, worauf die Gemeinde im Februar 1991 am berechneten Punkt eine Linde pflanzen ließ. Ein Wessi aus Bonn rechnete nach und sagte, das sei falsch; Flinsberg bei Heiligenstadt, ebenfalls in Thüringen, verdiene die Ehre, die Mitte der Bundesrepublik zu sein. Und natürlich wurde auch diese Stelle mit einem Baum markiert, doch nicht mit einer Linde, sondern mit der symbolträchtigen Eiche.

Mehr als ein Menschenalter hatte die Landvermessungs-Gedenk-Linde auf dem Gusterberg ungeschützt heftigen Winden

und Gewittern, die über die flache Kuppe hinweggegangen waren, standgehalten, bis im Sommer 1903 ein Blitz in ihre breitgewölbte Krone einschlug und den Stamm so schwer beschädigte, daß der Baum gefällt werden mußte.

An der gleichen Stelle wurde wieder eine Linde gepflanzt, eine Sommerlinde (*Tilia platyphyllos*), die – inzwischen hundert Jahre alt – noch steht; an einem strahlend blauen Sommertag habe ich sie besucht.

Das Plateau des Gusterbergs erreicht man von Kremsmünster über eine asphaltierte Straße. Die hochgewachsene Linde mit ihrem dicht geschlossenen Laubdach fällt sofort auf; sie steht direkt an der Straße. Ihr gegenüber, jenseits der Straße, befindet sich der Triangulierungspunkt, auf dessen Geschichte, die wir schon kennen, eine im Boden eingelassene Metallplatte hinweist. Daneben erhebt sich eine häßlich-moderne Aussichtswarte, von der aus man an klaren Tagen einen herrlichen Rundblick hat, vom Donautal im

Tilia platyphyllos aus: Henri-Louis Duhamel du Monceau, »Traité des arbres et arbustes«, Band 1 (1804)

Norden über hügeliges Land bis zu den Gebirgsstöcken des Salzkammerguts im Süden. Der Grund, warum man heutzutage den Gusterberg aufsucht, ist freilich nicht die Linde, sondern ein Landgasthof, weitum bekannt für seine Lammgerichte. Was den Gasthof allerdings mit der Linde verbindet und ihn neben seinem kulinarischen Ruf eine auffallende Note verleiht, ist der Name »Zum Baum mitten in der Welt«. Eine originelle Idee, einen Baum in Oberösterreich als die Mitte der Welt zu betrachten! Es erinnert an die uralte Glaubensvorstellung von der *axis mundi*, dem Weltenbaum, der Himmel und Erde verbindet und andeutet, daß die »wahre Welt« immer in der Mitte, im Zentrum liegt. Vermutlich hat der Name des Gasthofs dazu verleitet, in verschiedenen Publikationen, auch in solchen mit wissenschaftlichem Anspruch, die Linde als den »Fixpunkt« für die Vermessung zu nennen, was natürlich nicht stimmt. So heißt es zum Beispiel in einem sehr kompetenten Werk über den »Baum in der Kulturgeschichte«: »Die ›Mitte der Welt‹ ist seit der Kataster-Vermessung von 1823 jene Linde bei Kremsmünster, von der aus Kaiser Franz I. seine Lande triangulierte. Der Name des Gasthofes daneben beweist es.«

Bevor ich den Gasthof betrat, las ich auf einer Tafel an der Fassade, daß der Triangulierungspunkt (der heute schlicht mit 9–50 bezeichnet ist) 5 322 465,58 Meter vom Äquator entfernt ist. Diese millimetergenaue Information brachte mich auf den Gedanken, daheim im Atlas nachzusehen, welches Land oder welcher Ort am Äquator auf dem gleichen Längengrad liegt wie der »Baum mitten in der Welt«, gleichsam sein äquatoriales Vis-à-vis: Es ist die Republik Kongo und ein naher Ort heißt Mbomobakota. Die Wirtin hatte mir die Lammbrust empfohlen, die mit faschiertem Kalbfleisch und Pistazien gefüllt war und auf der Zunge zerging. Später erzählte mir Frau Mair, daß der Gasthof seit 1912 bestehe; vorher hatte man eine Straße über den Gusterberg gebaut. Wer sich den stimmungsvollen Namen ausgedacht habe, wisse sie nicht, das sei zu lange her, aber er gefalle ihr. Ihre »Mitte der Welt«, sagte Frau Mair und deutete mit der Hand auf den Fußboden, sei auch hier; ein kleiner Kreis auf dem Kreis der großen Welt.

Die Linde ist, wie gesagt, ein Gedenkbaum, doch sie galt auch (und möglicherweise gilt sie noch) als Liebesbaum (die »wollusttrunkene Fackel der Liebessehnsucht«, gluckste der Publizist Theodor Lessing), als Friedens- und Freudenbaum (Martin Luther), als typischer Haus- und Klosterbaum. In vielen Ortschaften stand auf dem Dorfplatz eine Linde, unter deren Blätterdach bis in die Neuzeit das Gericht (*Judicium sub tilia*) tagte, beraten, gefeiert und getanzt wurde. Noch heute gibt es in manchen Orten sogenannte Tanzlinden, besonders starke und alte Bäume, deren unterste Äste zu einem waagrechten Kranz geformt (im Fachjargon: geleitet) wurden, auf dem man den Tanzboden mit Brettern auslegte; getanzt wurde also nicht unter, sondern in der Linde. Linden können viele hundert Jahre alt werden; selbst tausendjährige Linden sind bei uns keine Seltenheit. Die Gattung *Tilia* aus der Familie der Lindengewächse (*Tiliaceae*) umfaßt mehr als dreißig Arten, die in Europa, im Nahen und Fernen Osten sowie in Teilen Nordamerikas und Mexikos heimisch sind. Bei uns kommen drei Arten vor: die Sommerlinde (*Tilia platyphyllos*), die Winterlinde (*Tilia cordata*) und die Holländische Linde (*Tilia europaea*), die als natürlicher Bastard der Sommer- und der Winterlinde beschrieben wird. Den sommergrünen Laubbaum erkennt man an seinen schief herzförmigen, gesägten Blättern, gelblichweißen, duftenden Blüten in rispenartigen Blütenständen, an deren Stiel das zungenförmige Tragblatt als Flugapparat für die Früchte angeheftet ist. Die Etymologie des lateinischen Wortes *tilia* ist nicht ganz klar. Bei Plinius dem Älteren war mit diesem Wort »Lindenbast« gemeint; früher war der unter der äußeren Rinde liegende Bast wegen seiner Fasern geschätzt, aus denen man Körbe, Matten, Schnüre, Seile, Bogensehnen, Bienenkörbe und Sattelzeug anfertigte. Häufig taucht die Linde in Sagen und Volksliedern auf; wir erinnern uns an Siegfried aus dem Nibelungenlied, an das Bad im Drachenblut: Er ist unverwundbar bis auf jene Stelle zwischen den Schulterblättern, an der ein Lindenblatt haften geblieben war. Genau dort traf ihn der tödliche Stoß seines Widersachers Hagen von Tronje – unter einem Lindenbaum. Aber auch den Dichtern war die Linde ein beliebtes Requisit und Motiv. Eines der bekanntesten Lieder von Franz Schubert heißt »Der Lindenbaum«, vertont nach einem Gedicht von Wilhelm Müller. Es beginnt: »Am Brunnen vor dem Tore / Da steht ein Lindenbaum; / Ich träumt in seinem Schatten / So manchen süßen Traum.« Bei dem rätselhaften Schluß – »Du fändest Ruhe dort!« – fragt sich der Professor für Alte Geschichte an der Freien Universität Berlin, Alexander Demandt, ob das nicht eine Aufforderung zum Selbstmord gewesen sei. Wer weiß?

Im Barock wurden Fahrwege und Zufahrten zu Schlössern gern auf beiden Seiten dicht mit Bäumen gesäumt, insbesondere mit Linden. Unter dem Einfluß der französischen Gartenkunst bürgerte sich im 17. Jahrhundert dafür das Wort *Allée* in unsere Sprache ein, zunächst als Bezeichnung für schattige Gänge in Gartenanlagen, danach allgemein für baumbestandene Wege. Zufällig schnappte ich eine Information auf, wonach sich in der nordböhmischen Stadt Jičín – dem Geburtsort von Karl Kraus – eine Lindenallee befinde, die Albrecht Wenzel Eusebius Wallenstein (Waldstein), der kaiserliche Generalissimus im Dreißigjährigen Krieg, angeblich nach einem rätselhaften Konzept von seinen Soldaten in nur wenigen Minuten habe pflanzen lassen. Das mit den Soldaten leuchtete mir ein, aber wie sieht eine Allee aus, die nach einem mysteriösen Plan gesetzt worden ist? Ich begann in einer der prominentesten Wallenstein-Biographien, jener des Historikers Golo Mann, zu stöbern, bevor ich mich auf den Weg nach Jičín machte.

Nach der Schlacht am Weißen Berg wurden die Güter der protestantischen Adeligen konfisziert. Wallenstein, seit 1621 Mitglied des Wiener Hofkriegsrats, konnte dadurch seine Besitztümer in Böhmen um vieles vermehren und ein ungeheures Vermögen ansammeln. Als Herzog von Friedland wählte er Jičín zu seiner Residenz und verwandelte sie binnen kurzem in einen wimmelnden Bauplatz. »Von einer Bauern- und Pfahlbürgersiedlung«, schrieb Golo Mann, »in der man die Misthaufen vor den Häusern aus eigenem vermehrt, ist es zu einer blanken Residenzstadt, Handels- und Handwerksstadt geworden.« Die Baumeister waren Italiener; ein gewisser Andrea Spezza, Giovanni Pieroni, Niccolo Sebregondi. Als Stil bevorzugte Wallenstein die zum Barock sich wendende italienische Renaissance; die Weiträumigkeit, die Verbindung der Architektur mit der Natur. Zuerst wurde das an der Südseite des Marktplatzes stehende Palais (das vormals im Besitz der protestantischen Adelsfamilie Smiřický gewesen war) umgebaut, daneben sollte ein mächtiger Dom nach dem berühmten Vorbild der Kathedrale von Santiago de Compostela entstehen, der unvollendet blieb. In Valdice, einige Kilometer nordöstlich vom Hauptplatz entfernt, ließ Wallenstein eine prunkvolle Loggia erbauen, mit Blick auf eine Parkanlage mit Wasserspielen, einen Schwanenteich und einen Vogelhaus mit Tropfsteinimitationen. Über den Baumbestand im Park schrieb Kaspar Graf Sternberg in seiner Pflanzengeographie Böhmens zweihundert Jahre später: »Schönere Bäume, als im gegenwärtigen Garten bei Jičín, kann man kaum in der Welt sehen.« Die Verbindung zwischen dem Stadtkern und der Loggia bildet die schnurgerade Lindenallee, über die Golo Mann zu berichten weiß: »Die ganze vierreihige Allee sei in zehn Minuten gepflanzt worden. Was Wunder? Es gab ja so viele Pflanzer, wie Linden sein sollten, Soldaten nämlich, ganz so placiert, wie heute die schattenspendenden Bäume, in vierfacher Reihe, drei Wege bildend, wovon der in der Mitte doppelt so breit wie jene zur

Seite; so standen die Soldaten mit ihren Schaufeln, ein paar Regimenter müssen es gewesen sein, und ein einziges schmetterndes Kommando tat es.« Kein Wort von einem rätselhaften Konzept, aber wenigstens die Geschichte mit den Soldaten wird von dem Historiker erwähnt. Ein anderer Wallenstein-Biograph, Kurt Pfister, zitierte 1947 eine Anordnung (ohne anzugeben, woher sie stammt), wonach bei den Alleebäumen darauf geachtet werden sollte, »daß sie gerade über sich wachsen und eine schöne vista geben mögen; auch sollen Wächter angestellt werden, damit die Linden von den betrunkenen, aus der Stadt kommenden Leuten nicht verderbet werden«. Ich zog eine weitere Quelle aus dem Jahr 1679 zu Rate: Bohuslav Balbín, ein Jesuit und Zeitzeuge, berichtete im ersten Band seiner »Miscellaneorum Historicorum Bohemiae«, den ich in der Österreichischen Nationalbibliothek einsehen konnte: »Die Linden bei Jičín sind noch vorhanden, die mit einer dreifachen, und dazu noch sehr breiten Straße von Jičín zum Garten des Fürsten führen, ein Werk, das sehr bedeutsam anzusehen ist; ein diesem ebenbürtiges [Werk] kann man in ganz Böhmen und wohl auch in den Nachbarprovinzen nicht finden. Mehr als siebenhundert Linden eröffnen, schachbrettartig angeordnet, in vier Reihen eine dreifache Straße, eine mittlere, die eines Königs würdig und mit dem Wagen befahrbar ist, und auf der Seite zwei schmälere, und halten die Sonne ab; die Bäume selbst haben ganz und gar dasselbe Alter, gleichförmige Wipfel, unten einen gras- und blumenreichen Boden, und stellen sehr echt jenen Hesiodischen Weg der Lust vor Augen, den der Hercules des Prodikos [griechischer Rhetor] in höchster Einsicht mied.«

Einen interessanten Hinweis fand ich im Jičíner Heimatmuseum, das sich im Palais Wallenstein befindet; er ließ mich hoffen, dem rätselhaften Konzept vielleicht doch noch auf die Spur zu kommen. Zu Wallensteins Charakterbild, das konnte ich den Biographien entnehmen, gehörten nüchterner Wirklichkeitssinn und kaltblütiges Berechnen seiner Möglichkeiten ebenso wie der Glaube an die Astrologie und die gelegentliche Flucht in eine lebensferne Traumwelt. In einer Vitrine im Museum wird die Abbildung von Wallensteins Geburtshoroskop gezeigt, das er sich 1608 von Johannes Kepler, der damals im Dienst Kaiser Rudolfs stand, erstellen ließ. In der Erklärung dazu heißt es, daß der Herzog unter einer seltenen Planetenkonstellation geboren worden sei, die es nur alle zwölf Jahre gebe, nämlich wenn Jupiter und Saturn im Tierkreiszeichen Fisch zusammentreffen. Außerdem las ich, daß tschechische Wissenschaftler in den Achsen, auf die Bauwerke, Park und Allee bezogen sind, die Konstellation in Keplers Horoskop zu erkennen meinen. War damit das rätselhafte Konzept gemeint? Im Museum wandte ich mich an die Kustodin, Frau Klipcová, die meinte, das Rätsel sei, obzwar schon viel darüber diskutiert worden sei, nach wie vor ungelöst. Als architektonisches Konzept erkennbar sei tatsächlich ein Netzwerk von visuellen Beziehungen in der Landschaft, wobei die Hauptachse zwischen der Burg Veliš im Südwesten und dem weitläufigen Kartäuserkloster von Valdice im Nordosten (in dem Wallenstein seine Grabstätte errichten ließ) verläuft. Auf der Achse liegen der unfertige Dom (mit einem Verbindungsgang zum Palais), die Lindenallee und die Loggia. Quer zur Loggia breitete sich die in absichtsvoller Strenge gestaltete Gartenanlage aus. Die Allee selbst, erklärte mir Frau Klipcová, sei im Jahre 1632 mit tausendeinhundertzweiundfünfzig Linden angelegt worden und habe sich im Laufe der Jahrhunderte nicht wesentlich verändert. Nur die Anzahl der Bäume habe sich durch den Bau einer Straße im 19. Jahrhundert (die heute Ulice Revolučni heißt) verringert; gegenwärtig zähle die Allee tausendeinhundertvierzig Linden auf einer Länge von tausendsiebenhundert Metern und gelte als eines der am besten erhaltenen städtebaulichen Denkmäler aus der Ära Wallensteins (die am 25. Februar 1634 mit der Ermordung, genauer gesagt Hinrichtung, des Herzogs in Eger ein jähes Ende fand). Das vermeintliche militärische Bravourstück der Baumpflanzung, meinte die Kustodin, sei wahrscheinlich eine Fiktion, da kein einziges verläßliches Dokument diese Behauptung bestätige.

Das einst feudale Ensemble bot sich mir nur mehr als Überbleibsel aus Tausendundeiner Nacht dar, die Loggia ist in einem desolaten Zustand, und die kunstvollen Strukturen der Gartenlandschaft scheinen sich in einem unaufhaltsamen Prozeß der Verwilderung aufzulösen.

Wir sehen den Wald an und sagen:
Da, ein Schiffswald, ein Mastenwald,
rosenfarbene Kiefern,
frei von jeglicher Mooslast bis in die Wipfel –:
sie sollen knarren im Sturm,
in entfesselter, waldloser Luft,
als einsame Pinien;
das Bleilot
fühlt dann die salzige Ferse des Windes, bleibt fest,
angepaßt an das tanzende Deck.

Ossip Mandelstam, aus: »Der Hufeisenfinder«

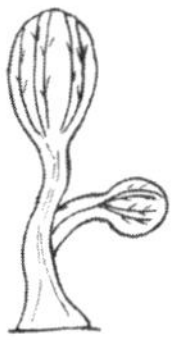

Die Douglasie

Die Douglasie (*Pseudotsuga menziesii*) gilt als der wertvollste und wichtigste exotische Nadelbaum, der aus dem westlichen Nordamerika nach Europa kam und in unseren Wäldern seit Ende des 19. Jahrhunderts erfolgreich gepflanzt wird. Das begehrte Holz ist im Kern gelblich braun bis zart rotbraun; zerreibt man die weichen, dunkelgrünen Nadeln, so riechen sie angenehm nach Orangen. Über diesen Baum zu schreiben gibt mir Gelegenheit, einen der zähesten und leidenschaftlichsten, um nicht zu sagen verrücktesten Pflanzenjäger vorzustellen, der 1827 erstmals Samen dieser Spezies, die seinen Namen trägt, nach Europa brachte: David Douglas. Douglas wurde am 25. Juni 1799 im geographischen wie historischen Herzen Schottlands geboren, in Scone, dem Ort der nebelhaften Legenden und Könige. Macbeth wird in Shakespeares Drama von Macduff (»Zu mir! du Höllenhund, zu mir!«) enthauptet, und Malcolm, sein Nachfolger, ruft am Schluß seinen Gefolgsleuten zu: »Und jetzt zur Krönung lad' ich Euch nach Scone.« 1651 fand die letzte Krönung im Scone Palace statt, dem Sitz der Grafen von Mansfield. Der dritte Graf ließ um 1800 den Palast aufwendig im gotischen Stil um- und ausbauen (wobei Douglas' Vater John als Steinmetz beschäftigt war) und die Parkanlagen und Gärten rund um Scone neu gestalten. Der »head gardener« von Scone, Willie Beattie, nahm den elfjährigen David, der als halsstarrig und unbeherrscht galt, unter seine Fittiche. Die Lehrjahre veränderten Davids Wesen, er wurde ein aufmerksamer Schüler, sammelte und bestimmte Pflanzen und begann alles zu lesen, was ihm in die Hände fiel. Mit neunzehn und vertraut mit allen Arbeiten in Zier- und Küchengärten erhielt David die Chance, in dem berühmten Park von Valleyfield nahe dem Ort Dunfermline, vierzig Kilometer südlich von Scone, als Gärtner zu arbeiten. Valleyfield war das Anwesen von Sir Robert Preston, einem wohlhabenden Landlord und Verehrer der Naturwissenschaften, im besonderen der Botanik. Ihm gefiel der neugierige, talentierte »under gardener«, und er erlaubte David, seine umfangreiche Bibliothek zu benützen, eine erlesene Quelle, um seinen Wissensdurst zu stillen. Nach zwei Jahren in Valleyfield bewarb sich David Douglas um eine Anstellung im Botanischen Garten von Glasgow, die er auch erhielt. Dort traf er auf jenen Mann, der seine Karriere als Botaniker entscheidend beeinflussen sollte: William Jackson Hooker, frischgebackener Professor für Botanik an der Universität von Glasgow. Hooker wurde auf den jungen, aufgeweckten Gärtner aus Scone aufmerksam, lud ihn zu seinen Vorlesungen ein, nahm ihn mit zu botanischen Exkursionen in die Highlands – und wurde sein väterlicher Förderer und Freund.

Douglas, mit dem praktischen Wissen des Gärtners im Hintergrund, drang mehr und mehr in die Wissenschaft der Botanik ein. Als Hooker ihn dem Sekretär der Horticultural Society, Joseph Sabine Esq., als Pflanzensammler empfahl, ging für Douglas ein langgehegter Wunsch in Erfüllung.

Es war das heroische Zeitalter der Botanik. Als Folge des Zeitgeschmacks und Interesses an exotischen Pflanzen schwärmten Pflanzenjäger und Wissenschaftler von Europa aus, durchstöberten tollkühn und besessen die Weltgegenden nach neuen Spezies und bezahlten ihren Ehrgeiz bisweilen mit dem Leben. Für die Horticultural Society waren gleich mehrere »Collectors« in China, Indien und Afrika unterwegs und brachten Samen noch unbekannter Arten von Chrysanthemen, Pfingstrosen, Azaleen, Kamelien, Primeln, Lilien und Orchideen heim. David Douglas wurde von der Gesellschaft ausersehen, nach Nordamerika zu reisen, zunächst (1823) an die Ostküste, um den Obstanbau, besonders jenen der Äpfel, zu untersuchen und junge Eichen für die Aufforstung in England zu erwerben. Zwei weitere Forschungsreisen nach Nordamerika im Auftrag der Gesellschaft folgten, wobei ich mich auf die zweite Reise konzentrieren möchte, die ihn in den größtenteils noch unerforschten pazifischen Nordwesten führte, in ein Gebiet, das untrennbar mit seinem Namen verbunden ist.

Im Juli 1824 verließ Douglas an Bord der »William and Ann« die Küste Englands mit Kurs auf Kap Hoorn. Nach fast neun Monaten erreichte der Segler die Mündung des Columbia River und ging bei Fort George (heute die Stadt Astoria im Bundesstaat Oregon) vor Anker. Douglas, endlich wieder festen Boden unter den Füßen, notierte in sein Journal: »With truth I may count this one of the happy moments of my life.« In der Mündung und stromaufwärts des Columbia River unterhielt die Hudson Bay Company, die damals hauptsächlich mit Fellen handelte, mehrere Faktoreien, die Douglas bei seinen Expeditionen ins Landesinnere als Unterschlupf dienten; doch die meisten Nächte verbrachte er im Zelt, unter einem Baum oder umgedrehten Kanu, allen Unbilden der Witterung ausgesetzt. In seinem Journal vermerkte er: »The luxury of a night's sleep on a bed of pine branches can only be appreciated by those who have experienced a route over a barren plain scorched by the sun, or fatigued by groping their way through a thick forest, crossing gullies, dead wood, lakes, stones &c.«* In einem anderen

* »Den Luxus, auf einem Bett aus Kiefernzweigen zu schlafen, können nur jene würdigen, die sich ihren Weg über eine öde, sonnenverbrannte Ebene gebahnt haben, völlig ermattet, da sie sich durch einen dichten Wald kämpften, über Klüfte, abgestorbenes Holz, Steinblöcke etc.«

Eintrag heißt es: »Der Regen, den der Wind heranpeitschte, machte es mir unmöglich, ein Feuer in Gang zu bringen, und zu allem Unglück wurde mein Zelt mitten in der Nacht umgeweht. Alle zehn bis fünfzehn Minuten rief ein umstürzender Baum ein Krachen hervor, als ob die Erde bärste, und das zusammen mit dem unaufhörlichen Donnergeschmetter und den gezackten und gegabelten Blitzen brachte mein Gemüt in eine Aufregung, die ich nicht zu beschreiben vermag. Bei solchen Gelegenheiten bin ich nahe daran, mürrisch zu werden.« Doch allen Strapazen und Widrigkeiten zum Trotz setzte Douglas unbeirrt seine Streifzüge durch die Wildnis fort, manchmal begleitet von Indianern vom Stamm der Chinook und Salish, mit denen er sich angefreundet hatte. Sie nannten das robuste Bleichgesicht, das unterwegs ständig die Augen am Boden hatte und seine Zinnbüchse mit Pflanzen und Samen vollstopfte, »Grass Man«. Die erste Kollektion Samenzapfen der Douglas-fir (wie der Baum im Englischen heißt) sammelte Douglas am Unterlauf des Columbia River in der Nähe von Fort Vancouver (heute die Stadt Vancouver im Bundesstaat Washington). Waren die Kronen zu hoch, um sie erklettern zu können, schoß er die Zapfen mit dem Gewehr herunter. In sein Tagebuch notierte er: »The trees, which are interspersed in groups or standing solitary in dry upland, thin, gravelly soils or on rocky situations, are thickly clad to the very ground with wide-spreading pendent branches, and from the gigantic size which they attain in such places and from the compact habit uniformly preserved they form one of the most striking and truly graceful objects in Nature.«*

* »Die Bäume, welche hier und dort in Gruppen oder einzeln auf trockenen Hochflächen, auf dünnen, von Geröll durchsetzten oder felsigen Böden stehen, sind bis zum Erdboden hinunter mit weit ausgebreiteten, herabhängenden Ästen besetzt; durch ihren riesenhaften Wuchs, den sie an solchen Orten erlangen, und durch ihre im allgemeinen bewahrte kompakte Form bilden sie einen der erstaunlichsten und anmutigsten Gegenstände der Natur.«

Im Oktober 1827, nach fast zweieinhalb Jahren, kehrte David Douglas ermattet, von Rheuma geplagt und durch Sonne und Schnee fast erblindet in seine Heimat zurück. Nach seinen Angaben hatte er annähernd sechzehntausend Kilometer zu Fuß, zu Pferd oder im Kanu zurückgelegt, hatte Land, Eingeborene, Flora und Fauna erforscht, getrocknete Pflanzen, Säcke mit Sämereien, Bündel von Schößlingen, Wurzelstöcke und Blumenzwiebeln an seine Auftraggeber gesandt, in einem Umfang wie kein anderer »Collector« zuvor; dafür wurde er bewundert und mit Ehrungen überhäuft. Aber Douglas wurde es leid, wie ein Ausstellungsstück herumgereicht zu werden. Die parfümierte, selbstgefällige und dünkelhafte Londoner Gesellschaft war ihm, der die Einsamkeit und Stille gewohnt war, ein Greuel, er reagierte mürrisch, unfreundlich und zänkisch. Sein Mentor William Hooker bemerkte später in »Brief Memoir of the Life of Mr David Douglas«: »Er wurde empfindlicher denn je, war rastlos und unzufrieden, so daß seine besten Freunde wie er selbst nur wünschen konnten, er wäre wieder mit der ehrenvollen Aufgabe beschäftigt, Nordwestamerika zu erforschen.« So kam es denn auch. Douglas reiste, diesmal in Gesellschaft eines Scotchterriers namens Billy, wieder zum Columbia River, anschließend nach Kalifornien und weiter nach Hawaii, wo am Abhang des Vulkans Kilauea das Leben dieses schottischen Indiana Jones der Pflanzenwelt ein jähes und tragisches Ende fand. Am 12. Juli 1834 entdeckten zwei Insulaner David Douglas, der gerade erst fünfunddreißig geworden war, in einer Fallgrube gemeinsam mit einem wilden Stier, der ihn totgetrampelt hatte.

Beschrieben wurde die Douglasie schon vor David Douglas. Archibald Menzies, ebenfalls Schotte, Chirurg bei der Navy und Biologe, der an der Reise zur Erforschung der pazifischen Nordwestküste unter dem Kommando von George Vancouver teilnahm, hatte die immergrünen Bäume, die zu den höchsten der

Nordhemisphäre gehören, 1791 im Nootka Sound auf Vancouver Island, British Columbia, entdeckt. Douglas' Verdienst war es, die Samen nach Großbritannien gebracht zu haben, aus denen die ersten Bäume keimten, die teils heute noch in Schottland zu finden sind, wie jene prächtige Douglasie im Kiefernhain von Scone Palace. So erinnert der englische Name, Douglas-fir, wie auch der deutsche, Douglasie, an David Douglas, die wissenschaftliche Bezeichnung, *Pseudotsuga menziesii*, an Archibald Menzies. Der Gattungsname *Pseudotsuga* (wörtlich: »falsche Hemlock«) läßt auf eine Verwandtschaft mit der Hemlock- oder Schierlingstanne (*Tsuga sp.*) schließen, obwohl sich diese von der Douglasie durch die Beschaffenheit der Zapfenschuppen und nadelartigen Blätter unterscheidet. Überhaupt verlief die Einordnung und Namensgebung der Douglasie etwas konfus. Der Botaniker Aylmer Bourke Lambert wertete die Proben aus, die Archibald Menzies aus Amerika mitgebracht hatte, und nahm an, es handle sich dabei um eine Kiefernart. In seiner Monographie von 1803 benannte er deshalb den Baum *Pinus taxifolia*, eine Bezeichnung, die auch Douglas in seinem Journal benützte. Jahre später vermeinten Botaniker, die Douglasie würde mehr zu den Tannen passen, und nannten sie *Abies taxifolia*, *mucronata* oder *menziesii*.

Das genial einfache System der binären Nomenklatur der Arten mit einem lateinischen Hauptwort, das die Gattung bezeichnet, und einem kleingeschriebenen Beiwort (Epitheton) für die Art ist eine Schöpfung des schwedischen Arztes und Professors für Botanik in Uppsala Carl von Linné, »Kommandeur der Armee Florae«. Mit seinem erstmals 1735 erschienenen Werk »Systema naturae« schuf er ein neues Ordnungssystem zur Erfassung der Flora (und auch der Fauna), das auf Sébastien Vaillants Erkenntnis von der Fortpflanzung aufbaute. Linnés Ordnungsliebe duldete keine Weitschweifigkeit: sein Stil ist lakonisch, suggestiv und apodiktisch wie das Alte Testament. Sein liebstes Bibelwort: »Alles

Fleisch ist Gras.« Das bislang unüberschaubare Durcheinander fand damit ein Ende, und fortan waren Botaniker in der Lage, Pflanzen aufgrund ihres Sexualsystems, das auf Verteilung, Zahl und Verwachsung der Staub- und Fruchtblätter begründet ist, einzuordnen. Die heutige Systematik bedient sich jener Linnés, berücksichtigt aber bei der Einordnung stammesgeschichtliche Gesichtspunkte, die durch genetische, biochemische und morphologische Forschungen bekannt geworden sind. Das ganze nennt man Taxonomie, worunter die Einordnung der Lebewesen in ein biologisches System zu verstehen ist. In der taxonomischen Hierarchie gehört die Douglasie zur Familie der *Pinaceae* (Kieferngewächse), die Teil der Ordnung *Pinales* (Kiefernartige) ist und zur Klasse der *Pinopsida* zählt, die unter die Abteilung *Coniferophyta* (Nadelholzgewächse) fällt.

Vor einiger Zeit las ich in der *Süddeutschen Zeitung*, daß eine Gruppe Biologen um den Amerikaner Kevin de Queiroz, Kurator am National Museum of Natural History des Smithsonian Institute in Washington, Linnés System, das sich über zweihundertfünfzig Jahre bewährt hat, durch ein neues ersetzen wolle. Die Revolutionäre trafen sich in Paris, um erste Regeln des neuen, »Phylocode« genannten Systems festzulegen. Im »Phylocode«, erklärte de Queiroz, werde es keine Ränge wie Ordnung, Familie oder Gattung mehr geben. Eine Gruppe bekommt einen Namen und den behält sie. Die Gruppen werden nur über die Abstammung von einem gemeinsamen Vorfahren definiert, von dem sie sich durch ein in der Evolution neu entstandenes Merkmal unterscheiden. In den etablierten Kreisen stießen die Neuerer bisher allerdings auf harten Widerstand, dem de Queiroz mit der Feststellung begegnet, daß eine gute Idee fast immer zwei bis drei akademische Generationen brauche, bis sie allgemein anerkannt sei.

Im Herbst 2004 erschien bei Greystone in Kanada das Buch »Tree. A Life Story«. Darin rekonstruieren die Autoren David Suzuki und Wayne Grady die Geschichte eines Baumes, einer Douglasie, von dem Moment an, wo aus Millionen herumwirbelnder Samen einer sich in der Erde festsetzen und keimen konnte, bis zum Absterben und Verrotten des Baumes Jahrhunderte später. Ein spannendes Buch, das Einblicke in die komplizierten physiologischen und biochemischen Abläufe vermittelt, das Ökosystem nahebringt, das der Baum sich mit anderen Lebewesen teilt, und den unschätzbaren Verlust an Artenvielfalt durch Zerstörung der Umwelt beklagt. Es beginnt: »All across the planet, trees – in a wonderful profusion of form and function – literally hold the world together. Their leaves receive the sun's energy for the benefit of all terrestrial creatures and transpire torrents of water vapor into the atmosphere. Their branches and trunks provide shelter, food, and habitat for mammals, birds, amphibians and insects. And their roots anchor the mysterious underworld of rock and soil. Trees are remarkable beings.«*

Die derzeit höchste Douglasie, die »Brummet Fir«, befindet sich im amerikanischen Bundesstaat Oregon. Der »State Champion« wurde erst 1991, obgleich schon mehrere hundert Jahre alt, von einem Mann namens Hank Williams (nicht der Country-Sänger) in einem zerklüfteten Waldgebiet nordöstlich von Sitkum am Brummet Creek, Coos County, entdeckt. American Forests' »National Register of Big Trees 2004–05« gibt die Höhe mit 100,3 Metern

* »Überall auf diesem Planeten halten Bäume – von wunderbarer Vielfalt in Gestalt und Funktion – im wahrsten Sinne des Wortes die Welt zusammen. Ihre Blätter nehmen zum Wohl aller irdischen Lebewesen das Sonnenlicht in sich auf und transpirieren ganze Katarakte von Wasserdampf in die Atmosphäre. Ihre Äste und Stämme liefern Unterkunft, Nahrung und Lebensraum für Säugetiere, Vögel, Amphibien und Insekten. Und ihre Wurzeln sind in der geheimnisvollen Unterwelt von Fels und Erdreich verankert. Bäume sind bemerkenswerte Wesen.«

(bei einem Stammdurchmesser von dreihundertvierundfünfzig Zentimetern) an, was bedeutet, daß dieser Baum nur von den höchsten Küstenmammutbäumen (*Sequoia sempervirens*) überragt wird.

Das Schwarz des namenlosen Waldweihers.
Die Schneewolken über dem Horizont der Ile de France.
Der Geruch der Bleistifte. Das Ginkgoblatt auf dem
Felsblock im Garten des »Cinema La Pagode«.

Peter Handke, »Versuch über den geglückten Tag«, 1991

Der Entenfußbaum

Hiroshima, am Morgen des 6. August 1945. Ein B-29-Bomber der US Air Force im Anflug auf Japans Hauptinsel Honshu. Um 9.15 Uhr klinkt der Bombenschütze der »Enola Gay« über der Stadt Hiroshima die erste Atombombe aus. An einem Fallschirm schwebt »Little Boy«, so der zynische Name der Uraniumbombe, bis in eine Höhe von sechshundertsechzig Metern herab, dann detoniert sie. Das Unvorstellbare wird binnen eines Augenblicks zur grauenhaften Wirklichkeit. Ein gewaltiger Feuerball löst eine Druck- und Hitzewelle aus, von der ein Großteil der Stadt verschlungen und in ein verkohltes Trümmerfeld verwandelt wird. In dem Inferno sterben achtundsiebzigtausend Menschen, neunzehntausend werden verletzt und vierzehntausend vermißt. In den Jahren danach leiden und sterben weitere zahllose unschuldige Menschen an den Folgen der radioaktiven Verseuchung.

Nur etwa einen Kilometer vom Zentrum der Explosion entfernt, in der Tempelanlage Hosen-ji, überlebte ein Ginkgobaum (*Ginkgo biloba*) die gewaltigste Vernichtungsenergie, die jemals auf der Erde entfesselt wurde. Der Tempel selbst fiel dem Feuersturm zum Opfer und wurde später wieder aufgebaut. Heute betritt man das Shinto-Bauwerk über eine geteilte Treppe, in deren Mitte der zu neuem Leben erwachte Ginkgo steht. In seinen Stamm ist die Inschrift geschnitzt: »Nie wieder Hiroshima«.

Ginkgo biloba aus: Philipp Franz von Siebold,
Flora japonica (1870)

Es war nicht der einzige Ginkgo, der in Hiroshima im Frühjahr nach der Katastrophe austrieb und neue Schößlinge hervorbrachte. Die ungebrochene Vitalität des sommergrünen Baumes hat zweifellos mit seiner Entwicklungsgeschichte zu tun. *Ginkgo biloba* ist die letzte noch lebende Art einer Gattung, die im Erdmittelalter während der Periode des Jura, also vor rund hundertfünfzig Millionen Jahren, auf der Nord- und Südhalbkugel weit verbreitet war, was zahlreiche Funde fossiler Blätter eindeutig belegen. Charles Darwin prägte in bezug auf den Ginkgo den Begriff *living fossil*, womit all jene Organismen gemeint waren und sind, die eine lange Zeitspanne der Erdgeschichte ohne evolutionären Wandel überdauerten.

In Europa verschwand der Ginkgobaum vermutlich im Pliozän kurz vor der Eiszeit (vor etwa 2,5 Millionen Jahren) aus den Wäldern, in anderen Weltgegenden früher oder später. Überlebt hat die Art *Ginkgo biloba* nur in China, wahrscheinlich in den Mischwäldern, die einst das Hügelland entlang des Jangtsekiang bedeckten.

Erstmals wird der Baum in Dokumenten aus der Song-Dynastie (frühes 11. Jahrhundert) erwähnt, in denen vor allem die Schönheit der Blätter und die eßbaren Samen gepriesen wurden. Ohne Zweifel waren es diese Eigenschaften und nicht irgendwelche rituellen oder religiösen Gründe, welche die rasche Verbreitung des Ginkgos im restlichen China und in Korea erklären. Von China gelangte der Baum dann mit dem Buddhismus im 6. Jahrhundert in das Land der aufgehenden Sonne, nach Japan, wo die meisten alten Exemplare (wie in China) in der Nähe buddhistischer Andachtsstätten zu finden sind. Einer der ältesten Ginkgos in Japan befindet sich in Tokio, ein Riese, der den Tempel Zempuku-ji im Stadtteil Minato-ku überragt. Nach offiziellen Angaben beträgt sein Umfang 10,4 Meter, seine Höhe zwanzig Meter. Sein Ursprung wird einer Überlieferung nach dem großen Erneuerer des

Buddhismus, Shinran Shonin, zugeschrieben, der zwischen 1173 und 1262 lebte und dessen Wanderstab Wurzeln geschlagen haben soll.

Der erste Europäer, der den Ginkgo gewissermaßen wiederentdeckte und beschrieb, war der deutsche Mediziner und Botaniker aus Leidenschaft Engelbert Kaempfer. 1651 in der westfälischen Hansestadt Lemgo geboren, studierte Kaempfer in Krakau und Königsberg Sprachen, Geschichte, Naturkunde und Medizin und ging im Anschluß daran nach Schweden. In diplomatischer Mission bereiste er Rußland und Persien und trat schließlich als Chirurg in die Dienste der Niederländisch-Ostindischen Kompanie. Nach Aufenthalten in Indien, Ceylon und Batavia auf Java wurde er 1690 nach Japan entsandt, und zwar nach der Handelsfaktorei, die sich auf dem künstlichen Inselchen Deshima im Süden der Stadt Nagasaki befand.

In Japan herrschte das feudale Tokugawa-Shogunat, das sich gegen alles Fremde hermetisch abgeschlossen hatte. Nur zweimal war es Engelbert Kaempfer während seines Aufenthalts möglich, den Stützpunkt zu verlassen und mit dem holländischen Geschäftsträger nach Edo (dem heutigen Tokio) zu reisen. Diese Gelegenheiten nutzte er, um die vielfältige und üppige Flora Japans zu studieren; er sammelte, legte ein Herbarium an, zeichnete und beschrieb seine Ausbeute.

Nach zwei Jahren auf Deshima verließ Kaempfer Asien und kehrte nach Europa zurück. Er wurde Leibarzt des Grafen zur Lippe in Detmold und veröffentlichte 1712 sein vielbeachtetes Werk »Amoenitatum Exoticarum«, in dem er auf lateinisch seine Beobachtungen und Aufzeichnungen versammelte. Im fünften Teil, auf Seite 811 bis 813, findet sich Kaempfers Beschreibung jenes Baumes, den er »Ginkgo« nannte; es war die erste für die westliche Welt. Der einleitende Satz lautete: »Ein nußtragender Baum mit Venushaarfarn-ähnlichen Blättern«. (Die Ähnlichkeit mit den zarten Wedeln des Venushaarfarns, *Adiantum*, die Kaempfer ansprach, übertrug sich auf die englische Bezeichnung »Maidenhair tree«.)

Engelbert Kaempfer war bestrebt, von allen Pflanzen, die sein Interesse fanden, die einheimischen Namen zu erfahren. Beim Ginkgo waren das die sino-japanischen Wörter *gin-kyo* (für die Früchte beziehungsweise eßbaren Samenkerne) und *icho* (wörtlich »Entenfuß«, für den Baum selbst). Kaempfer übernahm das Wort für die Kerne, jedoch so, daß das *y* offenbar durch einen Übertragungsfehler zu *g* entstellt wurde. Carl von Linné hielt Kaempfers Benennung *Ginkgo* für maßgeblich und ordnete sie mit dem Beiwort *biloba* (zweilappig) in seine Systematik ein. Nach Linnés Tod gründete der Arzt James Edward Smith in London die »Linnean Society«. Er schlug vor, den merkwürdigen Pflanzennamen auf *Salisburia adiantifolia* zu ändern, um damit Richard Anthony Salisbury zu ehren, der Kaempfers Herbarium ausgewertet hatte. Der Name konnte sich allerdings nicht durchsetzen und wird heute nur als Synonym verwendet.

Durch Engelbert Kaempfers Schrift und Abbildung (eines Zweiges mit Samen) wurden zunächst die Fachgelehrten auf die exotische Baumart mit den sonderbar fächerförmigen Blättern mit feinen Nerven aufmerksam. Doch bald darauf setzten Hofgärtner und Botaniker ihren Ehrgeiz darein, den Ginkgo in Schloßparks und Botanischen Gärten zu kultivieren. Der erste Sämling aus Japan dürfte um 1720 in Utrecht gelandet sein, wo er mehrere Jahre als Topfpflanze in der Orangerie des Universitätsgartens gehegt wurde. Dieser Ginkgo steht noch, ebenso wie der 1762 in den Royal Botanic Gardens in Kew gepflanzte, der das erste Exemplar in England gewesen sein soll.

1744 wurde in Radeberg bei Dresden Johann Heinrich Seidel geboren. Nach einer Lehre beim kurfürstlichen Kunst- und Lustgärtner Jeremias Unger in Dresden hielt er sich unter anderem in

London auf, um in den Botanischen Gärten von Kew seine Kenntnisse zu vervollständigen; gewiß begegnete er dort dem fremdartigen Bäumchen aus Asien. Jahre später avancierte Seidel zum Hofgärtner von Kurfürst Friedrich August III. von Sachsen, was ihm die Möglichkeit bot, an die begehrten Stecklinge heranzukommen. Einen Ginkgo ließ Seidel im prachtvollen Garten des Marcolini-Palais (heute Krankenhaus Friedrichstadt) pflanzen, zwei andere am Bärenzwinger der Brühlschen Terrasse. (Möglicherweise kamen die Stecklinge aus London.) Aus Seidels Baumgärtnerei stammte auch einer der ersten Ginkgos in Wien. Joseph Franz Freiherr von Jacquin, Leiter des Wiener Botanischen Gartens und Autor einer kurzgefaßten Abhandlung über den Ginkgo, erinnerte sich darin: »Nach Wien kam meines Wissens 1781 das erste lebende Individuum durch den Herrn Handelsgärtner Loddiges aus London nach Schönbrunn. Außerdem war der Baum, der sich noch vor wenig Jahren im Parke zu Erlaa befand, und auf eine andere Besitzung des Fürsten Starhemberg versetzt worden sein soll, der älteste in Österreich; dann folgte im Alter ein ehemals dem Herrn Hofsamenhändler Baumann gehöriges, aus Dresden gekommenes Bäumchen, welches später in den gräflich Harrachischen Park nach Bruck an der Leitha überging, und noch lebt.«

Zu den beiden genannten Namen Seidel und Jacquin muß man unbedingt einen dritten hinzufügen: Johann Wolfgang von Goethe, der großen Anteil an der wachsenden Popularität des Ginkgos hatte. 1775 folgte er einer Einladung von Herzog Carl August von Sachsen-Weimar-Eisenach und übersiedelte von Frankfurt nach Weimar, wo er in kurzer Zeit zu einem hohen Staatsbeamten und Berater des Herzogs aufstieg, mit dem er auch sein lebhaftes Interesse für Botanik und Gartenkultur teilte. Im Jänner 1790 legte Goethe seine Schrift »Versuch, die Metamorphose der Pflanzen zu erklären« vor, in der er erstmalig die Resultate seiner botanischen Studien darlegte. (»Alles ist Metamorphose im Leben, bei den Pflanzen und bei den Tieren, bis zum Menschen, und bei diesem auch.«) Vier Jahre später übernahm Goethe gemeinsam mit Christian Gottlob Voigt die Verwaltung der Botanischen Anstalt Jena, die auf dem Gelände des fürstlichen Lustgartens eingerichtet worden war; und er reiste nach Dresden, um »Deutschlands ersten Gärtner«, wie Johann Heinrich Seidel genannt wurde, zu treffen und mit ihm seine Metamorphosenlehre zu erörtern. Bei dieser Gelegenheit überreichte der Hofgärtner Seidel Goethe sein »Verzeichnis der Glas- und Treibhauspflanzen«, in dem auch der Ginkgo verzeichnet war. (Das Buch wird in Goethes Wohnhaus am Frauenplan in Weimar aufbewahrt.)

Jahre danach, im Sommer 1814, unternahm Goethe eine Reise an den Rhein, Main und Neckar. In seiner Heimatstadt Frankfurt war er für einige Wochen Gast im Haus des Bankiers Johann Jakob von Willemer. Für den fünfundsechzigjährigen Goethe sollte dieser Besuch der Beginn einer leidenschaftlichen Affäre werden, die ihren Niederschlag in dem großen Alterswerk, dem »West-östlichen Divan«, fand. Der verwitwete Willemer hatte kurz zuvor Marianne Jung zu seiner dritten Ehefrau und zur Stiefmutter seiner fünf Kinder gemacht. Marianne Jung, im österreichischen Linz geboren, war als Vierzehnjährige mit einer Komödiantentruppe an den Main gekommen, wo ihre Auftritte, wie es hieß, auf wohlgefällige Aufnahme gestoßen waren. Als Mitglied der Theater-Kommission hatte Geheimrat Willemer Marianne gesehen und kurzerhand den Entschluß gefaßt, sie aus dem anstößigen Milieu herauszuholen und als Pflegetochter in seine Familie aufzunehmen. Ob das ganz selbstlos war, sei dahingestellt; Willemer umgab sich jedenfalls gern mit Schauspielerinnen, lud sie zum Souper ein und kam in den Geruch, für seine Großzügigkeit auch Gegenleistungen zu verlangen. Nach vierzehn Jahren im gemeinsamen Haushalt wurde Marianne seine Frau.

Goethe bewunderte während seines Aufenthalts die gesellige

Anmut und künstlerische Begabung der Gastgeberin. Er nannte Marianne seine »liebe Kleine«, und sie schrieb in sein Stammbuch, das er auf der Gerbermühle, dem gepachteten Landsitz der Willemers, zurückgelassen hatte: »Zu den Kleinen zähl ich mich, / Liebe Kleine nennst du mich. / Willst Du immer so mich heißen, / Werd ich stets mich glücklich preisen. / Als den Größten kennt man dich, / Als den Besten ehrt man dich, / Sieht man dich, muß man dich lieben, / Wärst du nur bei uns geblieben.« Wieder daheim in Weimar, erhielt Goethe von Willemer einen Brief, in dem dieser großherzig mitteilte: »Meine Frau will, seitdem sie von Ihnen die Kleine genannt worden, durchaus nicht mehr wachsen, es wäre denn in Ihrem Herzen. Ich kann ihr nicht Unrecht geben.«

Im darauf folgenden Sommer rollte Goethes Reisewagen, sein »Fahrhäuschen«, wieder dem Westen und der Landschaft seiner Jugend zu. In seinem Reisegepäck befanden sich bereits an die hundert im west-östlichen Stil verfaßte Gedichte, die sich auf Motive aus dem »Diwan« des persischen Dichters Hafis (eigentlich Muhammad Schams ad-Din) bezogen. In der Maske Suleikas, der schönen und zugleich geistreichen Liebenden der islamischen Dichtung, hatte Goethe die Gespielin des Dichter-Ichs Hatem eingeführt. Hinter Suleika verbarg sich niemand anderer als die »liebe Kleine«, mit deren Liebe er, wie der Dichter bekannte, sein Alter und seine grauen Haare schmückte.

Vom 12. August 1815 an weilte Goethe gemeinsam mit dem Kunstliebhaber und Sammler Sulpiz Boisserée, mit dem er befreundet war, bei den Willemers auf der Gerbermühle und dazwischen allein in der Stadtwohnung »Zum Roten Männchen«. Wie heftig in jenem denkwürdigen Sommer die schwelende Liebe zwischen Goethe und der um fünfunddreißig Jahre jüngeren Marianne von Willemer entbrannte, läßt sich aus verschiedenen Quellen erahnen. Goethes knappe Tagebucheintragungen geben keinen Hinweis, wohl aber seine Gedichte an Marianne. »Nicht Gelegenheit macht Diebe, / Sie ist selbst der größte Dieb; / Denn sie stahl den Rest der Liebe, / Die mir noch im Herzen blieb // Dir hat sie ihn übergeben, / Meines Lebens Vollgewinn, / Daß ich nun, verarmt, mein Leben / Nur von dir gewärtig bin. // Doch ich fühle schon Erbarmen / Im Karfunkel deines Blicks / Und erfreu' in deinen Armen / Mich erneuerten Geschicks«, schrieb Goethe am 12. September und eröffnete damit einen lyrischen Liebesdialog, auf den Marianne mit sprachlichem Können einging; sie antwortete: »Hochbeglückt in deiner Liebe, / Schelt' ich nicht Gelegenheit; / Ward sie auch an dir zum Diebe / Wie mich solch ein Raub erfreut! // Und wozu denn auch berauben? / Gib dich mir aus freier Wahl; / Gar zu gerne möchte ich glauben – / Ja! ich bins die dich bestahl. // Was so willig du gegeben / Bringt dir herrlichen Gewinn, / Meine Ruh, mein reiches Leben / Geb ich freudig, nimm es hin. // Scherze nicht! Nichts von Verarmen! / Macht uns nicht die Liebe reich? / Halt' ich dich in meinen Armen, / Jedem Glück ist meines gleich.« Diese Antwort Mariannes ist das erste ihrer Gedichte, das Goethe in den »Diwan« aufnahm. Mit ihm erhob sich das Gespräch zwischen den Liebenden auf die Stufe der hohen Dichtung.

Aus Boisserées Tagebuch wissen wir auch, daß Goethe Marianne ein Ginkgoblatt geschickt hatte und am 15. September im Kreis der Willemers einige Verse vortrug. Das fächerförmige Blatt, das einem Herz gleicht, schien als Liebessymbol wie geschaffen. Boisserée notierte unter diesem Datum: »Heiterer Abend. Goethe hatte der Willemer ein Blatt des Ginkgo biloba als Sinnbild der Freundschaft geschickt aus der Stadt. Man weiß nicht, ob es eins, das sich in zwei teilt, oder zwei, die sich in eins verbinden. So war der Inhalt des Verses.« Boisserée zitierte aus jenem berühmten Gedicht, das Goethe später unter dem Titel »Gin(k)go biloba« in das Buch Suleika (durch das, so Goethe, der Hauch und Geist einer Leidenschaft weht) im »Divan« aufnahm: »Dieses Baums Blatt der von Osten / Meinem Garten anvertraut / Gibt geheimen Sinn zu kosten / Wie's den Wissenden erbaut. // Ist es Ein lebendig Wesen / Das sich in sich selbst getrennt? / Sind es Zwei die sich erlesen / Daß man sie als Eines kennt? // Solche Fragen zu erwidern / Fand ich wohl den rechten Sinn; / Fühlst du nicht an meinen Liedern / Daß ich Eins und doppelt bin.«

Goethe hatte während seines Aufenthalts des öfteren mit Freunden, Bekannten und Pflanzenliebhabern in Gärten Blätter des Ginkgos betrachtet und ihre »prosaische Auslegung« besprochen. Überdies hatte ihm der Philologe Georg Friedrich Creuzer in einem Gespräch über die symbolische Bedeutung hellenischer Mythen darzulegen versucht, daß allen antiken Mythen ein Doppelsinn innewohne, weil hinter der bloßen Realität ein höheres Symbol verborgen liege. Goethe gefiel diese Vorstellung und er verwies auf das »wunderliche Blatt« des Ginkgos, in dem ein tiefer Einschnitt in der Mitte das Blatt teilt, und meinte zu Creuzer: »Also ungefähr wie dieses Blatt: eins und doppelt.«

Anfang Oktober 1815, als nach gemeinsamen Tagen in Heidelberg die Leidenschaft die Liebenden bedrohlich fortzureißen drohte, entschloß sich Goethe eilig zur Heimreise. In einem Brief an Willemers Tochter Rosette, der eigentlich für Marianne bestimmt war, heißt es traurig-scherzhaft verschlüsselt: »Nachdem uns die Freunde verlassen hatten, fingen die bisher nur drohenden Übel an, förmlich auszubrechen, es entstand ein Brustweh, das sich in Herzweh verwandelt hätte, eine natürliche Folge der Heidelberger Zugluft und veränderlichen Schloßtemperatur.« Es wurde ein Abschied für immer; Goethe und Marianne Willemer sollten sich nie mehr wiedersehen. Allerdings fand ein reger Austausch von Briefen und Gedichten statt, der bis zu Goethes Tod am 22. März 1832 die tiefe gegenseitige Zuneigung bezeugt. Der Gedichtzyklus »West-östlicher Divan« erschien im Herbst 1819, und einige der schönsten Gedichte darin stammen von Marianne von Willemer, Goethes Suleika.

Im Schloßpark von Heidelberg erinnert eine Tafel mit Marianne von Willemers Gedicht »Das Heidelberger Schloß« (»Hier war ich glücklich, liebend und geliebt«), das sie Goethe zum 75. Geburtstag widmete, an die letzte Begegnung, ebenso eine steinerne Bank, in deren Seitenlehne Ginkgoblätter gemeißelt sind.

Wenn ihr aus eurem Wasser steigt am Abend –
Denn ihr müßt nackt sein, und die Haut muß weich sein –
Dann steigt auch noch auf eure großen Bäume
Bei leichtem Wind. Auch soll der Himmel bleich sein.
Sucht große Bäume, die am Abend schwarz
Und langsam ihre Wipfel wiegen, aus!
Und wartet auf die Nacht in ihrem Laub
Und um die Stirne Mahr und Fledermaus!

Bertolt Brecht, »Vom Klettern in Bäumen«

Die Kastanien

Als kleiner Bub wurde ich einmal von meinem Vater fotografiert, auf einer Wiese stehend, bekleidet mit einer weißen Pullmankappe, Paletot, langen Wollstrümpfen und hohen Schuhen; mit der rechten Hand halte ich eine Pfeife im Mund, als würde ich rauchen. Die Pfeife hatte ich mir aus einer großen, ausgehöhlten Roßkastanie, in der ein hohles Holunderstäbchen steckte, gebastelt. Wie alle Kinder liebte ich den herbstlichen Kastaniensegen, der reichlich aus dem Geäst der wuchtigen Bäume mit den großen, fingerförmig gefiederten Blättern prasselte. Die glänzenden rotbraunen Früchte mit dem weißlichen Nabel fädelte ich teils zu klobigen Ketten auf, die ich mir umhängte oder als Schwanz nachzog, teils steckte ich sie mit Hilfe von Zündhölzern zu Figuren zusammen, die Tiere und Menschen darstellen sollten. Im Winter dann standen die Maronibrater mit ihren tonnenförmigen Öfen in den Straßen, in dicken Filzstiefeln, mit Fellhauben, blauen Schürzen und schwarzen Händen – in meiner Kindheit kamen sie oft aus Italien – und boten ihre »eissi Maroni« feil. Damals wußte ich noch nicht, daß die gerösteten, heißen Maroni die Früchte der »zahmen« Edelkastanie (*Castanea sativa*) sind, die außer der Form nichts mit den bitteren, ungenießbaren Früchten der »wilden« Roßkastanie (*Aesculus hippocastanum*) gemein haben.

Die Edel- oder Eßkastanie (das Artbeiwort *sativa* bedeutet eß-

bar) zählt wie Eiche und Buche zur Familie der Buchengewächse, während die Roßkastanie den Roßkastaniengewächsen (mit nur zwei Gattungen) zugeordnet wird. Letztere Baumart, die durch ungewöhnlich große hellrote Blütenkerzen auffällt, ist ein Relikt aus dem Tertiär, das sich während der Eiszeiten in ein Refugium auf der Balkanhalbinsel zurückgezogen hatte und bis in den Osten Bulgariens reichte. Wahrscheinlich ist der Baum von dort durch die Osmanen oder Byzantiner nach Konstantinopel gebracht worden. Der flämische Edelmann Ogier Ghislain de Busbecq, ab 1555 nicht nur kaiserlicher Gesandter Ferdinands I. von Habsburg an der Hohen Pforte in Konstantinopel, sondern auch ein ebenso begeisterter wie fleißiger Pflanzensammler, sandte wertvolle Tulpenzwiebeln, Fliedersetzlinge und Samen der Roßkastanie vom Bosporus nach Mitteleuropa. Einer der ersten, der von Busbecq Kastaniensamen erhielt, war der französische Medicus und Botaniker Carolus Clusius, der 1573 von Kaiser Maximilian II. nach Wien berufen worden war, um einen *Hortus Botanicus* anzulegen. Von Wien aus verbreitete sich die Roßkastanie schon bald über ganz West- und Mitteleuropa, wo sie als schattenspendender, dekorativer Allee- und Parkbaum groß in Mode kam. Ein solcher Kastanienbaum, unter Ludwig XIV. auf den Champs-Élysées in Paris gepflanzt, wurde dem Dramatiker Ödön von Horváth 1938 zum Verhängnis: Nur drei Tage nach seiner Ankunft in Paris am 1. Juni, wurde der erst siebenunddreißigjährige Horváth abends während eines Gewitters auf der Prachtstraße an der Avenue Marigny, als ein Blitz in die alte Kastanie einschlug, von einem herunterbrechenden Ast am Hinterkopf getroffen und getötet. Bestattet wurde Horváth auf dem Friedhof von Saint-Ouen im Norden von Paris. Sein Freund Joseph Roth schrieb in der *Pariser Tageszeitung*: »Ödön von Horváth, einer der besten österreichischen Schriftsteller, deutschsprachiger Ungar von Geburt, ist vorgestern in Paris das Opfer eines jener Unfälle geworden, die wir als ›sinnlos‹ zu bezeichnen pflegen, weil uns das Unerklärliche sinnlos erscheint.«

Das Wortglied »Roß« vor Kastanie kommt wahrscheinlich daher, daß die Samen früher an kranke Pferde verfüttert wurden, eine Kur, die der namhafte Arzt und Botaniker der Renaissance aus Siena, Pietro Andrea Mattioli, in seinem »Kreutterbuch« (das Joachim Camerarius ins Deutsche übersetzte) so erwähnte: »Die Türken nennens Rosskastanien, darumb das sie den keichenden Rossen sehr behulfflich sindt.«

Seit mehr als einem Jahrzehnt werden in Europa Roßkastanienbäume von der Miniermotte (*Cameraria ohridella*) heimgesucht, einem Insekt, das erstmals 1984 am Ochridsee in Mazedonien entdeckt wurde. Der Befall, der zunächst mehrere Jahre ohne letale Folgen für den Baum bleibt, zeigt sich durch braun-gelbe Flecken an den Blättern; diese vertrocknen, rollen sich ein und fallen frühzeitig ab. Bei alljährlich wiederkehrendem, starkem Befall können alte Bäume allerdings so stark geschädigt werden, daß sie bei zusätzlichen negativen Einflüssen wie Streusalz oder Trockenstreß absterben. Der Falter der Miniermotte hat eine Körperlänge

The Chesnut Tree aus: John Evelyn,
»Silva, or: A Discourse of Forest-Trees« (1786)

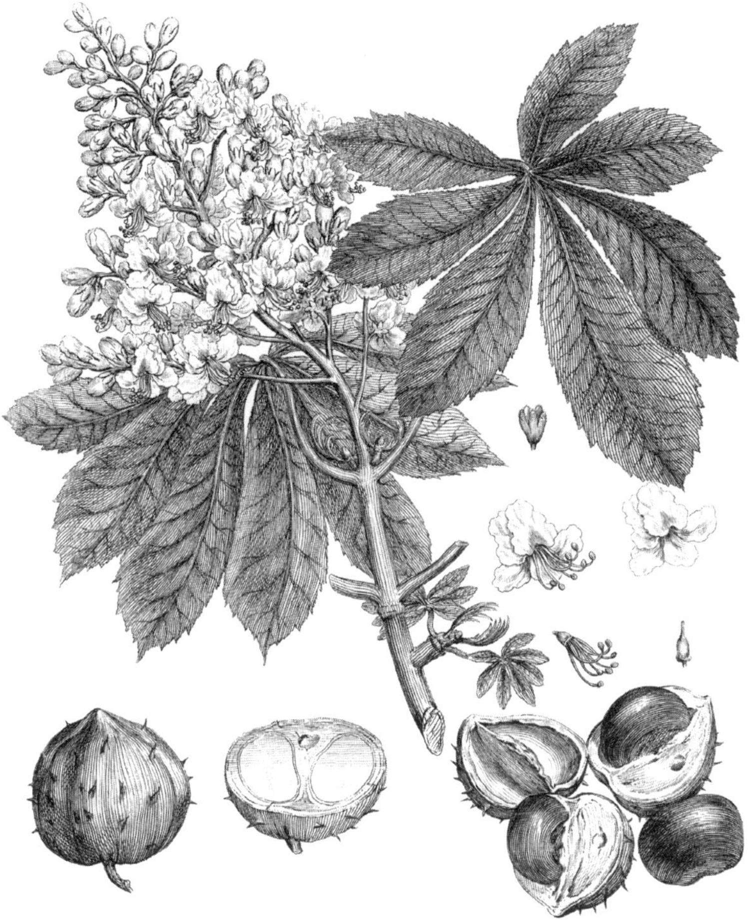

The Horse Chesnut Tree aus: John Evelyn,
»Silva, or: A Discourse of Forest-Trees« (1786)

von nur fünf Millimetern, die Spannweite der rotbraun- bis ockerfarbenen, schwarz-weiß gestreiften Vorderflügel beträgt etwa 3,5 Millimeter; die Weibchen legen zwanzig bis dreißig Eier einzeln auf die Oberseite der Fiederblätter in kleine Vertiefungen der Blattnerven. Pro Blatt können bis zu dreihundert Eier gezählt werden, wovon jedoch nur ein kleiner Teil das Puppenstadium erreicht. Die Motte entwickelt in Mitteleuropa in der Regel drei Generationen, bei sehr günstigen Witterungsbedingungen auch vier oder sogar fünf im Jahr. Daraus ergibt sich ein Vermehrungspotential von bis zu fünfzigtausend schlüpfenden Faltern pro Jahr und Baum.

Zur Eindämmung des Befalls und dessen Folgen werden beispielsweise in Wien einseitig beleimte Miniermottenfallen, die mit einem Sexuallockstoff (Pheromon) bestückt sind, am Stamm der Kastanien angebracht. Da sich die Motten vor ihrem Flug zur Eiablage über ein bis zwei Wochen am Stamm sammeln, ist die Wahrscheinlichkeit groß, daß viele von ihnen auf den Fallen kleben bleiben.

Die Edelkastanie ist der vorherrschende Baum der italienischen Provinzen Como, Varese und Verbania sowie des Schweizer Kantons Tessin. Zum ursprünglichen Verbreitungsgebiet dieser Baumart, die eine Höhe von fünfunddreißig Metern und ein Alter von mehreren hundert Jahren erreichen kann, gibt es widersprüchliche Meinungen. Ihre Heimat liegt sehr wahrscheinlich im östlichen Mittelmeerraum, in Anatolien und den Kaukasusländern. Es scheint, daß die Edelkastanie von Kleinasien etwa um 500 v. Chr. nach Griechenland und von dort nach Italien und Spanien gelangt ist, aber erst viel später durch Veredelung ihre große Bedeutung als Brotbaum erlangte, wobei die Römer an der Verbreitung maßgeblich beteiligt waren. Heute reicht das Verbreitungsgebiet der Edelkastanie vom Kaukasus und dem Kaspischen Meer über Kleinasien bis nach Portugal und Frankreich. Die südlichsten Vorkommen liegen in Algerien, die nördlichsten in Südskandinavien und Mittelengland, wo die Früchte aber wegen zu geringer Sommerwärme nicht mehr reifen.

»Baum der weisen Voraussicht« nannte man die Edelkastanie, die in den südlichen Alpentälern bis ins letzte Jahrhundert als der bäuerliche Brotbaum schlechthin galt. Sie lieferte Bau- und Möbelholz, Rebpfähle und Brennstoff; das Laub wurde den Rindern, Ziegen und Eseln verfüttert oder als Einstreu verwendet. Die Blüten lieferten Honig, und die Früchte, die dreiundvierzig Prozent Stärke enthalten, waren ein wichtiges Nahrungsmittel der *cucina povera*, bevor sie durch Mais und Kartoffeln ersetzt wurden. Um die Kastanien lange aufbewahren zu können, mußten sie geröstet werden. Das geschah meist in kleinen, eigens dafür eingerichteten Hütten, in denen die Kastanien auf einem Gitterrost während vier Wochen der Hitze und dem Rauch des darunter stetig glosenden Feuers ausgesetzt und dabei täglich aufgeworfen wurden. Danach wurden die noch warmen Baumfrüchte in einem Leinensack gegen einen Baumstrunk geschlagen, um ihre Schalen zu brechen. Gegessen wurden die gerösteten Kastanien mit Milch oder Rahm oder gekocht unter Zugabe von Schweinespeck. Ein Teil der Kastanien wurde gemahlen und aus dem Mehl eine Art Polenta oder das Kastanienbrot bereitet. Als Faustregel unter den Bauern galt: ein Kastanienbaum, der alljährlich hundert bis hundertfünfzig Kilogramm Früchte lieferte, für jedes Familienmitglied.

Noch heute findet man in der Südschweiz zwei spezielle Bewirtschaftungsformen der Kastanie: die beweideten Kastanienhaine, Selven genannt, und den Niederwald oder Palina, der allerdings vielerorts nicht mehr gefragt ist. Die Selven bestehen aus einzelnen, in größeren Abständen gepflanzten und meist veredelten Fruchtbäumen, deren Kronen regelmäßig zurückgeschnitten werden. Der Schweizer Philosoph Johann Georg Sulzer, der in Berlin als Professor wirkte (sein Hauptwerk »Allgemeine Theorie der Schönen Künste« erschien in zwei Bänden 1771 und 1774), stellte beim Anblick der Selven im Tessin einen Zusammenhang zwischen Wald und sakraler Architektur her, als er schrieb: »Mir kam es bisweilen an ganz ebenen, mit hohen und sehr waldigen Bäumen besetzten Plätzen vor, als wenn ich mich in einer sehr großen gotischen Kirche befände. Zwei weit auseinanderstehende Reihen solcher Bäume schlossen in einer beträchtlichen Höhe ein spitzig zulaufendes Gewölbe. Ich konnte mich nicht enthalten, mich selbst zu überreden, daß entweder dieses die Originalmuster sein müßten, daher die gotischen Baumeister die Ideen zu ihren großen Kirchen genommen, oder daß die, welche diese Bäume gepflanzt, diese Plätze nach der Form solcher Kirchen eingerichtet haben.« (Es gab übrigens im 18. Jahrhundert nicht wenige Theoretiker der klassischen Architektur, welche die arborealen Ursprünge der Gotik mit ihren charakteristischen Formen – Spitzbögen, Säulenbündeln und Gewölben – mit praktischen Beweisen zu behaupten versuchten.)

Der griechische wie auch der lateinische Name der Edelkastanie, *kastaneion* (Theophrastos) und *castaneae nuces* (Vergil, »Eklogen«), bezeichnet merkwürdigerweise stets nur die Früchte, die Kastanien oder Maronen, nicht aber den Baum selbst. Der Etymologe Helmut Genaust nimmt an, daß die Bezeichnung aus einer kleinasiatischen Quelle stammt, möglicherweise aus dem armenischen *kaskeni*, »Eßkastanie als Baum« und *kask*, »dessen Frucht«. Aus dem Lateinischen hergeleitet wurde im 15. Jahrhundert das Wort »Kastanie«, das sich nicht zuletzt durch Martin Luthers Bibelübertragung schließlich durchsetzte.

»Für jemanden die Kastanien aus dem Feuer holen« ist eine altbekannte Redensart, die bedeutet, für einen anderen eine unangenehme Sache zu erledigen und sich dabei selbst in Gefahr zu bringen. Sie entstammt einer ursprünglich orientalischen, von La

Fontaine verbreiteten Fabel, in der Bertrand, ein Affe, geröstete Kastanien aus dem Kamin stibitzen will und Raton, eine Katze, überredet, sie aus der Glut zu holen. Johann Wolfgang Goethe baute die Redensart in seinen »Faust« ein; im 1. Akt der Tragödie zweiter Teil treten Faust und Mephistopheles in einer finsteren Galerie auf und Faust sagt: »Du sendest mich ins Leere, / Damit ich dort so Kunst als Kraft vermehre; / Behandelst mich, daß ich, wie jene Katze, / Dir die Kastanien aus den Gluten kratze.«

Im Jahr 1802 unternahm Johann Gottfried Seume seinen berühmt gewordenen Spaziergang von Leipzig nach Syrakus. Von Catania aus unternahm er, ausgerüstet mit »gewöhnlichem Reisezeug«, baumwollenen Strümpfen und festen Stiefeln, eine Tour auf den Ätna. In seinem Reisebericht, der 1803 in Braunschweig verlegt wurde, heißt es über den Abstieg: »Auf meinem Wege nach Taormina zeigte mir mein Führer, nur auf Einem Punkte, den alten, großen, berühmten Kastanienbaum in der Ferne. Kaum kann ich sagen, daß ich ihn gesehen habe; ich wollte ihm aber nicht einen Tag aufopfern.«

Diese Edelkastanie, deren einst mächtigen Stamm und riesenhafte Krone Seume nur aus der Ferne betrachten konnte, steht nahe dem Dorf Sant' Alfino an den Osthängen des Ätna. Was ich über den Baum herausfinden konnte, ist zwar erstaunlich, einiges davon aber eher unwahrscheinlich, vor allem was sein geschätztes Alter von zweitausend bis viertausend Jahren anlangt.

Eine Legende erzählt, daß im Jahr 1308 Johanna, Königin von Aragonien, den Vulkan Ätna besucht habe und dabei mit ihrem Gefolge von hundert Reitern in ein heftiges Gewitter geriet. Die königliche Gesellschaft samt der Pferde soll Schutz unter dem Blätterdach dieses außergewöhnlichen Kastanienbaums gefunden haben, der bereits ein beeindruckender Baum gewesen sein soll, als Platon sich auf Sizilien aufhielt. Allein sein Stammumfang soll erstaunliche achtundsechzig Meter betragen haben. Sein Name, unter dem der heute teilweise abgestorbene Baum noch bekannt ist: »Castagno dei Cento Cavalli« oder »Baum der Hundert Pferde«.

Seit Mitte des letzten Jahrhunderts wird die europäische Edelkastanie von einer Krankheit bedroht, die zuvor an den Beständen der nordamerikanischen Kastanien (*Castanea dentata*) verheerende Schäden angerichtet hatte. Der Erreger des Kastanienrindenkrebses, ein Schlauchpilz mit der wissenschaftlichen Bezeichnung *Cryphonectria parasitica*, stammt ursprünglich aus Japan und China, wo er an den dort heimischen Kastanienarten nur geringe Schäden verursacht hatte. Anfang des 20. Jahrhunderts wurde dieser Pilz, der an wunden Stellen in das Rindengewebe eindringt und die Zellen durch giftige Ausscheidungen abtötet, in die USA eingeschleppt, wodurch die ökonomisch und ökologisch bedeutendste Laubbaumart in den östlichen USA innerhalb weniger Jahrzehnte fast vollständig verschwand. Als der Erreger in Europa erstmals 1938 bei Genua und zehn Jahre später auch in der Südschweiz festgestellt wurde, hatte man größte Befürchtungen, daß die europäische Kastanie ebenfalls in ihrer Existenz bedroht sein könnte. Zwar breitete sich der Krebs rasch aus, doch zeigte sich glücklicherweise, daß die Epidemie weitaus milder und zögernder verläuft als bei den amerikanischen Verwandten. Dieser Umstand und forstwissenschaftliche Maßnahmen geben Anlaß zur Hoffnung auf ein langfristiges Weiterleben der Kastanien, deren Vorkommen in so vielfältiger Weise vom Menschen abhängig war und ist.

Um Krankheiten durch Pilze, Viren und Insektenfraß einzudämmen, Erträge der Holz- und Fruchtmasse zu steigern oder den Vormarsch der Wüsten zu bremsen, machen sich seit Jahren rund um den Erdball Wissenschaftler daran, das Erbgut von Dutzenden Baumarten zu verändern, als gelte es, den Baum neu zu erfinden.

Ob Edelkastanie, Pappel, Eukalyptus, Olive oder Papaya, die transgenen Bäume drängen in die Forstwirtschaft und den Obstbau, von Argentinien bis Australien, von Kanada bis China. Den Pflanzenexperten und Baumdesignern schweben Gehölze vor, die kurz, breit und fast ohne Äste in Intensivplantagen heranwachsen. Sie träumen von Landstrichen voller »Hochleistungsbäume«, die große Mengen des Treibhausgases Kohlendioxid aufnehmen und damit die Klimakatastrophe lindern helfen oder die mit ihren Wurzeln Schwermetalle aus verseuchten Böden saugen. »Die Wälder der Zukunft werden nichts mehr mit denen zu tun haben, die wir heute kennen«, lautet die stolze Prophezeiung eines Pflanzengenetikers der Oregon State University, die für viele Naturschützer eine düstere ist. Sie sehen in den »Frankentrees« (eine spöttische Bemerkung in Anlehnung an die Figur des Dr. Frankenstein) die größte Bedrohung für den Wald und seine Bewohner seit der Erfindung der Kettensäge. Sie warnen vor der Übertragung fremden Erbguts auf Wildpflanzen und befürchten einen »stillen Wald« voller Bäume ohne Blüten, einen Wald, in dem kein Vogel mehr zwitschert und nichts mehr kriecht und fliegt. Schöne neue Baumwelt!

Heute ist es fast ein Verbrechen, nicht über Bäume zu sprechen. Wir wissen doch, daß die Biosphäre nicht im besten Zustand ist, insofern ist die Verteidigung der Bäume – der Natur – auch eine Pflicht, wenn man überhaupt die Dichter zu irgend etwas verpflichten will.

Hans Magnus Enzensberger

Der Marsch ins Reich der Caoba

Unter diesem Titel erschien 1933 bei der Büchergilde Gutenberg ein Roman, dessen Autor sich B. Traven nannte. Schon mit seinem literarischen Debüt »Das Totenschiff«, das 1926 ebenfalls von der bedeutendsten Buchgemeinschaft der deutschen Arbeiterschaft verlegt und von der Kritik als »sensationell« gefeiert worden war, provozierte der Autor, der sich weigerte, seine Herkunft und seinen bürgerlichen Namen preiszugeben, die Frage: Wer ist B. Traven? Die Literaturkritik schrieb von einem »desertierten amerikanischen Seemann«, der vermutlich in Mexiko Asyl gefunden habe, in deutschen Zeitungen tippte man auf »deutschen Auswanderer«, »geflohenen Trotzkisten«, »Anarchisten«; oder es liege eine Straftat vor, die den Autor zwinge, in die Anonymität zu flüchten. Als ein Jahr später, wieder in der Büchergilde, der Goldgräber-Roman »Der Schatz der Sierra Madre« erschien, munkelte man, B. Traven sei in Wahrheit Jack London, der 1916 einen Selbstmord vorgetäuscht und sich vor seinen Gläubigern in den mexikanischen Busch verkrochen habe. Diese Mutmaßung beantwortete Traven mit der Feststellung, daß Jack Londons Leben und seines bei weitem ähnlicher seien, als aus einem Vergleich ihrer beider Bücher geschlossen werden könne. Der Schriftsteller Oskar Maria Graf und der »Edelanarchist« Erich Mühsam erinnerten sich nach der Lektüre von Travens ersten Büchern an einen

Frans Masereel, Holzschnitt
aus »Mein Stundenbuch« (1920)

Kampfgefährten aus der Zeit der Münchener Räterepublik, der ebenso leidenschaftlich zu schreiben wie hartnäckig seine Anonymität zu wahren verstand: der Schriftleiter der Zeitschrift *Der Ziegelbrenner*, Ret Marut. Ihre Vermutung sollte sich spätestens nach B. Travens Tod am 26. März 1969 in Mexiko-City bewahrheiten, als seine letzte Gefährtin, Erbin und Nachlaßverwalterin, Rosa Elena Luján de Torsvan, der Presse offiziell bekanntgab, daß B. Traven alias Traven Torsvan alias Hal Croves mit dem deutschen Schauspieler, Publizisten und Schriftsteller Ret Marut identisch sei. Aber auch Ret Marut war, wie der Autor einst angedeutet hatte, ein Pseudonym, ein poetisches Sinnbild, wahrscheinlich entlehnt dem ältesten indo-arischen Text, der Rigveda, wo die Marut als eine Schar wilder, zorniger Sturmgötter auftreten, deren Ursprung keiner kennt. Belegt hingegen ist, daß Ret Marut alias B. Traven tatsächlich für die Räterepublik in München tätig war, nach deren blutiger Niederschlagung als Hochverräter verfolgt und von Freikorpsangehörigen gefaßt wurde, aber fliehen konnte. Enttäuscht von der politischen Entwicklung, verließ B. Traven gemeinsam mit seiner Mitarbeiterin und Freundin Irene Mermet 1922 Deutschland in Richtung Mexiko, wo sich das Paar zunächst nahe von Tampico niederließ.

Jahre später lernte Traven den südlichsten Bundesstaat Chiapas kennen, als er als Fotograf an einer wissenschaftlichen Expedition unter der Leitung des Inspektors für Archäologie, Enrique Juan Palacios, teilnahm. Bei dieser Reise stieß er auf einen literarischen Stoff, der ihn von nun an in Bann hielt: die Aufstände der Caoba-Arbeiter in den Tagen der mexikanischen Revolution um das Jahr 1911. Caoba ist die spanische Bezeichnung für den Mahagonibaum (*Swietenia macrophylla*), dessen natürliche Vorkommen sich von dreiundzwanzig Grad nördlicher Breite (Südosten Mexikos) bis achtzehn Grad südlicher Breite (Brasilien, Bolivien, Peru) erstrecken. In den ehemaligen Monterias, den Holzfällercamps, tief im Dschungel am Rio Usumacinta sammelte Traven Material für seinen Caoba-Romanzyklus. Seine Streifzüge führten ihn auch zum Rancho »El Real«, der zum Latifundium der aus Spanien eingewanderten Familie Bulnes gehörte. Unter dem diktatorischen Regime des Caudillo Porfirio Diaz, den 1911 Francisco Indalecio Madero nach einem Aufstand stürzte, war das Land mit seinen reichen Bodenschätzen an ausländische Investoren, vor allem aus den USA und Großbritannien, verschachert worden. Darüber hinaus hatte Diaz die reichen Großgrundbesitzer begünstigt, indem er deren Latifundien durch Übereignung von Gemeindeland (»terra devoluta«), das eigentlich den Indianern gehörte, noch vermehrte. Fünfundachtzig Prozent der Bodenfläche Mexikos befanden sich damals im Besitz von etwa achthundert Finqueros, während die Masse der Indianer in Abhängigkeit von den Grundherren ein kümmerliches Dasein als Peones fristeten. Die Familie Bulnes gehörte zu diesen Finqueros, und sie ließ bis zur Revolution in den rund um ihren Rancho »El Real« liegenden ausgedehnten Regenwäldern durch ein Heer angeworbener indianischer Arbeitssklaven Mahagonibäume fällen und zu den Flüssen schaffen. Drei Söhne der Bulnes dürften Traven als Vorlage für seine Romanfiguren Felix, Acacio und Severo Montellano, die abgefeimten Holzbarone, gedient haben. In den Camps dieses Distriktes kam es, wie der dänische Archäologe Frans Blom in seinem Werk »La Selva Lacandona« zu berichten wußte, zu erbitterten Rebellionen der Monteros, wie die Caoba-Arbeiter hießen. Ein ehemaliger Montero schilderte Blom die Grausamkeit der Capataces, der Aufseher: »Das war eine Hölle, die schwer zu beschreiben ist. Wenn ein Arbeiter seine Norm nicht erfüllte, hieben sie mit der Peitsche auf ihn ein, bis die Haut aufsprang und sich dicke Striemen bildeten. Verlor er das Bewußtsein, so haben sie ihn mit Wasser übergossen, damit er wieder zu sich kam und sie weitermachen konnten. So peitschten sie ihn während Tagen, bis er starb. Nein, ich lüge nicht.

Nichts vermochte einen Mann zu retten, der infolge Krankheit seine Norm nicht erfüllen konnte. Viele versuchten zu fliehen, aber fast niemandem gelang die Flucht. [...] Man hatte Monteros, die fliehen wollten, festgenommen. Der Capataz Maximiliano T. fesselte sie und hackte ihnen die Füße ab. Dann band er sie los und sagte: ›Macht, daß ihr fortkommt!‹ Solche Szenen wiederholten sich. Es gab weder Recht noch Gesetz.«

Anhand des Schicksals einer Gruppe von Indianern erzählt B. Traven von den Zuständen und Ereignissen kurz vor und während der Revolution. Zunächst wird im ersten Band des Caoba-Zyklus, »Der Karren«, das Leben der Tseltal-Indianer in Chiapas als Opfer einer menschenfeindlichen Gesellschaftsordnung geschildert; dann folgt mit »Regierung« die Darstellung der Gegenseite, der Politiker, Finqueros, Menschenhändler und Ortssekretäre. Im dritten Teil, »Der Marsch ins Reich der Caoba«, treten die Perdidos, die Verlorenen, den Marsch in die Hölle der Monteria an. Am Schluß des Romans heißt es: »Die Mahagonikompanien anerkannten weder Staatsbürgerschaften noch Bürgerrechte noch den Raub von Landeskindern noch Landesgrenzen. Sie anerkannten nur das mächtige Reich der Caoba. Wo die Caoba herrschte, da war ihr Land, in dem sie regierten und wo die Gesetze galten, die sie machten, wo sie die Strafgewalt ausübten, die ihnen recht dünkte. Was kümmerten sie sich hier um Konzessionen und deren Paragraphen, was scherten sie sich hier um Landesgrenzen, Landespräsidenten und Diktatoren. Das war alles so weit, so unendlich weit.« Die erbärmliche Schinderei der Boyeros, der Ochsentreiber, und Hacheros, der Holzfäller, im undurchdringlichen, feuchtheißen Regenwald wird in »Die Troza« beschrieben; Troza nannte man die gefällten Mahagonistämme, die mit Ochsengespannen durch den Dschungel zu den Nebenflüssen des Rio Usumacinta geschleift wurden, um in der Regenzeit an die Küste geschwemmt zu werden. Die abscheulichen Quälereien der Aufseher und Verwalter lösen die »Rebellion der Gehenkten« aus, die ihre Peiniger erschlagen und bewaffnet die Monteria verlassen, um mit den Tyrannen im Land abzurechnen: »Ein General kommt aus dem Dschungel«, der letzte Band, erschien 1940.

Die Sprache B. Travens ist schlicht, derb und volksnah. Kurt Tucholsky schätzte die politische Aussagekraft von Travens Werken und nannte ihn einen großen Epiker, der jedoch kein richtiges Deutsch könne. Travens Bücher waren zur Zeit ihres Erscheinens und auch danach Bestseller, wurden in etliche Sprachen übersetzt, einige sogar verfilmt, wie »Der Schatz der Sierra Madre«, den 1948 Regisseur John Huston realisierte, mit Humphrey Bogart, Walter Huston (dem Vater des Regisseurs) und Tim Holt in den Hauptrollen, ein Film, der mit drei Oscars ausgezeichnet wurde und zu den Klassikern der Filmgeschichte zählt.

Als B. Traven durch die regengrünen Wälder am Rio Usumacinta streifte und nach Stoff für seine Caoba-Geschichten suchte, wurden die Mahagonibäume, die eine Höhe von dreißig Metern und einen Durchmesser von zwei Metern erreichen können, noch mit der Axt gefällt; eine mühsame und zeitraubende Prozedur, genauso wie der Transport der Stämme aus dem morastigen Dickicht zu den Sägewerken. Dadurch konnte der Einschlag von Edelhölzern nicht das verheerende Ausmaß annehmen wie der seit den 1960er Jahren forcierte Raubbau, der durch den Einsatz von Bulldozern, die kilometerlange Schneisen in den Urwald walzten, und durch handliche Motorsägen möglich geworden war. Das echte Mahagoni entstammt einzig der Gattung *Swietenia*, von Carl von Linné nach dem Leibarzt Kaiserin Maria Theresias, dem Holländer Gerhard van Swieten; benannt; und es ist eines der wertvollsten Hölzer am Weltmarkt, dessen Kernholz sich durch eine hell- bis rotbraune Färbung und schöne Maserung auszeichnet, ohne Risse und Verformungen trocknet und hervorragende Verarbeitungseigenschaften besitzt. Aus Mahagoni stellte Mitte des 18. Jahrhunderts der Engländer Thomas Chippendale die berühmt gewordenen, funktional wie ästhetisch ansprechenden Schreib- und Sitzmöbel her und begründete damit seinen Ruf als einer der bedeutendsten Kunsttischler seiner Zeit. Mahagoni wird noch immer für hochwertige Möbel, im Schiff- und Bootsbau, aber auch für Fenster, Türen und Tore, für Luxusverpackungen und als Furnierholz verwendet.

Die lebhafte Nachfrage und der enorme Profit, der für den Holzhandel abfällt, führen im gesamten Verbreitungsgebiet von Mahagoni zu Raubbau und illegalem Handel. In Mexiko und Mittelamerika wurden die Bestände nach Schätzungen von Global Forest Watch (einer Initiative des Washingtoner World Resources Institute) bereits zu siebzig Prozent vernichtet. Die derzeit am stärksten von Abholzung betroffene Region ist der brasilianische Bundesstaat Pará, insbesondere um die Nebenflüsse des Amazonas Xingu und Tapajós. In dem dünn besiedelten Gebiet hat sich ein mächtiges, illegales Netzwerk gebildet, an dem Holzkonzerne, Politiker und lokale Mafiabosse beteiligt sind. Auf der Jagd nach dem »Grünen Gold« lassen die Holzbarone von heute – natürlich gesetzwidrig – Schneisen in den Urwald schlagen, womit der Weg frei ist für die weitere Zerstörung dieses einzigartigen Lebensraumes, der zu den artenreichsten Ökosystemen der Erde gehört. Straßen, auch wenn sie nur für den Holztransport bestimmt sind, öffnen immer und überall den Urwald für landlose Bauern, Siedler und Fazenderos, die den natürlichen Wald roden und abbrennen, um Weide- und Anbauflächen (beispielsweise für Sojabohnen, die in Europa an Rinder verfüttert werden) zu schaffen. Ein Augenzeuge, der Österreicher Erwin Kräutler, Bischof der Diözese Xingu, schildert (in seiner Rede auf der 7. Globart Academy im Kloster Pernegg) die Verwüstungen: »Es ist schrecklich, das paradiesisch geschaffene Amazonien plötzlich als Hölle erleben zu müssen. Bei der Predigt bekomme ich Atemnot. Die Sonne ist den ganzen Tag über nur als rote Scheibe zu sehen. Sie steht mittags im Zenit, aber es ist Dämmerung. Soweit das Auge reicht: Asche und verkohltes Astwerk. Einige Bäume stehen noch. Aber sie glühen und brennen und werden in der Nacht zur rot leuchtenden, schaurigen Anklage der Menschen, die die Natur vergewaltigen und zerstören. Der jahrtausendealte, undurchdringliche Urwald wird in Brand gesteckt. Menschen machen Amazonien zur Hölle des Feuers.«

Die Methoden des Raubbaus sind immer die gleichen. Zuerst werden die Bäume außerhalb der Indianerreservate (»Terra Indígena«) abgeholzt, dann geht das illegale Schlägern in den Schutzgebieten, in denen die kommerzielle Holznutzung gesetzlich verboten ist, munter weiter. Aus Angst, von gedungenen Pistoleros bedroht oder ermordet zu werden (was immer wieder geschieht), aber auch um Geld zu verdienen, willigen die Indianer meist in den Baumfrevel ein und werden dafür entweder entschädigt (Greenpeace spricht von umgerechnet dreißig Euro pro Baum), oder die Stämme werden einfach geraubt. Auf dem Exportmarkt erzielt ein Stamm Mahagoni dann mehr als das Hundertfache, also etwa dreitausend Euro. Die brasilianische Umweltbehörde IBAMA (Instituto Brasileiro do Meio Ambiente) ist gegen die konzentrierte kriminelle und finanzielle Energie der Holzmafia nahezu machtlos. Die Beamten sind viel zu schlecht ausgerüstet, um das riesige Gebiet wirkungsvoll zu kontrollieren.

Seit dem Jahr 2000 unternehmen Umweltschützer von Greenpeace mit ihrem Schiff »Arctic Sunrise« Expeditionen ins Amazonasgebiet, um Beweise für die Urwaldzerstörung durch die Holzmafia zu sammeln. Seitdem konnten zigtausend Kubikmeter illegal eingeschlagenes Holz von IBAMA und der Bundespolizei beschlagnahmt werden. Im Oktober 2001 verfügte das IBAMA (mit »Instrução Normativa Nr. 17«), daß das Fällen, der Handel und der Export von Mahagoni auf unbestimmte Zeit ausgesetzt werden. Ferner wurden die Erteilung neuer Nutzungskonzessionen untersagt und bereits bewilligte Abholzungsgenehmigungen zurückgezogen. Allerdings sind sich Umweltverbände einig, daß trotz der strikten Regelung der illegale Holzeinschlag weitergeht, weil die Schutzmaßnahmen kaum kontrolliert werden können und Korruption sowie Dokumentenfälschung die Verfolgung erschweren. Natürliche Ressourcen bieten reichlich Gelegenheit für Korruption. Tatsächlich ist Umweltkriminalität – illegaler Holzeinschlag, Diebstahl von öffentlichem Land oder andere gesetzwidrige Aneignungen von öffentlichem Vermögen – eine moderne Wachstumsindustrie, die häufig durch Korruption gefördert wird. »Whether it be high-profile embezzlement or a low-level bribe to a petty bureaucrat, corruption is a major force undermining environmental equity and destroying ecosystems«,* stellte der World Resources Report 2002–2004 fest.

Eine wichtige Entscheidung, die den jahrelangen Bemühungen der Umweltverbände, allen voran Greenpeace, zu verdanken ist, fiel im November 2002. Auf der 12. »Conference of the Parties« des Washingtoner Artenschutzübereinkommens (CITES), die in Santiago de Chile stattfand, gelang es den brasilianischen Regierungsvertretern nicht mehr zu verhindern, daß Mahagoni, auf Antrag von Nicaragua und Guatemala, in Anhang II aufgenommen wurde, wodurch de jure ein höherer Schutz für diese Baumart besteht, da nicht nur die Exporteure, sondern auch die Importeure für die Legalität der Holzlieferungen verantwortlich sind. Das Artenschutzübereinkommen regelt den internationalen Handel mit bedrohten Tier- und Pflanzenarten. Je nach Grad der Bedrohung werden etwa fünftausend Tiere und über fünfundzwanzigtausend Pflanzen in drei sogenannten »Anhängen« aufgelistet; Anhang II

* »Ob nun Unterschlagung auf höchster Ebene oder Bestechung eines kleinen Beamten, Korruption ist eine der wesentlichen Kräfte, welche die Grundlagen der Umwelt untergraben und die Ökosysteme zerstören.«

enthält Arten, die nicht unmittelbar vom Aussterben bedroht sind, aber bedroht sein könnten, sollte der Handel nicht strikt kontrolliert werden. Die brasilianische Regierung hatte stets den illegalen Handel mit Mahagoni bestritten und verurteilte deshalb die Entscheidung der Konferenz als Behinderung des freien Welthandels; eine absurde Haltung in Anbetracht der Entwaldungsrate in Amazonien, die, wohlgemerkt, alle Tropenhölzer betrifft. Nach Angaben von Global Forest Watch, die auf der Auswertung von Satellitenbildern basieren, wurden zwischen August 2003 und 2004 siebenundzwanzigtausendzweihundert Quadratkilometer Regenwald (das entspricht fast der Fläche Belgiens) abgeholzt, davon, wie Experten vermuten, achtzig Prozent illegal. Associated Press meldete am 14. Juli 2004, daß Umweltministerin Marina Silva (eine ehemalige Gummizapferin und Mitstreiterin des 1988 ermordeten Umweltaktivisten Chico Mendes) einen Kooperationsvertrag mit Verteidigungsminister José Viegas Filho unterzeichnet habe, der den Einsatz der Armee im Kampf gegen die illegale Entwaldung Amazoniens ermögliche. »The structure and experience of the armed forces in the region, together with the efforts of other ministries is essential to the success of operations«*, erklärte die Umweltministerin anläßlich der Unterzeichnung.

Ein Fünkchen Hoffnung? Vielleicht. Denn wenn die letzte unberührte Wildnis dieser Erde, die Regenwälder, vernichtet wird und mit ihr der unermeßliche Schatz an Tier- und Pflanzenarten, dann wäre der Zusammenhang zwischen dem Menschen und seiner Mit-Welt für immer und ewig zerstört.

Vor hundertfünfzig Jahren schwärmte der Naturforscher Henry Walter Bates, der sich elf Jahre am Amazonas aufhielt, in seinem Bericht »The Naturalist on the River Amazonas«, der ganz

* »Der Aufbau und die Erfahrung der bewaffneten Kräfte in jener Region sowie die Bemühungen der anderen Ministerien sind wesentlich für den Erfolg der Einsätze.«

ohne den Jargon der Spezialisten auskommt und ein Meisterstück der naturwissenschaftlichen Reiseliteratur ist: »Der Tropenwald übt auf das Gemüt eine ähnliche Wirkung wie der Ozean. Der Mensch fühlt hier so ganz, wie klein er ist gegen die Größe der Natur. [...] Ich glaube, es gibt in der tropischen Natur genug, was jeden unangenehmen Eindruck, den die rücksichtslose Kraftentwicklung der Vegetation hervorbringen könnte, hinreichend ersetzt: die unvergleichliche Schönheit und Verschiedenheit des Laubes, die lebhaften Farben, der Reichtum und die Üppigkeit, die überall entfaltet sind, gegen den nach meiner Ansicht die reichste Waldlandschaft des nördlichen Europa wie eine öde Wüste erscheint.«

Hege also die fette Olive, den Liebling des Friedens!

Vergil, »Georgica«

Das Rauschen des Olivenhaines ist der Flügelschlag des Friedens.

Vincent van Gogh, 1889

The ›olyve of pees‹ is, then, a symbol and I love it for what it stands for. I love it also for what it is in itself, aesthetically; for what it is in relation to the Mediterranean landscape in which it beautifully plays its part.

Aldous Huxley, »The Olive Tree«

Der Baum des Friedens

Anfang der Siebzigerjahre kaufte ich in einem Bergdorf auf dem südlichen Peloponnes ein baufälliges steinernes Haus. Die Attraktion war nicht dieses Haus, das eher an eine altertümliche Ruine erinnerte, sondern die berauschende Aussicht auf mattgrüne Olivenhaine, auf die metallisch glänzende Fläche des Ionischen Meers und die weitgeschwungene Küstenlandschaft Messeniens, die sich von einer Terrasse, die dank eines darunterliegenden Tonnengewölbes ganz geblieben war, darbot. Bis ein Teil des Hauses, eine Art Turmstube, halbwegs bewohnbar war, lebte ich einen Sommer lang mehr oder weniger unter freiem Himmel in einem schmalen Innenhof, der direkt aus dem Fels herausgehauen schien und den ein Wall aus schweren Steinbrocken umschloß. Der einzige Tupfen Grün in dem aschgrauen Ensemble war ein wild wuchernder, drahtiger Rosmarinstrauch. Die Nächte verbrachte ich im Zclt, das ich auf dcr Terrasse mit Hilfe einiger Bambusstäbe aufgeschlagen hatte. Das Dorf heißt Pigi, die »Quelle«, und liegt an den Ausläufern des mächtigen Taygetosgebirges auf der Halbinsel Mani. Auf die Idee, überhaupt in diese Gegend zu reisen, hatte mich ein Buch des englischen Schriftstellers Patrick Leigh Fermor gebracht, ein Freund Lawrence Durrells, durch dessen Literatur ich auf den inzwischen legendären Reisenden aufmerksam geworden war; sein Titel: »Mani, Reise ins unentdeckte Griechenland«.

Fermor, der im Zweiten Weltkrieg als Verbindungsoffizier der britischen Armee auf Kreta gemeinsam mit Partisanen gegen die deutschen Okkupanten gekämpft hatte, unternahm seine Wanderungen durch die Mani Anfang der Fünfzigerjahre (das Buch erschien im Original 1958 in London). Seine so gelehrsamen wie eleganten Schilderungen über eine historisch bemerkenswerte, damals aber höchst selten besuchte Gegend Griechenlands, eine der wenigen, die ihre (wenn auch stets gefährdete) Unabhängigkeit von den türkischen Besatzern bewahren konnte; ein Landstrich, der im Inneren, vertrocknet und kraterzerrissen, mehr einer Mondlandschaft glich, mit düsteren Traditionen, einem Nebel von Gerüchten und Legenden, dunkelhäutigen Menschen mit schwarzen Kopftüchern und kreisrunden Strohhüten, Turmdörfern, Klageliedern und Blutfehden; dieser Stoff war gleichsam die Initialzündung zu meiner Reise in die Mani und der Hauskauf eine glückliche Fügung. Fermor und seine Frau Joan hatten zu diesem Zeitpunkt schon längst ihr Domizil in dem nahen Küstenort Kardamili, das ihm, wie er schrieb, wie das »wiedergeborene Byzanz« erschienen war, aufgeschlagen. Ihr solides Haus mit sienafarbenen Mönch-Nonnedächern, an einer reizvollen Bucht mit türkisblauem Wasser in einer Kulisse von Zypressen gelegen, betrachtete ich jedes Mal, wenn ich vorbeikam, mit neidvollem Blick, schien es mir doch im Vergleich zu meiner derben Steinburg ein »vollkommenes« Haus zu sein. Mein Trost war meine Aussicht, der Blick aus der Vogelperspektive auf die apollinische Landschaft und die allabendliche Szenerie, wenn die Sonne hinter dem Horizont versank und der Himmel langsam sein Licht verlor.

Meine Nachbarn in Pigi, Elias und Krisula Moustakeas, legten mir, dem *Xenos*, regelmäßig kleine Gaben der Gastfreundschaft vor die Türe, einmal ein Feigenblatt, auf dem eine Handvoll schwarzer pflaumengroßer Oliven aufgehäuft war, ein andermal ein Fläschchen mit blaßgrünem Olivenöl oder ein Sträußchen Basilikum. Die Moustakeas waren Bauern und im Besitz von zweihundert Olivenbäumen, die sie in weit verstreuten Hainen pflegten, eine Arbeit, die über das ganze Jahr verteilt war und die darin bestand, mit dem Heindl den Boden rund um die Stämme aufzulockern, zu düngen und mit einer kleinen gebogenen Säge die Äste auszuschneiden. Die Ernte begann je nach Witterung und Reife der Oliven Anfang November und dauerte drei bis vier Monate. In guten Jahren, erfuhr ich von Elias, konnten sie an die viertausend Kilogramm Früchte zur Ölmühle bringen, aus denen bis zu tausend Liter Olivenöl kalt gepreßt wurden; und es sei ohne Zweifel das beste Öl der Welt, das aus dieser Gegend komme, betonte Elias stets mit großem Eifer, wenn wir über Oliven und Öl sprachen – ein unerschöpflicher Gesprächsstoff. Einmal vertraute er mir an, daß er glaube, die Bäume könnten uns hören und alles verstehen, was wir sprächen. Ein schöner Gedanke, bei dem die Ehrfurcht und Liebe mitschwang, die er *seinen* Olivenbäumen entgegenbrachte. In der Mani und wahrscheinlich anderswo auch wird der Wert eines Grundstücks gewöhnlich nach der Zahl seiner Ölbäume eingeschätzt.

In einem Winter, den ich in Pigi ohne Ofen fröstelnd verbrachte, half ich den Moustakeas und ihren angereisten Verwandten, die Oliven einzubringen. Auf dem rötlichen, von Steinen übersäten Erdboden in den Hainen hatte sich durch den Regen, der in letzter Zeit gefallen war, ein Schleier von frischem Gras entfaltet. Unter den Bäumen wurden Plastikplanen und Decken aus zusammengenähten Sackleinen ausgebreitet, auf welche die reifen Oliven, die man mit Bambusstangen von den Ästen schlug, herabfielen. Eine uralte Arbeitsweise, wie die Abbildung auf einer Amphora im schwarzfigurigen Stil aus der Zeit um 500 v. Chr. zeigt, die im British Museum in London verwahrt wird.

Mir fiel die reizvolle Aufgabe zu, mit dem Esel (den ich schon kannte, weil ich auf seinem Rücken Baumaterial zu meinem Haus befördert hatte) die mit Oliven gefüllten Säcke durch den Hain zu einem Feldweg zu transportieren, wo ein Traktor mit Anhänger wartete. Ein bestimmtes Quantum Oliven, das für den Verzehr bestimmt war, wurde sorgfältig von Hand gepflückt, um Verletzungen des Fruchtfleisches zu vermeiden, und in Kochsalzlösung eingelegt. Bei den Moustakeas (wie in anderen Häusern) wurden die Speiseoliven in einem *Pesari* aufbewahrt, einer bauchigen, gerippten Amphore aus gebranntem Ton, innen mit Glasur überzogen. In solchen Gefäßen, die von außerordentlicher Größe sein konnten, wurden früher auch Öl und Wein gelagert. Das Haus ist nicht mehr in meinem Besitz, aber noch immer erinnere ich mich gern an die tägliche gemeinsame, heitere Mittagsrast während der Olivenernte. Krisula legte unter einem Baum ein besticktes Tischtuch auf und richtete darauf in strenger Ordnung Brot, Zwiebeln, Tomaten, Gurken, kleine grüne Birnen, einen Block Schafkäse, Teller mit gebratenen Sardellen und *Keftedes*, mit Oregano gewürzte Fleischbällchen, an; und natürlich durfte eine Schüssel mit fleischigen Oliven nicht fehlen. Dann verteilte sie aus einem Korb kleine Gläser an alle, Elias schenkte aus einer *Karafaki* geharzten

Halsamphora »Zwei Männer und zwei Knaben bei der Olivenernte«, British Museum, London

Wein ein und bedankte sich für die geleistete Arbeit: *Is igian*, auf eure Gesundheit!

Das Pressen von Öl ist eine Tradition und die Olive keine gewöhnliche Frucht, sondern ein Kult. »Die ganze Mittelmeerwelt – Statuen, Palmen, goldene Rosenkränze, bärtige Helden, Wein, Ideen, Schiffe, Mondlicht, geflügelte Gorgonen, Männer aus Bronze und Philosophen – alles reift im sauren, beißenden Geschmack dieser schwarzen Oliven heran, in einem Geschmack, der

Olea europaea aus: Henri-Louis Duhamel du Monceau,
»Traité des arbres et arbustes«, Band 5 (1812)

älter ist als der des Fleisches und des Weines – ein Geschmack, so alt wie der des klaren Wassers«, schrieb Lawrence Durrell in seinem Korfu-Buch.

Es stimmt, der Ölbaum (*Olea europaea*) zählt, wie die Feige und der Weinstock, zu den ältesten Kulturpflanzen und wird schon in den frühesten Zeugnissen der Griechen, Hebräer und Ägypter erwähnt. In welcher Gegend er zuerst kultiviert wurde, liegt im Dunkeln. Doch deuten archäologische Funde an, daß die Heimat im östlichen Mittelmeerraum zu suchen ist, also am Sinai, in Palästina, Syrien und der südlichen Türkei. Es überrascht daher nicht, daß der Ölbaum im Alten Testament mehrmals erwähnt wird. In der Genesis (8,11) wird von einem Olivenzweig erzählt, den die von Noah ausgesandte Taube in ihrem Schnabel trug, als sie am Abend zurückkehrte und damit das Ende der Sintflut ankündigte. Gottes Zorn war verflogen, die Wasser hatten sich verlaufen, die Vegetation fing wieder an zu grünen. Die »Friedenstaube« war geboren, das vielstrapazierte Sinnbild von Frieden und Völkerverständigung. Religionen nahmen das Öl in ihre Riten auf, in der Letzten Ölung, um die Seele zu reinigen und als Hoffnung auf ein ewiges Leben; es diente zur Weihe, und man salbte bestimmte Körperteile, um Sünden wieder gutzumachen; Öl brannte und leuchtete in der siebenarmigen Menorah in Palästina und an der Spitze des Leuchtturms von Alexandria. Mit dem Öl der Olive pflegte man den Körper, und Athleten wie Hetären verlieh es attraktiven Glanz. Selbst die Götter und Helden in Homers »Odyssee« rieben sich ihre Haut gern damit ein, um ihre unsterbliche und leuchtende Schönheit zu bewahren. Im Islam ist der Ölbaum der Weltenbaum schlechthin, die *axis mundi*, die den Himmel trägt. Er symbolisiert gleichsam den universalen Menschen, den Propheten, und, so der finnische Anthropologe Edvard Westermarck, »einer der Namen Gottes oder ein anderes heiliges Wort steht auf jedem seiner Blätter geschrieben«.

Das immergrüne Laub des Ölbaums, das hohe Alter, das er erreicht, seine unzerstörbare Lebenskraft und das harte Holz empfahlen ihn der Aufmerksamkeit des Volkes und der Sage. So hat bei Homer die Streitaxt des Peisandros (»Ilias« 13, 612) einen langen, wohlgeglätteten Stiel von Olivenholz; die gewaltige Keule des Kyklopen besteht aus dem gleichen Material (»Odyssee« 9, 320), wie auch die des Herakles bei Theokritos. Nach Odysseus' Heimkehr nach Ithaka ist Penelope unsicher über die Identität ihres Gatten. Zehn Jahre Irrfahrten, zehn Jahre Troja, das ist eine lange Trennung. Sie stellt ihn auf die Probe und sagt zu Eurykleia: »Bereite sein Lager ihm außerhalb des schönen Gemachs, das er selber gebauet.« Das ist aber, wie nur Odysseus wissen kann, unmöglich, weil das Bett mit dem Stumpf eines Ölbaums, der fest im Boden wurzelt, unverrückbar verbunden ist. Als er das erklärt, erzittern seiner Frau »Herz und Kniee« und mit offenen Armen fällt sie Odysseus weinend um den Hals (»Odyssee« 23, 190f.).

Bleiben wir noch ein wenig bei der Mythologie. Es hieß, Kekrops, der schlangenbeinige, aus dem Erdboden entsprungene Mensch, mythische Gründer und erste König Athens, habe den Olivenbaum aus Ägypten oder Libyen nach Attika gebracht. Damit verknüpft ist die Legende von der Namengebung Athens; als nämlich die mächtigen Gottheiten Athene und Poseidon um den Besitz Attikas stritten, habe Kekrops das Land Athene zugesprochen, weil sie auf der Akropolis, der Königsburg, einen Ölbaum wachsen ließ, während Poseidon lediglich einen Brunnen mit Meerwasser zum Sprudeln brachte, als er im Zorn seinen Dreizack gegen die Kalksteinfelsen der Burg schleuderte. Die Perser unter Xerxes belagerten im August 480 v. Chr. Athen und steckten die Akropolis in Brand. Darüber berichtete der Reisende Herodot von Halikarnassos, der sich wahrscheinlich fünfzig Jahre später in Athen aufgehalten hatte (VIII, 55): »Es traf sich nun, daß dieser Ölbaum [der Athene] zugleich mit dem übrigen Heiligtum von den Barbaren verbrannt wurde. Am zweiten Tag aber nach dem Brand, als die von dem Großkönig [Xerxes] mit dem Opfer beauftragten Athener zu dem Heiligtum hinaufgingen, sahen sie, daß ein Trieb aus dem Stumpf so lang wie eine Elle emporgeschossen war.« Die Hellenen rächten sich an den Persern und vernichteten nur einen Monat später deren Flotte bei Salamis.

Pausanias, der antike Baedeker, bereiste und beschrieb im 2. Jahrhundert n. Chr. Attika und Athen, und er wollte auf der Akropolis, obwohl sie inzwischen mehrmals geplündert und umgebaut worden war, im Felsen unter der Nordhalle die Spuren von Poseidons Dreizack gesehen haben und im Erechtheion den Brunnen mit Meerwasser, der »bei Südwind das Geräusch von Wellen hören läßt«; über den altehrwürdigen Ölbaum der Athene, so Pausanias weiter, wisse man nichts weiter zu erzählen, als daß er verbrannt, aber wieder aufgeschossen sei (Buch I, 26, 5 u. 27, 2). Irgendwann mußte auch dieser Baum dran glauben; ob es während des byzantinischen Reiches oder der Kreuzzüge war, wer weiß. (Noch heute wächst auf der Akropolis ein Olivenbaum, wobei nicht sicher ist, ob er 1917 bei Kriegseintritt Griechenlands auf seiten der Alliierten oder bei Friedensschluß 1920 gepflanzt wurde.)

Von Griechenland wanderte die Olivenkultur relativ spät nach Italien. Eine der ersten Quellen scheint Fenestella zu sein, ein römischer Schriftsteller, der vermutlich zwischen 35 v. Chr. und 36 n. Chr. lebte, also während des Prinzipats von Tiberius. Er beschäftigte sich in seinem Werk mit Wasserleitungen, Festen, Elefanten für Spiele, dem Tragen von Ringen, Perlenschmuck und Kleidung sowie mit der Einführung des Ölbaums. Ein anderer Beleg stammt von Lucius Columella, einem Landwirtschaft treibenden Schriftsteller und Zeitgenossen von Plinius d. Ä., der um 60 unserer Zeitrechnung an einem umfangreichen Werk (»De re rustica«) arbeitete, das zu den wertvollsten Hinterlassenschaften der römischen Fachschriftstellerei gehört. Im V. Buch finden sich etliche Hinweise auf den Ölbaum, unter anderen der Satz: »Omnis tamen arboris cultus simplicior quam vinearum est, longeque ex omnibus stirpibus minorem impensam desiderat olea, quae prima omnium arborum est.« Und Plinius macht uns mit dem hundertjährigen Pollio Romilius bekannt (XXII, 114), der auf die Frage von Kaiser Augustus, durch welches Mittel er sich so rüstig erhalten habe, die Antwort gibt: »innerlich durch Wein und Honig, äußerlich durch Olivenöl.«

Aldous Huxley verglich in einem Essay den Olivenbaum mit einem durchtrainierten Athleten. Ein Bild, das zu dem ausdauernden Baum paßt, dessen Muskeln sich in den knorrigen, verdrehten, oft gespaltenen Stammkörpern zu verbergen scheinen. Ich habe mich oft gefragt, woher Olivenbäume aus dem ausgedörrten, mageren Boden ihren Saft ziehen, der in ihren reifen Steinfrüchten so dickflüssig und fett ist. Predrag Matvejević, in Mostar geborener Romanist und Mittelmeerkundiger, mutmaßte, daß der Saft nicht nur aus der Erde allein komme, sondern daß möglicherweise auch das Meer an seiner Schöpfung beteiligt sei. Eine Vorstellung, die insofern interessant ist, als schon Theophrastos von Eresos in seiner Naturgeschichte der Gewächse meinte, daß sich die Olive nicht weiter als dreihundert Stadien (etwa 200 Meter) von der Küste entferne, was sich so deuten ließe, daß sie den Hauch des Mittelmeeres liebe; das entspricht auch einigermaßen ihrem Verbreitungsgebiet.

Der Ölbaum wird heute im allgemeinen in Reinkultur angebaut. Bevorzugt wird der sogenannte Quadratverband mit Abständen von fünf mal fünf bis über zwanzig mal zwanzig Metern. In der Europäischen Gemeinschaft machen die Olivenbauern etwa ein Drittel aller Landwirte aus. Sie produzieren jährlich im Schnitt 2,1 Millionen Tonnen Olivenöl, wobei der größte Produzent Spanien ist, gefolgt von Italien und Griechenland. Die EU-Kommission hat nach einer dunklen Periode schlechter Qualität und schlimmer Skandale (ich erinnere nur an Spanien, wo Olivenöl mit Motoröl verunreinigt wurde) Richtlinien zum Schutz der Verbraucher erarbeitet, nach denen die Qualität eines Öls bestimmt und festgelegt wird, mit welchen Gütebezeichnungen es in Österreich, Deutschland und den anderen Mitgliedsstaaten verkauft werden darf. Das paßt natürlich den großen Abfüllern, die durch eine starke Lobby in Brüssel vertreten sind, nicht; immer wieder versuchen sie, den Qualitätsstandard, besonders für die »Extra-Vergine«-Öle, nach unten zu korrigieren.

Die Verarbeitung der Oliven in der Ölmühle beginnt damit, daß sie von Zweiglein und Blättern befreit und vorsichtig gewaschen werden. Danach kommen sie in den sogenannten Kollergang, eine Art riesige Schüssel mit hochkant stehenden, rotierenden schweren Steinwalzen. Darin werden die Oliven samt ihren Kernen circa fünfundzwanzig Minuten lang zu einem Brei gemahlen, der dann auf runde Matten aufgetragen wird; die Matten mit dem Brei werden aufeinander geschichtet und hydraulisch ausgequetscht. Bei dieser ersten Pressung lassen sich etwa fünfundsiebzig Prozent des Gesamtölgehalts gewinnen, und zwar als eine Emulsion von Öl und bitterem Fruchtwasser, aus der das Öl durch Zentrifugieren abgetrennt und meist noch gefiltert wird. Ab 1. November 2003 dürfen nur noch solche Olivenöle den Zusatz »kaltgepreßt« oder »erste Kaltpressung« tragen, die bei einer Temperatur von nur maximal siebenundzwanzig Grad Celsius gepreßt wurden. Das Olivenöl übertrifft in puncto Vielfalt des Geschmacks alle anderen Öle. Je nach Klima, Boden, Lage, Art der Frucht und Reifegrad schmeckt es grün oder fruchtig, würzig oder mild, rassig oder fein oder manchmal auch mandelbitter. Bei der traditionellen Herstellungsmethode werden insbesondere wertvolle sekundäre Inhaltsstoffe, wie Phenole und das Oleuropein, geschützt. Ein wichtiges Kriterium zur Feststellung der Qualität ist der Anteil freier Fettsäuren (gemessen als Ölsäure). Grundsätzlich kann man sagen, je niedriger der Säuregrad, desto besser ist das Öl, obwohl es nur ein Faktor von vielen ist. Die erste Güteklasse, die »direkt aus Oliven ausschließlich mit mechanischen Verfahren gewonnen« wird, ist das »Extra Native Olivenöl« (»Extra Vergine«) mit nicht mehr als 0,8 Gramm pro 100 Gramm Öl, bei »Nativem Olivenöl« (»Vergine«) ist der Höchstwert mit 2,0 Gramm festgelegt. Steht auf dem Etikett nur »Olivenöl«, so ist es ein Mix aus raffiniertem und nativem Olivenöl, der Anteil an freien Fettsäuren darf maximal 1,0 Gramm pro 100 Gramm Öl betragen.

Ein trauriges Kapitel, das dem Olivenbaum als »Baum des Friedens« Hohn spricht, spielt sich seit Jahren an der »Grünen Linie« in Israel ab: Olivenraub und Baumfrevel. Die israelischen Journalisten Danny Adino Ababa, Meron Rapaport und Oron Meiri waren als »verdeckte Ermittler« in den besetzten Gebieten unterwegs und machten dabei schockierende Entdeckungen; ihr Bericht erschien unter dem Titel »The Battle of the Olive« am 22. Jänner 2003 in der Wochenendbeilage der auflagenstärksten Tageszeitung *Yedioth Ahronoth*. Für ihre Arbeit wurden sie ex aequo mit dem Internationalen Preis für Journalismus, organisiert von Fondazione Premio Napoli in Zusammenarbeit mit dem Europäischen Parlament, ausgezeichnet.

Ababa hatte sich auf eine Annonce gemeldet und als Pflücker getarnt bei der Olivenernte der jüdischen Siedler im Westjordanland mitgeholfen. Dabei fand er heraus, daß es zu regelrechten Olivenraubzügen kam. Siedler ernteten einfach die Oliven von Bäumen, die Palästinensern gehörten und boten sie wenig später den Eigentümern zum Kauf an. Weigerten sich die Bestohlenen, die von den Siedlern geernteten Früchte zurückzukaufen, drohten diese, ihre Haine zu verwüsten.

Während Ababa den Fruchtraub im Herzen von Samaria beobachtete, recherchierten die beiden anderen Journalisten, Rapaport und Meiri, in israelischen Baumschulen. Offenbar hatten Unternehmen, die am Bau der Trennmauer beteiligt sind, Tausende Olivenbäume ausgegraben, die auf dem Land von Palästinensern standen, das beschlagnahmt wurde. Doch anstatt die Bäume für ihre Besitzer an einem anderen Ort wieder einzusetzen, wie es das Verteidigungsministerium angeordnet hatte, wurden die Bäume an Baumschulen verkauft, die dafür erzielten Preise schwankten je nach Alter der Bäume zwischen sechshundert und dreitausend Schekel [circa einhundert und fünfhundert Euro]. Ein lukratives Geschäft unter der Schirmherrschaft der Zivilverwaltung.

»Die Olive ist mehr als ein Baum«, schreibt Danny Adino Ababa. »Für beide, Israelis wie Palästinenser. Es ist kein Zufall, dass der Olivenbaum sowohl das Symbol der Golani-Infanterie-Brigade als auch das des Palästinenserdorfes Zeita ist. Alle verdienen ihren Lebensunterhalt mit dem Baum, und wir schreiben Friedenslieder über die Taube mit dem Olivenzweig. Doch wenn dem Olivenbaum all das in unserem Namen angetan wird – dann sei Gott der Taube gnädig.«

Wie Knospen durch Wachsthum neue Knospen hervorbringen und, wie auch diese wieder, wenn sie kräftig sind, sich nach allen Seiten ausbreiten und viele schwächere Zweige überwachsen, so ist es, wie ich glaube, durch Zeugung mit dem grossen Baume des Lebens ergangen, der mit seinen todten und abgebrochenen Ästen die Erdrinde erfüllt, und mit seinen herrlichen und sich noch immer weiter theilenden Verzweigungen ihre Oberfläche bekleidet.

Charles Darwin, »Über die Entstehung der Arten«

Nachrede

Am Anfang des Erinnerungsbuches von Gabriel García Márquez, »Leben, um davon zu erzählen«, steht eine Reise, die der Romancier als Student 1950 mit seiner Mutter unternahm, um das Haus der Familie in Aracataca zu verkaufen. Es ist das Haus, das Millionen Leser aus »Hundert Jahre Einsamkeit« kennen.

»Der Zug hielt an einer Bahnstation ohne Dorf und fuhr kurz darauf an der einzigen Bananenplantage vorbei, an deren Portal ein Name stand: *Macondo*. Das Wort war mir schon bei meinen ersten Reisen mit dem Großvater aufgefallen, doch erst als Erwachsener entdeckte ich, daß mir sein poetischer Klang gefiel. Ich hatte es nie wieder gehört, mich nicht einmal gefragt, was es bedeutet, es jedoch bereits in drei Büchern als Name für ein imaginäres Dorf verwendet, als ich zufällig in einer Enzyklopädie entdeckte, daß es sich um einen tropischen, der Ceiba ähnlichen Baum handelt, der weder Blüten noch Früchte entwickelt und dessen schwammiges Holz zum Bau von Kanus und zum Schnitzen von Küchengerät verwendet wird. Später entdeckte ich in der Encyclopaedia Britannica, daß es in Tanganjika den Nomadenstamm der Makondos gibt, und dachte, das könnte der Ursprung des Wortes sein. Dem bin ich aber nie nachgegangen, habe auch den Baum nie gesehen, weil mir keiner Auskunft geben konnte, obwohl ich in der Bananenregion oft danach gefragt habe. Vielleicht hat es den Baum nie gegeben.«

»Macondo«, ein tropischer Baum ohne Blüten und Früchte, der *Ceiba* ähnlich? Die in ihrer Erscheinung unverwechselbare Gattung gibt es in den regengrünen Feuchtwäldern Süd- und Mittelamerikas, und es stimmt auch, daß die Indianer aus dem leichten, weichen Holz ihre Kanus und Flöße bauen. *Ceiba* (der Art *pentandra*) ist ein Wollbaumgewächs und einer der mächtigsten, eindruckvollsten Bäume der Tropen, mit riesiger, schirmförmiger Krone, der eine Höhe bis sechzig Meter erreichen kann und dessen Basis aus meterhohen Brettwurzeln besteht. Allerdings blüht der Baum während der Trockenzeit, und seine Samenkapseln enthalten Kapok, eine wasserabweisende Faser, die zur Füllung von Matratzen, Rettungsringen und Schwimmwesten verwendet wird. Beharrlich bin ich auf die Suche nach »Macondo« als Spezies gegangen, bin im Internet kreuz und quer gesurft, habe Collier's Encyclopedia, den Grand Larousse und andere kluge Nachschlagewerke befragt, aber nicht den geringsten Hinweis gefunden. »Gabo's« zweite Entdeckung, die er in der Encyclopaedia Britannica gemacht hatte und die nichts mit dem Baum zu tun hat, konnte ich zwar aufspüren, nur sind es nicht die Makondos, wie er angibt, sondern die Makonde, ein Bantu sprechender Stamm, der im Nordosten Moçambiques und im Südosten Tansanias lebt.

Ich hätte mir gewünscht, einen Baum mit dem »poetischen Klang« Macondo zu finden und in meinen Bekanntenkreis aufzunehmen; nun muß ich mich mit Márquez' Feststellung begnügen, daß es den Baum vielleicht nie gegeben hat. Ein Fingerzeig zu sagen: *Finis*, es reicht!

LITERATURHINWEISE

Die Entdeckung der Bäume

Michel Adanson, Histoire naturelle du Sénégal. Paris 1757

James Cook, Entdeckungsfahrten im Pacific. Die Logbücher der Reisen 1768–1779, Nördlingen 1987

Alexandra David-Neel, Heilige und Hexer. Leipzig 1936

Hans Magnus Enzensberger, Mausoleum. Frankfurt/Main 1978

Ulrich Enzensberger, Georg Forster. Ein Leben in Scherben, Frankfurt/Main 1996

Peter Fleming, Tataren-Nachrichten. Ein Spaziergang von Peking nach Kaschmir, Frankfurt/Main 1996

Stephen Greenblatt, Wunderbare Besitztümer. Die Erfindung des Fremden: Reisende und Entdecker, Berlin 1994

Alexander von Humboldt, Reise in die Äquinoktial-Gegenden des Neuen Kontinents. Frankfurt/Main – Leipzig 1999 (4)

Alexander von Humboldt, Reise auf dem Rio Magdalena, durch die Anden und Mexico. Berlin 1986 (Teil I) und 1990 (Teil II)

Alexander von Humboldt, Ansichten der Natur. Nördlingen 1986

Ulrike Moheit (Hg.), Alexander v. Humboldt, Briefe aus Amerika 1799–1804. Berlin 1993

François Péron, Entdeckungsreise nach Australien, unternommen mit den Corvetten, der Geograph und der Naturalist, in den Jahren 1800 bis 1804. 1. Band, Weimar 1808

Marco Polo, Die Wunder der Welt. Zürich 1989 (5)

Frances Wood, Marco Polo kam nicht bis China. München 1996

Die Platane des Hippokrates

Der Kleine Pauly. Lexikon der Antike, München 1979

Michael Grant/John Hazel, Lexikon der antiken Mythen und Gestalten. München 1980

Herodot, Die Bücher der Geschichte (übersetzt von Walther Sontheimer). Stuttgart 1958
Rudolf Herzog, Koische Forschungen und Funde. Leipzig 1899
Ovid, Metamorphosen (übersetzt von Hermann Breitenbach). Stuttgart 1982
Hermann Fürst von Pückler-Muskau, Die Rückkehr. Berlin 1846
Ludwig Ross, Reisen nach Kos, Halikarnassos, Rhodos und der Insel Cypern. Halle 1852

Der Baum des Müßiggangs

Lawrence Durrell, Bittere Limonen. Reinbek bei Hamburg 2002
Johann Wolfgang Goethe, Dichtung und Wahrheit. Band 1, Frankfurt/Main 1975
Christof Liebich, Der Maulbeerbaum als Waldbaum und als Grundlage des deutsch-österreichischen Seidenbaues. Wien 1859
Ovid, Metamorphosen (übersetzt von Hermann Breitenbach). Stuttgart 1982

L'Arbre du Ténéré

Heinrich Barth, Reisen und Entdeckungen in Nord- und Central-Afrika in den Jahren 1849 bis 1855. 5 Bände, Gotha 1857
Henri Lhote, L'épopée du Ténéré. Paris 1961
G. E. Wickens (Hg.), Role of Acacia species in the rural economy of dry Africa. Rome 1995

Die »Breite Föhre«

Rudi Palla, Verschwundene Arbeit. Ein Thesaurus der untergegangenen Berufe, Frankfurt/Main 1994
Anton Rieder, Der Wienerwald. Natur, Geschichte und Kultur einer einzigartigen Landschaft. Wien 2002
Adolf Schmidl, Wien's Umgebungen auf zwanzig Stunden im Umkreise. Nach eigenen Wanderungen geschildert, Band 8, Wien 1839

Johnny Appleseed

Mircea Eliade, Die Sehnsucht nach dem Ursprung. Frankfurt/Main 1981
Wolfgang Franke, Nutzpflanzenkunde. Stuttgart 1997
Homer, Odyssee (übersetzt von Johann Heinrich Voß). Hamburg 1781
Jacques-Paul Migne, *Patrologia Latina*. Band 59, Paris 1844–1849

Ovid, Metamorphosen (übersetzt von Hermann Breitenbach). Stuttgart 1982
Michael Pollan, Die Botanik der Begierde. München 2002
Robert von Ranke-Graves, Griechische Mythologie. Reinbek bei Hamburg 1993

Fichtendämmerung

David Attenborough, Das erste Eden. Der Mittelmeerraum und der Mensch, Hamburg 1988
Braudel / Duby / Aymard, Die Welt des Mittelmeeres. Frankfurt/Main 1990
John Evelyn, Silva, or: A Discourse of Forest-Trees. 2 Bände, York 1786
Christian Küchli, Auf den Eichen wachsen die besten Schinken. Aarau 2000
G. Mitscherlich, Zustand, Wachstum und Nutzung des Waldes im Wandel der Zeit. Freiburg 1963
Robert Musil, Nachlaß zu Lebzeiten. In: Kleine Prosa, Aphorismen, Autobiographisches, Reinbek bei Hamburg 1983
Simon Schama, Der Traum von der Wildnis. München 1996

Giants in the Earth

Thomas M. Bonnicksen, America's Ancient Forests. From the Ice Age to the Age of Discovery, New York 2000
Horace Greeley, An Overland Journey. New York 1964 (Erstausgabe 1860)
James Mason Hutchings, Scenes of Wonder and Curiosity in California. New York 1870 (TB-Ausgabe 1978 bei Vistabooks, Silverthorne, CO)
Graf Hermann Keyserling, Das Reisetagebuch eines Philosophen. Darmstadt 1923 (7)
John Muir, The Mountains of California. New York 1894
Paul Shepard, Man in the Landscape. New York 1972
Bayard Taylor, At Home and Abroad. New York 1864
Clark Wissler, Indians of the United States. New York 1966

Der weinende Baum

Gunther Franke, Nutzpflanzen der Tropen und Subtropen. Band I, Leipzig 1982
Eduardo Galeano, Die offenen Adern Lateinamerikas. Wuppertal 1980
Adam Hochschild, Schatten über dem Kongo. Stuttgart 2000
Frederick R. Karl, Joseph Conrad. Eine Biographie, Hamburg 1983
Charles Slack, Noble Obsession: Charles Goodyear, Thomas Hancock, and the Race to Unlock. New York 2002

Der Baum des Himmels

Michaela Masanz/Martina Nagl, Ringstraßenallee. Wien 1996
Renate Wagner-Rieger (Hg.), Die Wiener Ringstraße. Band II und III, Wiesbaden 1979/80

Fürsten des Pflanzenreiches

Jacques Brosse, Mythologie der Bäume. Olten 1990
Luis de Camões, Die Lusiaden (X. Gesang, 136. Strophe). Darmstadt 1992
Wolfgang Franke, Nutzpflanzenkunde. Stuttgart 1997
Heinrich Heine, Werke und Briefe. Band 1, Berlin – Weimar 1980
Alexander von Humboldt, Ansichten der Natur. Nördlingen 1986
Harry Thürk, Der Reis und das Blut. Kambodscha unter Pol Pot: Ereignisse, Tatsachen, Zusammenhänge, Berlin 1990
Rainer Maria Rilke, Werke. Band II, Frankfurt/Main 1982

Vom Brotbaum

Caroline Alexander, Die Bounty. Berlin 2004
John Cawte Beaglehole, The Life of Captain James Cook. Palo Alto, Cal. 1974
Georg Forster, Vom Brodbaum, in: Kleine Schriften. Ein Beytrag zur Völker- und Länderkunde, Naturgeschichte und Philosophie, 1. Teil, Berlin 1803
Alexander v. Humboldt, Reise auf dem Rio Magdalena, durch die Anden und Mexico. Aus seinen Reisetagebüchern, übersetzt und bearbeitet von Margot Faak, Berlin 2003

Belaubte Phallen

Helmut J. Braun, Bau und Leben der Bäume. Freiburg im Breisgau 1998
Roland Ennos, Trees. London 2001
Josef Fellner / Alfred Teischinger, Alte Holzregeln. Wien 2001
Ernst Jünger, Bäume, in: Grenzgänge. Stuttgart 1966
Victor Klemperer, LTI. Leipzig 1996
Christoph Ransmayr, Die letzte Welt. Nördlingen 1988
Jens Triebel, Mondphasenabhängiger Holzeinschlag – Literaturbetrachtung und Untersuchungen ausgewählter Eigenschaften des Holzes von Fichten. Diplomarbeit TU Dresden 1998

Der Eukalyptus

Robin W. Doughty, The Eucalyptus. A Natural and Commercial History of the Gum Tree, Baltimore 2000
Roger Martin / Kathrine Handasyde, The Koala. Natural history, conservation and management, Malabar (FL) 1999
Thomas Pakenham, Remarkable Trees of the World. London 2003

Der Baum mitten in der Welt

Alexander Demandt, Über allen Wipfeln. Der Baum in der Kulturgeschichte, Köln – Weimar – Wien 2002
Ricarda Huch, Wallenstein. Eine Charakterstudie, Leipzig 1915
Golo Mann, Wallenstein. Frankfurt/Main 1971
Kurt Pfister, Wallenstein. München 1947

Die Douglasie

Ann Lindsay Mitchell / Syd House, David Douglas. Explorer and Botanist, London 1999

Der Entenfußbaum

Hellmut Diwald, Die großen Ereignisse. Band 6, Lachen/Zürichsee 1991
Hans Egon Gerlach / Otto Herrmann (Hg.), Goethe erzählt sein Leben. Frankfurt/Main 1982
Johann Wolfgang Goethe, Schriften zur Naturwissenschaft. Stuttgart 1977
Johann Wolfgang Goethe, West-östlicher Divan. Frankfurt/Main 1988
Johann Wolfgang Goethe, Briefe und Tagebücher. 2 Bände, Leipzig 1927
Lothar Gruchmann, Der Zweite Weltkrieg II. Lausanne 1969
Joseph Franz Freiherr von Jacquin, Über den Ginkgo. Wien 1819
Schütt / Schuck / Lang / Roloff (Hg.), Enzyklopädie der Holzgewächse: Handbuch und Atlas der Dendrologie. Loseblatt-Ausgabe, 6. Erg.-Lfg., 11/1996

Die Kastanien

Helmut Genaust, Etymologisches Wörterbuch der botanischen Pflanzennamen. Basel – Boston – Paris 1996
Victor Hehn, Kulturpflanzen und Haustiere in ihrem Übergang aus Asien nach Griechenland und Italien sowie in das übrige Europa. Berlin 1911

Gerd Krüssmann, Handbuch der Laubgehölze. Band 1, Berlin–Hamburg 1976
Schütt / Schuck / Lang / Roloff (Hg.), Enzyklopädie der Holzgewächse: Handbuch und Atlas der Dendrologie. Loseblatt-Ausgabe, 28. Erg.-Lfg. 7/2002, Landsberg am Lech
Johann Gottfried Seume, Spaziergang nach Syrakus. Nördlingen 1985

Der Marsch ins Reich der Caoba

Henry Walter Bates, Am Amazonas. Nördlingen 1989
Frans Blom / Gertrude Duby, La Selva Lacandona. Mexico City 1955/57
Rolf Recknagel, B. Traven. Beiträge zur Biographie, Leipzig 1971
Kurt Tucholsky, Panter, Tiger und andere. Berlin 1958
www.globalforestwatch.org

Der Baum des Friedens

Lawrence Durrell, Schwarze Oliven. Korfu – Insel der Phäaken, Reinbek bei Hamburg 1963
Patrick Leigh Fermor, Mani. Reise ins unentdeckte Griechenland, Salzburg 1974
Theobald Fischer, Der Ölbaum. In: Petermanns Mitteilungen, Heft 147, Gotha 1904
Aldous Huxley, The Olive Tree and other Essays. Leipzig 1937
Predrag Matvejević, Der Mediterran. Raum und Zeit, Zürich 1993
Edvard Westermarck, Ritual and Belief in Morocco. 1926
www.internationaloliveoil.org

BAUM- UND PERSONENREGISTER

Ababa, Danny Adino 274 f.
Abendländische Platane (*Platanus occidentalis*) 41
Acacia raddiana 61
Acacia Senegal 61
Adanson, Michel 28
Adenauer, Konrad 132
Affenbrotbaum s. Baobab
Agenor 38
Aiakos 84
Alexander der Große 17, 43
Ali Pascha 98
Anhalt-Dessau, Leopold Friedrich Franz von 177
Aphrodite 80, 84
Apollon 33, 41
Araukarie (*Araucaria columnaris*) 20
Arecapalme (*Areca catechu*) 156
Aristoteles 82
Artmann, H. C. 204
Asklepios 33
Atahualpa 125
Athene 84, 270
Augustus, römischer Kaiser 272
Avitus, Bischof von Vienne 80
Ayres, Thomas A. 118

Bach, Alexander Freiherr von 141
Bail, Murray 193, 197 f.
Balbín, Bohuslav 213
Bamford, Paul Walden 104
Banks, Sir Joseph 18, 20 f., 166 ff., 171, 175, 198
Baobab (Affenbrotbaum, *Adansonia digitata*) 23, 28 f.
Barth, Heinrich 59
Bates, Henry Walter 260
Bateson, Gregory 58
Baudin, Nicolas 26 f.
Beaglehole, John Cawte 167
Beattie, Willie 217
Becker, Jurek 10
Beethoven, Ludwig van 65
Berendes, Julius 53
Bierstadt, Albert 118
Bismarck, Otto Eduard Leopold, Graf von 135
Blaas, Franz 90
Blauglockenbaum (*Paulownia tomentosa*) 12, 14
Blaugummibaum (*Eucalyptus globulus*) 14, 195
Bligh, William 20, 169 ff.
Blom, Frans 254
Bogart, Humphrey 256
Boisserée, Sulpiz 234 f.
Bolbrinker, Niels 105
Bonpland, Aimé 21, 23 f.
Bosch, Hieronymus 80
Bötig, Klaus 46
Bougainville, Louis-Antoine de 12, 18 f., 175

Bougner, Pierre 128
Bramer, Josef 70
Braudel, Fernand 96, 99
Brecht, Bertolt 179, 238
Brod, Max 7
Brosse, Jacques 155
Brotchie, William 104 f.
Brotfruchtbaum (*Artocarpus altilis*) 20, 163 ff.
Brueghel, Pieter d. J. 73
»Brummet Fir« 224
Buchholz, John T. 120
Bues, Claus-Thomas 183
Busbecq, Ogier Ghislain de 240
Butterbaum (*Madhuca longifolia*) 10, 12

Cadamosto, Aloysius 28
Camerarius, Joachim 241
Camões, Luis de 159
Carl August, Herzog von Sachsen-Weimar-Eisenach 232
Carvajal, Gaspar de 127
Casement, Roger 136
Cato, Porcius 83
Celan, Paul 42
Cervantes, Miguel de 98
Chapman, John 77 ff.
Chatsivasiliu, Vasili 37
Chaulmoograbaum (*Taraktogenos kurzii*) 185 ff.
Chesterton, Gilbert Keith 98
Chevron d'Incarville, Pierre-Nicholas de 141
Chippendale, Thomas 257
Choiseul-Gouffiers, Comte de 35
Christian, Fletcher 21, 170, 172 f.
Cichocki, Otto 70 f.
Clusius, Carolus 240
Clymene 180
Colbert, Jean-Baptiste 101
Cole, William 170
Columella, Lucius 83, 271
Conrad, Joseph 136
Conzatti, Casiano 26
Cook, James 19, 166 f., 174, 198
Cornet, Geologe 63
Cortés, Hernán 125
Coxcie, Michiel 80
Cranach, Lucas 80
Creuzer, Georg Friedrich 236
Cromwell, Oliver 100

Dareios 17
Darwin, Charles 123, 229
Dattelpalme (*Phoenix dactylifera*) 17, 155 f.
David-Néel, Alexandra 30
Day, Horace 131
Decaisne, Joseph 119 f.
Deix, Manfred 70
Demandt, Alexander 211
Desfontaines, René Louiche 139
Diaz, Porfirio 254
Dioskurides, Pedanios 52
»Discovery Tree« 113
Dixon, William Hepworth 44
Don Juan d'Austria 98
Douglas, David 217 ff.
Douglas, John 217
Douglasie (*Pseudotsuga menziesii*) 104, 217, 221 ff.
Dowd, Augustus T. 112 f.
Doyle, Arthur Conan 136
Drachenbaum (*Dracaena draco*) 22 f.
Dscharrahbaum 194
Dschingis Khan 178
Duhamel du Monceau, Henri-Louis *76*, *140*, *208*, *268*

Dumont d'Urville,
Jules-Sébastien-César *13*
Dunlop, John Boyd 133
Duque, Pedro *82*
Dürer, Albrecht 80
Durrell, Lawrence 43 ff., 263, 269

Earle, Christopher J. 121
Edelkastanie (*Castanea sativa*) 239, *242*, 244 ff.
Eich, Günter 176, 192
Eichendorff, Joseph Freiherr von 91
Eliade, Mircea 79
Emerson, Ralph Waldo 78
Endlicher, Stephan Ladislaus 122
Enzensberger, Hans Magnus 22, 250
Eris 84
»Eternal God Tree« 121
Eukalyptusbaum 11
Eucalyptus australiana 195
Eucalyptus camaldulensis 194
Eucalyptus cladocalyx 195
Eucalyptus crebra 197 f.
Eucalyptus desertorum 193
Eucalyptus diversicolor 198
Eucalyptus diversifolia 194
Eucalyptus eximia 194
Eucalyptus globulus 194 f.
Eucalyptus maidenii 194
Eucalyptus obliqua 198
Eucalyptus paniculata 195, 198
Eucalyptus papuana 194
Eucalyptus platypodos 194
Eucalyptus pulverulenta 194
Eucalyptus regnans 198, 203
Eucalyptus salmonophloia 195
Eucalyptus transcontinentalis 194
Eucalyptus viminalis 198
Europa 38
Eurykleia 270
Evelyn, John *39*, *40*, *51*, 100 f., *242*, *243*

Fantoni, Missionar 147
Felipillo 126
Fenestella 271
Ferdinand I., römisch-deutscher Kaiser 240
Fermor, Joan 264
Fermor, Patrick Leigh 263 f.
Fichtengewächse (*Picea*) 89
Fieberbaum (*Eucalyptus cladocalyx*) 195
Filho, Jose Viegas 260
Flaglor, Amasa Plummer *110*
Fleming, Ian 30
Fleming, Peter 30 f.
Fontane, Theodor 64
Forster, Georg 19 ff., 163, 165 f., 168, 174 f.
Forster, Johann Reinhold 19 f., 163, 165, 174
Förster, Ludwig von 142 f.
Franz I., Kaiser von Österreich 205, 209
Franz Joseph I., Kaiser von Österreich 141
Friedrich August III., Kurfürst von Sachsen 231
Friedrich, Caspar David 118
Fryer, John 170, 172
Furneaux, Tobias 19

Gabet, Joseph 29
Gale, George 114 f.
Geistergummibaum *Eucalyptus papuana*) 194
Gelber Blutholzbaum (*Eucalyptus eximia*) 195

Genaust, Helmut 246
Georg III., König von England 167
Gerstberger, Pedro 183
Gewöhnliche Fichte (*Picea abies*) 89
Gewöhnliche Platane (*Platanus acerifolia*) 41
Ginkgobaum (*Ginkgo biloba*) 14, 227 ff., *228*
Gist, George 122
Godin, Luis 128
Goethe, Johann Caspar 56
Goethe, Johann Wolfgang 56, 232 ff., 247
Gogh, Vincent van 262
Goodyear, Charles Nelson 130 f.
Gordon, Charles 160
Götterbaum (*Ailanthus altissima*) 139 ff., *140*
Grady, Wayne 224
Graf, Oskar Maria 251
Grannenkiefer 11
Grant, Ulysses Simpson 120
Grauer Eisenrindenbaum (*Eucalyptus paniculata*) 195
Gray, Asa 122
Greeley, Horace 115
Greenblatt, Stephen 15
Grillparzer, Franz 66
Grosvenor, Gilbert 187

Haenke, Thaddeus 122
Hafis 234
Hagen von Tronje 211
Hakenblättriger Zwerggummibaum (*Eucalyptus desertorum*) 193
Händel, Georg Friedrich 38
Handke, Peter 226
Hansjakob, Heinrich 178
Harun al-Raschid 43
Heine, Heinrich 150
Heinrich II., König von Frankreich 178
Heinrich IV., König von Frankreich 50
Helena 84
Heliaden 180
Helios 180
Hemlock- oder Schierlingstanne (*Tsuga sp.*) 104, 222
Hera 84
Herakles 270
Herder, Johann Gottfried 148
Herodot von Halikarnassos 38, 270
Herzog, Roman 106
Herzog, Rudolf 34
Heyerdahl, Thor 152 f.
Hill, Julia Butterfly 123
Hippokrates 33 f., 36 f.
Holländische Linde (*Tilia europaea*) 210
Holt, Tim 256
Holzapfel (*Malus sylvestris*) 80
Homer 84, 269 f.
Hooker, Sir Joseph 133 f.
Hooker, William Jackson 218, 221
Horváth, Ödön von 241
Huang-ti 54
Huc, Regis-Evariste 29 f.
Huggan, Thomas 170
Hughes, Howard 107
Humboldt, Alexander von 8, 21 ff., 28, 149 f., 171
Humboldt, Wilhelm von 21, 23
Huston, John 256
Huston, Walter 256
Hutchings, James Mason 112 ff., 117
Huxley, Aldous 262

Iduna 80
Ischtar 80

Jacquin, Joseph Franz Freiherr von 232
Jacquin, Nikolaus Freiherr von 154
Johann I., Fürst von und zu Liechtenstein 68
Johanna, Königin von Aragonien 249
Johnes, Thomas, Lord Lieutenant von Cardiganshire 102
Jung, Marianne s. Marianne Willemer
Jupiter 180
Justinian, römischer Kaiser 55

Kaempfer, Engelbert 230 f.
Kafka, Franz 7
Kalifornische Platane (*Platanus racemosa*) 41
Kant, Immanuel 183
Kapokbaum (*Ceiba pentandra*) 279 f.
Kara Mustafa 70
Karl I., König von England 100
Karl II., König von England 100 f.
Katechu-Akazie 157
Kekrops 270
Kepler, Johannes 214
Keyserling, Hermann Graf 118
Kimon 38
Klemperer, Victor 179
Klipcová, Barbora 214
Koch, Robert 132
Kokospalme (*Cocos nucifera*) *151*, 152 ff.
Kolumbus, Christoph 15
Kolumbus, Fernando 15
Korab, Karl 70
Korzeniowski, Konrad s. Joseph Conrad
Kraus, Karl 211
Kräutler, Erwin 257
Krünitz, Johann Georg 94
Kublai Khan 16, 178
Küchli, Christian 93
Kuhbaum (*Brosimum galactodendron*) 24 f.
Kulturapfel (*Malus domestica*) 80
Kurz, Wilhelm Sulpiz 187
Küstenmammutbaum (*Sequoia sempervirens*) 119 ff., 225

L'Héritier de Brutelle, Charles-Louis 198
Lachsgummibaum (*Eucalpytus salmonophloia*) 195
La Condamine, Charles Marie de 128 f.
La Fontaine, Jean de 246
Laertes 83
Lambert, Aylmer Bourke 222
Lamotte, Sergeant 62
Lampetië 180
Landolphia 135
Lapham, William 117
Ledward, Thomas Denman 171
Lehmden, Anton 70
Leopold II., König von Belgien 134 ff.
Lesourd, Michel 62
Lessing, Theodor 210
Lhote, Henri 61 ff.
Lindley, John 119
Linné, Carl von 18, 82, 149, 166, 222 f., 231, 256
Livingstone, David 29, 135
London, Jack 132, 251
Lorca, Federico García 124
Lowell, James Russell 116
Lowman, Margaret D. 199 f.

Ludwig IX., der Heilige, König von Frankreich 14
Ludwig XIII., König von Frankreich 50
Ludwig XIV., König von Frankreich 100
Ludwig XV., König von Frankreich 160
Luther, Martin 210, 246

Madero, Francisco Indalecio 254
Mahagonibaum (*Swietenia macrophylla*) 253 ff.
Mammutbaum (*Sequoiadendron giganteum*) 11, 109, 112 ff.
Mandelstam, Ossip 216
Mandeville, Sir John 15
Mann, Golo 211 f.
Mao Tse-tung 31, 191
Maria Theresia, »Kaiserin« 55, 94, 256
Marion-Dufresne, Marc Joseph 159
Márquez, Gabriel García 279 f.
Marsyas 41
Martius, Carl-Friedrich-Philipp *151*, 162
Masereel, Frans *252*
Mattioli, Pietro Andrea 241
Matvejević, Predrag 272
Maximilian II., römisch-deutscher Kaiser 73, 240
Meiri, Oron 274
Mendes, Chico 260
Menelaos 84
Menzies, Archibald 221 f.
Mermet, Irene 253
Metternich, Clemens Wenzel, Fürst von 205
Mill, John Stuart 88
Miller, Philip 141
Minato, Niccolò 38
Minos 41
Mitscherlich, G. 91
Mitterrand, François 106
Morel, Edmund Dene 136
Morgenländische Platane (*Platanus orientalis*) 17, 38, *39*, 41
»Mother of the Forest« 115
Moustakeas, Elias und Krisula 265 ff.
Mühsam, Erich 251
Muir, John 117
Müller, Wilhelm 211
Mullins, Anderson 86
Musil, Robert 66, 88, 91 f.

Nairne, Edward 130
Napoleon I., Kaiser der Franzosen 68, 176 ff.
Nelson, David 169
Nelson, Horatio 102
Norton, A. 199
Nüll, Eduard van der 142

Oberea 167, 171
Odysseus 83, 270
Ölbaum, Olive (*Olea europaea*) 267 ff., *268*
Ölpalme (*Elaeis guineensis*) 154 f.
Orellana, Francisco de 126 ff.
Otto, Nikolaus August 133
Ovid (Publius Ovidius Naso) 41, 53, 83, 179 f.

Pagodenbaum (*Sophora japonica*) 12
Pakenham, Thomas 202
Palacios, Enrique Juan 253
Palmyrapalme (*Borassus flabellifer*) 10, 17
Parakautschukbaum (*Hevea brasiliensis*) 129 ff.

Paris 84
Parkinson, Sydney *164*, 167
Pausanias 271
Peckover, William 170
Peisandros 270
Peleus 84
Penelope 270
Péron, François 27
Pfaff, Nikolaus 158
Pfister, Kurt 213
Phaëthon 180
Phaëthusa 180
Pieroni, Giovanni 212
Pinaceae (Kieferngewächse) 223
Pitt, William d. J. 168
Pizarro, Francisco 125 ff.
Pizarro, Ponzalo 125 f.
Platanengewächse (*Platanaceae*) 41
Platanus acerifolia 41
Platanus occidentalis 41
Platanus orientalis 17, 37, *39*, 41
Platanus racemosa 41
Platon 32, 38, 99, 249
Plinius d. Ä. 41, 52, 271 f.
Plinius Secundus 83, 155
Plutarch 38
Pol Pot 153
Pollan, Michael 77, 79, 87
Polo, Marco 15 ff., 161, 178
Polo, Niccolo und Maffeo 15
Pomona 83
Ponchielli, Amilcare 132
Pordenone, Odorich von 14
Poseidon 270
Preston, Sir Robert 218
Priamos 84
Priestley, Joseph 130
Pückler-Muskau, Hermann Fürst von 34
Purcell, William 170
Putnam, Rufus 78
Pyramidenpappel (*Populus nigra* var. *italica*) 177, 181
Pyramus und Thisbe 53 f.

Queiroz, Kevin de 223

Raimund, Ferdinand 66
Ransmayr, Christoph 181
Rapaport, Meron 274
Regenbaum (*Samanea saman*) 24
Rhadamanthys 41
Richard I. Löwenherz 43
Rieseneukalyptus (*Eucalyptus regnans*) 202
Rilke, Rainer Maria 150
Robin, Jean 50
Robinie (*Robinia pseudacacia*) 48, 50
Rock, Joseph 185, *186*, 187 ff.
Ross, Ludwig 34
Roßkastanie (*Aesculus hippocastanum*) 142 f., 239 ff., *243*
Rotgummibaum (*Eucalyptus camaldulensis*) 194
Roth, Joseph 241
Rubens, Peter Paul 80
Rubruk, Wilhelm von 14
Rückert, Friedrich 178
Rudolf II., römisch-deutscher Kaiser 158, 214
Ruskin, John 103
Russel, John, Herzog von Bedford 102
Rusticianus von Pisa (Rustichello) 15, 17

Sabine, Joseph 218
Sagopalme (*Metroxylon sagu*) 18, 161
Saint-Exupéry, Antoine de 29, 138
Salisbury, Richard Anthony 231

Saller, Manfred 70 f.
Sarpedon 41
Schama, Simon 110
Schiller, Friedrich von 178
Schmidl, Adolf 66, 69 f.
Schmidt, Förster 105
Schnorr von Carolsfeld, Ludwig Ferdinand 66, *67*
Schrott, Raoul 59
Schubert, Franz 66, 211
Schwarzer Maulbeerbaum (*Morus nigra*) 44, 47, 49 ff., *51*
Schwarzer Pfefferminzbaum (*Eucalyptus australiana*) 195
Schwarzföhre (*Pinus nigra*) 68, 71
Schwarzpappel (*Populus nigra*) 177, 181
Schweinberger, Anton 158
Schwind, Moritz von 66
Sebregondi, Niccolo 212
Seidel, Johann Heinrich 231 ff.
Sentürk, Yashar 46
Sequoyah 122
Seume, Johann Gottfried 248 f.
Seychellennußpalme (*Lodoicea maldivica*) 160
Shakespeare, William 53, 73, 217
Sherman, William Tecumseh 120
Shinran Shonin 229
Sicardsburg, August Sicard von 142
Sickler, Johann Volkmar 85
Siebeck, Rudolf 143 f.
Siebold, Philipp Franz von *228*
Siegfried 211
Silberpappel (*Populus alba*) 181
Silva, Marina 260
Slack, Charles 130
Smiřický, Familie 212
Smith, Alexander 174
Smith, James Edward 231
Solander, Daniel Carl 18, 166
Sommerlinde (*Tilia platyphyllos*) 207, *208*, 210
Spezza, Andrea 212
Stache, Friedrich von 142
Stalin, Josef 81
Stanley, Henry Morton 135
Stark, Paul 86
Sternberg, Kaspar Graf 212
Strabon 100
»Stratosphere Giant« 121
Stutterheim, Kerstin 105
Sulla, Lucius Cornelius 38
Sulzer, Johann Georg 245
Sumpfzypresse (*Taxodium mucronatum*) 26
Suzuki, David 224
Swieten, Gerhard van 256
Swingle, Walter Tennyson 139
Sydney, Lord Thomas Townshend 168

Taylor, Bayard 109 ff., 115, 117
Teakbaum (*Tectona grandis*) 189
Theokritos 270
Theophrastos von Eresos 82, 246, 272
Thetis 84
Thoreau, Henry David 78
Tiberius, römischer Kaiser 271
Tiliaceae (Lindengewächse) 210
Tilia sp. 206
Toquillapalme (*Carloduvica palmata*) 157
Torsvan, Rosa Elena Luján de 253
Trasselli, Carmelo 99
Traven, B. (Ret Marut) 251, 253 ff.
Triebel, Jens 183

Trompetenbaum
(*Catalpa bignonioides*) 14
Tsong Ka-pa 29 ff.
Tucholsky, Kurt 256
Turner, Joseph Mallord William 103

Unger, Jeremias 231

Vaillant, Sébastien 222
Valbourg, Henry Misson de 162
Valéry, Paul 150
Vancouver, George 221
Varro, Marcus Terentius 83
Vavilov, Nikolai 80 f.
Vergil (Publius Vergilius Naso) 38, 246, 262
Victoria, Königin von Großbritannien 132
Voigt, Christian Gottlob 232

Wales, William 20
Wallenstein, Albrecht Wenzel Eusebius 211 ff.
Wallis, Samuel 166 f.
Wedel, Hans von 105
Weißer Maulbeerbaum (*Morus alba*) 47, 54 ff.
Wellesley, Arthur, Herzog von Wellington 119
Westermarck, Edvard 269
Whitman, Walt 108
Wickham, Henry 133 f.
Wildapfel (*Malus sieversii*) 81
Willemer, Johann Jakob von 233 ff., 236
Willemer, Marianne von 233 ff.
Willemer, Rosette 236
Williams, Hank 224
Winterlinde (*Tilia cordata*) 210

Xerxes 22, 38, 270 f.
Xi Longshi 54

Yule, Sir Henry 17

Zens, Herwig 70
Zeus 38, 41
Zitterpappel oder Espe (*Populus tremula*) 181
Zuckerpalme (*Arenga pinnata*) 17

BILD- UND TEXTNACHWEIS

13, 32/33, 39, 40, 51, 76, 140, 151, 208, 228, 242, 243, 268: © ÖNB/Wien
14: © Ernst Josef Lauscher
35, 45, 48, 49, 146, 207, 240, 264: © Rudi Palla
66, 72: © NÖ Landesbibliothek St. Pölten, Topograph. Sammlung
67: © Österreichische Galerie Belvedere, Wien
82: © REUTERS / Sergei Karpukhin
90: © Franz Blaas
95: © Steiermärkisches Landesarchiv, Graz
110: Aus: Giants in the Earth. The California Redwoods. Edited with an Introduction by Peter Johnstone. Photo Editor, Peter E. Palmquist. Heyday Books Berkeley, California, 2001, plate 1
159: © Kunsthistorisches Museum, Wien
164: © The Natural History Museum, London
186: Courtesy of Hunt Institute for Botanical Documentation, Carnegie Mellon University, Pittsburgh, PA
252: Aus: Frans Masereel, »Mein Stundenbuch«, 1920 / © VBK, Wien, 2006
267: © The Trustees of The British Museum

42: Paul Celan, Du darfst mich getrost, aus: Paul Celan, Gesammelte Werke, Band 2, © Suhrkamp Verlag Frankfurt am Main 1986
75 ff.: Michael Pollan, Die Botanik der Begierde, © für die deutschsprachige Übersetzung von Christiane Buchner und Martina Tichy-Moersberger: 2002 Claassen Verlag in der Ullstein Buchverlage GmbH
From THE BOTANY OF DESIRE by Michael Pollan, Copyright © 2001 by Michael Pollan. Used by permission of Random House, Inc.
88 ff.: Robert Musil: »Wer hat Dich, Du schöner Wald …?«, aus: Robert Musil, Nachlaß zu Lebzeiten; Unfreundliche Betrachtungen, in: Robert Musil, Gesammelte Werke, Bd. 7, Copyright © 1978 by Rowohlt Verlag GmbH, Reinbek bei Hamburg
124: Federico García Lorca, Bäume, aus: Federico García Lorca, Gedichte © Suhrkamp Verlag Frankfurt am Main 1977

138: Antoine de Saint-Exupéry, Die Stadt in der Wüste © 1956 und 2002 Karl Rauch Verlag, Düsseldorf

176: Günter Eich, Pappeln, belaubte Phallen, aus: Günter Eich, Gesammelte Werke in vier Bänden. Band I: Die Gedichte. Die Maulwürfe © Suhrkamp Verlag Frankfurt am Main 1991

179: Victor Klemperer: LTI © Reclam Verlag Leipzig, 1996

179: Bertolt Brecht, Eine Pappel steht am Karlsplatz, aus: Bertolt Brecht, Werke. Große kommentierte Berliner und Frankfurter Ausgabe, Band 12: Gedichte 2 © Suhrkamp Verlag Frankfurt am Main 1988

181: Christoph Ransmayr, Die letzte Welt © Eichborn AG, Frankfurt am Main, Januar 1988

192: Aus: Robert Walser, Das Gesamtwerk, Band 13: Die Gedichte. © Suhrkamp Verlag 1986, mit Genehmigung der Inhaberin der Rechte, der Carl Seelig-Stiftung Zürich

193 ff.: Murray Bail: Eukalyptus. Für die deutsche Ausgabe © 1998 Berlin Verlag GmbH. Erscheint im Oktober 2007 als Taschenbuch bei BvT Berliner Taschenbuch Verlag.

204: H.C. Artmann, singt, meine schwäne, singt, aus: H.C. Artmann, ein lilienweißer brief aus lincolnshire. Gedichte aus 21 Jahren © Suhrkamp Verlag Frankfurt am Main 1978

212/13: Golo Mann, aus: Wallenstein. Sein Leben erzählt von Golo Mann. © S. Fischer Verlag GmbH, Frankfurt am Main 1971

216: Ossip Mandelstam »Der Hufeisenfinder« in der Nachdichtung von Paul Celan, aus: Paul Celan, Übertragungen aus dem Russischen. © S. Fischer Verlag GmbH, Frankfurt am Main 1986

226: Peter Handke, Das Schwarz des namenlosen Waldweihers, aus: Peter Handke, Versuch über den geglückten Tag. Ein Wintertagtraum © Suhrkamp Verlag Frankfurt am Main 1991

238: Bertolt Brecht, Wenn ihr aus eurem Wasser steigt am Abend, aus: Bertolt Brecht, Werke. Große kommentierte Berliner und Frankfurter Ausgabe, Band 11: Gedichte 1 © Suhrkamp Verlag Frankfurt am Main 1988

250: Hans Magnus Enzensberger, Interview, aus: SPIEGEL 12/2003, S. 186

254/55: Frans Blom, La Selva Lacandona, Editorial Cultura, Mexico City 1955/57 (2 Bde.)

255: Aus: B. Traven, Der Marsch ins Reich der Caoba. Copyright © 1982 Diogenes Verlag AG Zürich

262: Aus: Aldous Huxley: The Olive Tree. Albatros Verlag, Leipzig 1937

277: Aus: »Leben, um davon zu erzählen« von Gabriel García Márquez. Aus dem Spanischen von Dagmar Ploetz © 2002 by Verlag Kiepenheuer & Witsch, Köln

Rudi Palla wurde 1941 in Wien geboren und arbeitet als Autor und Filmemacher in seiner Heimatstadt. Bücher u. a.: *Die Mitte der Welt. Bilder und Geschichten von Menschen auf dem Land* (1989), *Verschwundene Arbeit. Ein Thesaurus der untergegangenen Berufe* (1994), *Die Kunst, Kinder zu kneten. Ein Rezeptbuch der Pädagogik* (1997), *Augentrost und Teufelskralle. Ein Herbarium besonderer Art* (2003).